本书列入"十一五"国家重点图书出版规划

21世纪高校教师职业发展读本

ADVICE FOR NEW
FACULTY MEMBERS

给大学新教员的建议

［美］罗伯特·博伊斯（Robert Boice） 著

徐 弢　李思凡　译

著作权合同登记号 图字:01-2005-0295

图书在版编目(CIP)数据

给大学新教员的建议/(美)博伊斯(Boice,R.)著;徐弢,李思凡译. —北京:北京大学出版社,2015.11
(21世纪高校教师职业发展读本)
ISBN 978-7-301-26444-7

Ⅰ.①给… Ⅱ.①博… ②徐… ③李… Ⅲ.①高等学校—师资培养—研究 Ⅳ.①G645.12

中国版本图书馆 CIP 数据核字(2015)第 253081 号

Simplified Chinese edition copyright © 2000 by Pearson Education Asia Limited and Peking University Press.
Original English language title:Advice for New Faculty Members;Nihil Nimus, by Robert Boice, copyright © 2000
ISBN:0-205-28159-1
All rights reserved.

本书中文简体翻译版由 Pearson Education 授权给北京大学出版社在中国境内(不包括中国香港、澳门特别行政区和中国台湾地区)出版发行。

书　　　名	给大学新教员的建议
	GEI DAXUE XIN JIAOYUAN DE JIANYI
著作责任者	[美]罗伯特·博伊斯 著　徐弢 李思凡 译
丛书策划	周雁翎
责任编辑	刘　军
标准书号	ISBN 978-7-301-26444-7
出版发行	北京大学出版社
地　　址	北京市海淀区成府路 205 号　100871
网　　址	http://www.pup.cn　新浪微博:@北京大学出版社
微信公众号	通识书苑(微信号:sartspku)
	科学元典(微信号:kexueyuandian)
电子邮箱	编辑部 jyzx@pup.cn　总编室 zpup@pup.cn
电　　话	邮购部 62752015　发行部 62750672　编辑部 62767346
印刷者	三河市北燕印装有限公司
经销者	新华书店
	965 毫米×1300 毫米　16 开本　21.75 印张　323 千字
	2015 年 11 月第 1 版　2024 年 4 月第 4 次印刷
定　　价	70.00 元

未经许可,不得以任何方式复制或抄袭本书之部分或全部内容。
版权所有,侵权必究
举报电话:010-62752024　电子邮箱:fd@pup.cn
图书如有印装质量问题,请与出版部联系,电话:010-62756370

前　言

自从我写出第一部这种类型的著作《大学青年教师》(1992)至今，已经有相当一段时间了。那本书所针对的读者是从事大学师资培训的专业人士——那些像我一样古怪的人，他们所献身的职业是帮助他们的同事——以及负责策划、资助和评估大学师资培训方案的大学管理人员。在上世纪90年代初，关于大学青年教师经历的研究是相对新颖的，其目的是为了有步骤地促进新任大学教师的适应过程。

我听说，我的早期著作在这方面取得成功是理所当然的。但是它在其他方面——即作为一本针对大学青年教师的指导书——受到的欢迎也远远超出我本人和出版商的预料。它一直被作为一本指南来使用的事实使我感到了忧虑，因为它的核心计划是论证大学师资培训方案的必要性，以及讨论方案的设立和评估。它为新任大学教师提供的具体指导远远没有达到它应有的高度。此外，我的首部关于大学青年教师培训方案的书已经过时了。现在已经到了提供一个更切合实际、更值得阅读的新版本的时候，我希望你能找到它。

在某种意义上，我为自己的等待感到高兴。自1990年以来，我掌握了更多有助于大学青年教师生存和发展的信息，在这一研究领域和实践领域里的同行们也一样。他们中的许多人是在我发表了第一本专著之后才涉足这一领域的。总之,同十年前相比,我们已经收集到了数量相当可观的有用信息。

已经去世的罗伯特·门杰斯(Robert Menges)是这一新兴领域里的领军人物,他对大学青年教师的经历和需要进行了极为广泛的调查研究,而且他以经久不衰的幽默感和优秀的作品在这一领域充当了组织者和引导者的角色。正是他和我的出版商——培生公司的史蒂夫·德拉金一起,有远见地劝说我完成了这本指南。在这一领域里有所建树的其他学者也对我的事业和生活起到了积极的促进作用,他们鼓励我坚持完成自己的计划,甚至在我为了治疗上颚和背部的伤病而提前退出学术界的时候也是如此。他们是:安·奥斯汀、吉姆·库珀、肯·费尔德曼、唐纳德·贾维斯、丽莎·兰泽、安·卢卡斯、鲍勃·卢卡斯、雷蒙德·佩里、玛丽莲·魏玛。

我要感谢下列评论家对本书的初稿作出的有益的评价:密歇根州立大学的安妮·奥斯汀、威廉·玛丽学院的罗杰·鲍尔温、新奥尔良大学的约瑟夫·伯杰、圣地亚哥州立大学的玛吉·喜多野和西北大学的罗伯特·门杰斯。我还要感谢我的文本编辑琳达·格利菲斯的耐心、宽容和细心。我的编辑史蒂夫·德拉金在对本书的价值的信任上,在为改进本书的结构所提出的建议上,在对我的伤病所导致的时间调整的容忍上,都表现了高尚的风范。

在担任了三十多年的心理学教授和两个大型大学师资培训计划的负责人之后,我已经退出学术界,我的引退现在被证明是及时的。我需要冲破那些围绕着大学师资培训计划的政治阴谋,以及由于高层管理人员的更迭所导致的急剧转向。现在我知道我所需要的仅仅是确保这本指南能够让我感到称心如意的时间,而非其他的一切。就在此地,在卡罗莱纳州西北部的偏远山区,我度过了一段从前一本书中重新构思和筹划这本书的愉快时光。

目　录

前言 ……………………………………………………………（1）
大学青年教师为什么需要及时的建议 ……………………（1）
　　为什么需要尽早地、明确地传授关于生存/成功的建议 ………（2）
　　本书的独特之处 ……………………………………………（5）
上编　恰到好处教学法 ………………………………………（12）
　　恰到好处教学法的基本原理 ………………………………（12）
　　教学是"危险"的 ……………………………………………（13）
　　恰到好处教学法能带给你什么？ …………………………（17）
　　恰到好处教学法的八条规则 ………………………………（18）
第一章　等待 …………………………………………………（20）
　　积极等待 ……………………………………………………（20）
　　规则1：等待。………………………………………………（24）
第二章　在感到准备好之前开始 ……………………………（31）
　　尽早开始有多难 ……………………………………………（31）

尽早开始的障碍……………………………………（32）
　　　规则2：尽早开始，在感到准备好之前。………（34）
第三章　如何做到好整以暇？……………………………（44）
　　　适度与持之以恒相结合怎样适用于教学活动……（46）
　　　规则3：利用短暂而有规律的时间工作。………（46）
第四章　停止………………………………………………（54）
　　　为什么及时停止如此之难？………………………（55）
　　　规则4：及时停止。…………………………………（58）
第五章　不要自恋，也不要抵触…………………………（64）
　　　是什么使缓解过度的迷恋变得如此之难…………（64）
　　　规则5：缓解对内容的过度迷恋和对批评的过度抵触。……（66）
第六章　缓解消极的思想和强烈的情绪…………………（75）
　　　非理性的消极思想…………………………………（76）
　　　规则6（第一部分）：缓解消极的思想。…………（78）
　　　规则6（第二部分）：调节情绪。…………………（83）
第七章　合作………………………………………………（86）
　　　传统的错误信念……………………………………（86）
　　　规则7：让别人分担一些工作。……………………（87）
　　　在即将讲完这些教学规则时的最后一个忠告……（91）
第八章　减少课堂上的不文明行为………………………（93）
　　　对课堂上的不文明行为的介绍……………………（94）
　　　关于课堂上的不文明行为在开始阶段的重要影响的
　　　　现场研究……………………………………………（98）
　　　课堂上的不文明行为如何与教师和学生的其他
　　　　行为有关……………………………………………（105）
　　　近似课堂上的不文明行为的情况是可以容忍的，
　　　　甚至是有益的………………………………………（108）
　　　规则8：努力减少教师在课堂上的不文明行为。…（109）
　　　关于课堂上的不文明行为的结论…………………（112）
　　　本编概要与恰到好处教学法的推广………………（114）
　　　把头等原则推广到教学之外的活动………………（116）

中编　不再为写作学术论文挣扎 …………………… (118)
　　专注写作法的基本原理 …………………………… (118)
　　专注与写作有何关系 ……………………………… (122)
　　十种专注的写作方法 ……………………………… (131)

第九章　等待 …………………………………………… (132)
　　是什么使得积极等待与众不同 …………………… (132)
　　关于等待的益处的实验证据 ……………………… (134)
　　写作规则1：积极地等待。 ………………………… (136)

第十章　尽早开始写作 ………………………………… (142)
　　尽早可能是困难的，直到它成为一种习惯 ……… (143)
　　写作规则2：尽早开始。 …………………………… (145)
　　关于尽早开始写作的益处的实验证据 …………… (157)

第十一章　持之以恒地适度写作 ……………………… (159)
　　写作规则3：持之以恒地适度写作。 ……………… (161)
　　短暂的日常时间非常有效率！ …………………… (167)

第十二章　停止 ………………………………………… (169)
　　写作规则4：及时地停止。 ………………………… (170)

第十三章　平衡地工作 ………………………………… (175)
　　平衡为何如此至关重要 …………………………… (175)
　　写作规则5：平衡地工作。 ………………………… (177)

第十四章　抛开消极的思想 …………………………… (181)
　　消极的思想有着广泛的影响 ……………………… (182)
　　关于普遍性和危害性的实验证据 ………………… (183)
　　写作规则6：缓解消极的思想。 …………………… (186)
　　其他的实验证据 …………………………………… (188)

第十五章　调节情绪 …………………………………… (190)
　　轻度躁狂 …………………………………………… (190)
　　调节写作情绪为什么没有受到关注 ……………… (192)
　　写作规则7：调节情绪。 …………………………… (193)
　　康拉德为什么痛苦 ………………………………… (201)

第十六章　要寻求批评，不要自我迷恋 ……………… (205)
　　写作规则8：缓解迷恋和抵触。 …………………… (207)

第十七章 众人拾柴火焰高 …………………………（211）
  写作规则9：让别人分担一些工作。………………………（212）
  在即将讲完这些写作规则前的一个忠告 ………………（215）

第十八章 限制白费的努力 …………………………（216）
  写作规则10：限制白费的努力。……………………………（218）
  本编概要与专注写作法的推广 ……………………………（221）
  专注和元认知 ………………………………………………（223）
  有经验的参与者的评价 ……………………………………（225）
  重新审视专注的内化与外化 ………………………………（227）

下编　社交与服务：如何左右逢源？………………（234）
  同情为什么至关重要 ………………………………………（234）
  如何保持社交/服务的平衡 ………………………………（236）
  什么是社交型的工作方法 …………………………………（240）

第十九章 尽早了解校园文化 ………………………（241）
  规则1：等待。………………………………………………（244）
  规则2：尽早开始。…………………………………………（244）

第二十章 学会合作 …………………………………（264）
  什么有助于大学青年教师在社交中找到自我同情 ………（266）
  指导 …………………………………………………………（267）
  规则3：让另一个人分担一些工作,作为你的指导者。…（280）
  其他各种社交型的工作 ……………………………………（282）

第二十一章 服务自我,服务他人 …………………（287）
  服务的一般定义和缺陷 ……………………………………（288）
  警惕"过度服务"！…………………………………………（289）
  模范青年教师如何开始非传统的服务 ……………………（292）
  女性和少数族裔大学青年教师的经历 ……………………（295）
  规则4：让苦苦挣扎的同事接受你的帮助。………………（308）

总结：恰到好处的规则 …………………………………（309）
参考书目 …………………………………………………（315）
中英译名对照表 …………………………………………（330）

大学青年教师为什么需要及时的建议

如果你即将开始(甚至是计划)一个大学教师的事业,我要向你表示祝贺。我无法设想还有哪种生活方式能够比它带来更多的满足和成长的机会。

想一想:大学教师主要按照他们自己的步调和日程表工作;他们通常只做他们最乐意做的事情,比如阅读和思考。他们有很多的休假和长假,包括整个夏季,只要他们愿意。作为教师和学者的职责为他们提供了一种完全出乎意料的自我教育的机会。他们与学生和同事的交往是激动而有趣的。的确,这种友谊的深度和价值是其他行业的人所难以企及的。而且大学教师们一旦站稳了脚跟,就很少会用他们的事业去换取其他任何东西。我也不会。

尽管如此,这种田园诗般的职业也是有风险的。它的吸引力与失败的风险是对等的——特别是在起步阶段。对这些风险的无知就是陷入失望和绝望的先兆。此外,对大学教师的社交礼仪不熟悉也是有害的。在我对大学青年教师的二十多年的研究中,有一个事实非常突出:新雇员们所遭受的失败和不幸几乎都根源于他们对工作和社交的有效方法的误解。根据我对数千名新教师的近距离观察,他们中几乎没有人会因为对自己的学术领域不熟悉或者因为缺乏兴趣而遭到失败。相反,最常见的失误都出在那些容易纠正的问题上,例如,不知道如何应付学生在课堂上的不文明行为,不知道如何设法在少量的时间里发表足够多的作品,不知道如何获得同事的有效帮助。在那些苦苦挣扎的新雇员的事业之初,还会表现出其他一些迹象:工作中的无节制和过度——与那些善于简化自己的工作和生活的成功同事相比,他们有着太多的误导、忙碌和愁苦。

《给大学新教员的建议》这本书从未放松过对大学青年教师的上述经历的关注,而是始终牢固地立足于现实。它的忠告立足于对那些与众不同的优秀青年教师的长期而系统的观察,以及对那些苦苦挣扎的青年教师所最容易沾染的习惯和态度的认真调查。《给大学新教员的建议》这本书为你的事业的良好开端提供了许多简单而实用的信息,而且这些信息大都是从未有人论述过的。它揭示了校园文化通常是怎样将失败者与"成功者"分离开来的。更重要的是,它关注的焦点是新教师们怎样才能通过持之以恒和适度的方法来茁壮成长。那些仍然执著于拉丁文的老先生喜欢把"适度"一词写作"*nihil nimus*"(在宽泛的意义上可译为"恰到好处")。它并不是一个新观念:

> 因为适度地工作而得以持久地工作的人,不仅能够最长久地保持健康,而且能够在有生之年完成最多的作品。
>
> ——亚当·斯密(Adam Smith):《国富论》,1776

但即便这一切都是真实的,你为什么非要赶在你忙于研究生的学业或者忍受大学新教员头几年的超负荷工作时学习它?为什么不等到你已经获得大学教职并且安定下来之后?

为什么需要尽早地、明确地传授
关于生存/成功的建议

在大学教师的生涯中,最初的几年是一个非常关键的时期。它起始于他们为了获取大学教职而参加的面试,此后,申请者和新雇员最需要得到有用的建议,却又最不可能接受它。再往后,成功或失败的长期模式便以极快的速度形成了。最终,这些刚刚获得大学教职的人却奇怪地变成了最难以接受忠告的人。

很多时候,新教师只有等到他们的事业一败涂地之后才开始寻求生存的策略。在发生这种情况时,遭受挫折的新教师总是千篇一律地把他们未能尽早征询可靠的建议的原因归咎于繁忙。只有等到太迟了之后,他们才会承认每周花上几个小时来学习和练习持之以恒和适度的方法是一笔明智的投资。

你或许已经意识到了另外三个常见的拒绝忠告的原因(此外还有一个原因是我前面提到的对说教式的冗长建议的反感):

1. 大学教职所吸引的是那些注重依靠自己来解决问题的自强而自信的人们。但寻求帮助或者听从指导可能会助长盲从或屈服,还可能意味着不称职或懦弱。
2. 大学教职无形中助长了一种社会达尔文主义,即认为那些缺乏"正确素质"的人应该从我们中间淘汰出去。这可能是因为我们在攻读研究生期间经历过这种无声的安排,并且认为这种安排在我们获得大学教职后仍然有效。
3. 对大学青年教师的忠告通常是零散的、故事性的和未经证实的——无论它们的动机有多好。由于常常听到相互矛盾和缺乏逻辑的建议,你可能会试图忽视所有的建议。

转变的前兆

但有些迹象表明校方终于向新雇员们提供了某些有用的建议。例如,对他们的辅导变得越来越具有普遍性和实质性。事实上,你可能会发现传统的大学缺少为新雇员提供辅导的项目,即便有了这样的项目,也不过是找几个夸夸其谈的管理人员来发表一些关于他们的身份和职责的耳边风(过去人们曾把这类演讲称之为"狗马秀")。你可以肯定地说,如果一所大学已经接受了最新的研究成果,就至少会为新教师提供下列帮助中的一部分:

- 向新雇员介绍他们的同事,以便把获得友谊的可能性提供给这些通常要从事与世隔绝的工作的人。
- 会见那些已经在大学里工作了1~10年的年轻教师,他们可以提供有用的、乐观的建议以及秘密的事项。
- 同有经验的资深教师进行交流,以便注意到青年教师们最容易和最乐于接受的社交方式。
- 介绍几位最需要被新来者所熟悉的管理人员(例如院长和系主任)。
- 直接与负责大学师资培训的人员接触,他们可以在教学、科研、校园管理等方面提供长期的辅导(例如,关于教学互动的研讨会)。
- 通过书面建议向新来者介绍同管理机构和规章制度打交道的方法、当地社区的情况、校园和教室的统计数据与惯例,以及续聘的条件。

由于学院和大学的预算很紧张,所有你可能没有机会遇到这种理想的环境。如果出现这种情况,你可以设法依靠自己的力量或者依靠一本类似书籍的帮助来获取同样的信息。《给大学新教员的建议》为可能出现的问题提供了第一流的解决方案(例如,如何在繁忙的工作日程中为教学和写作留下必要的时间);它还强调了可以用来防止大多数问题的制订计划和开展工作的普遍策略(例如,尽早开始撰稿并且在短暂的日常时间中完成,而不是首先拖延耽搁,然后又急匆匆地应付它们)。假如这些策略对于某些刚刚开始教师生涯的人来说显得有点讨厌或者啰唆,那么就请他们记住:这些简单的策略可以帮助他们以更少的时间和更小的辛劳换来更多更好的工作。它们刻画了那些容易取得成功的大学青年教师的特征。它们有助于新来者的生存和发展。这是一个事实。

换句话说,这些基本原则有助于简化学术工作。下面有几个例子:

- 对新教师身上普遍存在的不成文的规律及其具体事例的说明(例如,预见到一个新教师将表现出他从研究生院里带来的独立性)。
- 对新教师在工作中应该共同避免的"错误路线"的分析(例如,因为过快的速度和不相干的教学步骤导致学生的不文明行为)。
- 通过认真研究得出的关于最理想的写作方式的建议,即如何以轻松的、创造性的和受欢迎的方式进行写作（例如，在短暂的日常时间里写作，甚至在感到准备好之前开始写作）。
- 增强指导的益处的方法（例如，在和指导者打交道时保持必要的自信）。

你可以自己去查找它们，因为正如詹姆斯·瑟伯（James Thurber）和凯西·斯坦格尔（Casey Stengel）所常说的那样：在当代的心理学、社会学、高等教育学、传播学、修辞学和工程学等领域的著作中都充斥着关于大学青年教师的经验的论述。

本书的独特之处

这些基于研究的信息就是我在《给大学新教员的建议》一书中所要追求的真义，其中有些信息是关于大学教师发展方面的最新研究成果。它的编排顺序——首先是教学，然后是写作，最后是社交——体现了我数十年来的实验研究的成果，以及我在关于大学青年教师的研讨会上使用过的讲稿（甚至包括写给我的研究伙伴的手稿）的认真修订。在某种意义上，我在重述那些有用的旧信息，但我在一定程度上简化了以前的建议和方法。

这本书在一个重要的方面做得不如以前的著述。在以前的著述中，我曾经把我本人的资料与我从其他研究者那里搜集到的全部相关建议和专业知识交织在一起。但是在这本书中，我只提到了那些与大学青年教师的经历相符合的经验材料。按照一些阅读和使用过这本书的早期版本的大学青年教师的说法，这么做的结果是使这本书变得更具吸引力、更为有趣和更加有用。我现在所关注的是那些让大学青年教师们感到困惑的事情，即他们要期待什么、试图改变什么和接受什么。

在本书的章节中，每一条关于持之以恒和适度的策略都具有四个根据：

1. 每一条都被那些我称之为"敏捷的起跑者"的大学青年教师公认为是首尾一致的、与众不同的和令人向往的策略。这样的人只占新教师总数的百分之三到百分之五，但是他们在开始大学教师生涯的头几年里，在没有得到明显的外在帮助的情况下发挥了表率作用。我一共找到了21个模范——根据学生对教学成效的独立评估、学术创造力/接受力，以及来自学校管理者的社会认可度——他们是从415个正在谋求终身教职的教师中挑选出来的，我曾经一步步地考察过他们在大学工作的头几年的足迹。
2. 模范的习惯和态度成了普通大学青年教师的榜样——只要这一领域的研究反复证明了他们的策略对各式各样的大学青年教师都最有帮助。尽管非传统的大学青年教师在我所树立的模范教师中比例不足，但是他们没有什么异议，而是尽可能地采纳那些作为模范的白种男性的经验并从中获益。
3. 每位模范的策略都被证明有助于新教师在通过续聘/晋升/终身聘用的决定时取得持续的成功，甚至是对于那些被校方视为"成问题"的人。
4. 每条策略都在长期的实践中被证明是合算的和有趣的。

此外，包含在《给大学新教员的建议》中的那些普遍而有效的指导被证明对各类大学的各种青年教师都有所帮助。我最初是通过在研究型大学和综合型大学里的研究得出它的基本原则的（综合型大学往往有大量的注册生和公共资助，还有一定数量的博士培养计划。例如，加利福尼亚州立大学以及位于我家附近的阿巴拉契亚州立大学）。最近，我又观察和走访了一些文理学院、科技院校和社区院校中的青年教师。后两类院校里的青年教师从"敏捷的起跑者"的建议中得到的益处并不亚于其他院校里的青年教师。我对这本提供建议和信息的书籍的三个部分的安排代表了我所认识的大学青年教师的愿望。上篇阐明了那些经过证实的、可以减轻极为繁重的教学负担的方法，它们即使在教学负担最轻的顶级研究型大学中也有效果。它制定的行动策略可以让那些处在紧要关头——第一学期或第一学年的新教师在课堂上感到舒适、胜任和受欢迎，而他们在其他情况下有可能被繁重的教学任务、不专心的本科生和太少的备课时间所压倒并且为此感到沮丧。

中编则以关于创造性的、轻松的写作的类似原则反映了上篇的内容。一般情况下,这些广义的写作方法与那些教学方法有着重叠之处,但是这些更有成效的写作方法常常可以在关键时刻加强我们的研究能力,尤其是对于那些患有学位论文后遗症(高级的心理治疗师会将其简称为"PDT")的人而言。在百忙中找时间写作有助于提升大多数青年教师的学术创造力,而学术创造力对于他们的续聘/终身聘用来说是至关重要的。

下编的重点是新任大学教师的社交活动,它建议新雇员在他们的机会之窗关闭之前具备某些必备的素质,例如寻求指导、辅导与合作等。尽管从"优先权"的顺序上看,这些关于社交的指南是最后出现的,然而它们在大学教师的生涯中是最早派上用场的。所以我鼓励你们在感到准备好之前尽早阅读一下下篇。

你也可以通过另一种方式理解这个共同的主题——持之以恒的和适度的工作/交流——的基本原理:上篇到下编的建议所针对的主要是大学教师的工作过程(例如,及时地着手正确的事情并且首先解决实质性问题),而不是它的结果(例如,怎样按照编辑的要求构思文稿,项目申请书的具体内容是什么,怎样理解期末的教学评估)。此外,下编还提供了练习持之以恒和适度的方法来扩展那些"非常好"的建议(例如,有效的指导者可以怎样帮助你避开事业之初的三个最危险的陷阱——社交中的孤立、准备教学材料时的过度、妨碍写作的急躁)。

在坚持讨论普遍的过程的同时,我会偶尔停下来讨论一下这样的问题:你或许想知道这本书的重点为什么不是你在大多数针对大学青年教师的指导书中看到的那些更具体的建议(例如"不要与学生过于亲密","不要公开你的手稿")。这是因为我在研究模范的大学青年教师时发现,最有用的建议应该首先介绍持之以恒地和适度地从事教师工作的普遍方法。只有当青年教师知道了如何进行工作之后,他们才能更多地受惠于那些具体的建议,例如,怎样组织课堂测验或者写作正规的项目申请书。一旦青年教师知道了如何进行持之以恒的和适度的工作,他们所感到的忙碌和威胁就会减轻,从而才更愿意尝试新的具体的建议。同时,由于他们通过放慢速度而看到了工作成效,所以会更愿意了解怎样把具体的建议运用到更广泛的实践中去。因而在下编之前,我省去了大部分"技术性"的建议,但不是所有的。毕竟,应该首先考虑首要的事情。

对本书各个章节的标题和它们的简介的浏览将有助于你以后的阅读,它们的内容大都与适度(恰到好处)有关:

上编　适度地从事教学

第一章,规则1:积极地等待,而不是急于从事备课之类的任务,通过训练放慢速度的耐心来发现你可以如何改变和简化你的言行。什么东西常常妨碍等待?是大学青年教师的大敌——急躁。这个妨碍等待的难题还会妨碍适度的教学速度,从而不利于学生的参与和理解。

第二章,规则2:在感到准备好之前开始。一旦你进行了积极的、耐心的、深思熟虑的等待,你就做好了尽早开始必要的工作的准备。例如,在工作变得更像真正的工作之前,在面临最后期限的压力之前,就要开始备课。你可以主要在业余的时间里完成备课。与传统的备课方式相比,这种做法不仅可以带来惊人的简练性和创造性,而且可以节省时间。

第三章,规则3:利用短暂而有规律的时间里备课和授课,而不要手忙脚乱。因为这样的工作方式不仅可以产生一种跟上进度的感觉,而且可以为你留下时间处理每天要做的其他重要事项,例如锻炼、社交、写作。

第四章,规则4:及时地停止,不论是在备课时,还是在随后的授课时,都要在效益递减的转折点出现之前停下来。

第五章,规则5:缓解过度的迷恋和过度的抵触,设想一种更有乐趣和更具尝试性的态度,或者在你的抵触情绪较弱的时候寻求和接受批评。

第六章,规则6:缓解消极的思想和强烈的情绪,通过注意、质疑和取消那些干扰性的和令人抑郁的自我对白来进行工作;通过在平静的情绪中备课和授课来减少工作期间的仓促和浮躁。

第七章,规则7:让别人分担一些工作,作为你的合作者,甚至批评者。

第八章，规则8：减少课堂上的不文明行为。敏捷的起跑者示范了怎样通过开放、节奏和耐心等简单的策略来减少课堂上的不文明行为——在某种程度上指的是学生的迟到、喧哗和在别人发言时的继续高谈阔论。这种示范活动是至关重要的，因为课堂上的不文明行为常常始于教师本人的不文明行为，尽管它们是无意识的。

中编　专注的写作方法——旧规则，新视角

第九章，规则1：用心等待，下意识地暂停当下的工作并且克服仓促写作的老习惯。

第十章，规则2：尽早开始（在感到准备好之前），通过随笔写作和制订思想提纲，它们会很快形成正文或者最终的文稿。

第十一章，规则3：持之以恒地和适度地进行专注的写作，要在短暂的日常工作时间里进行，并且在每次写作之后继续留意你下次要写的东西。

第十二章，规则4：及时地停止，在你的注重过程的工作方式受到一种结果取向及其匆忙的干扰之前。

第十三章，规则5：保持准备工作和正式写作之间的平衡，花费同样多的时间和精力来进行预备写作和正式写作。

第十四章，规则6：抛开消极的思想，注意在写作期间出现的干扰性的、不相干的思想并且缓解它们，直到你能够直接写出心中的想象，而无需借助思想的中介。

第十五章，规则7：调节情绪，尤其是在狂热的写作中出现的强烈的快感（以及随之而来的抑郁）。

第十六章，规则8：缓解迷恋，主要是寻求批评并认真倾听；其次是了解怎样在工作中带着幽默感和下意识的距离感。

第十七章，规则9：让别人分担一些工作，通过接受他们的批评、利用他们的建议来促进工作，以及与他们的合作。

第十八章，规则10：限制白费的努力，注意你是否正在解决适当的问题，留心时间和精力的节省，并且寻求"成功的体验"及其所带来的达观。

下编　带着同情的社交与服务

第十九章，规则1：尽早地和耐心地了解校园文化。为此，要通过了解学校里的惯例、古怪的教师以及新教师身上常见的失礼行为来制定切合实际的目标。通过对有经验的同事的简短访问来深化你的了解，首先是偶然性的访问，然后是把他们作为正式的建议者。

第二十章，规则2：让别人分担一些工作。不仅仅是保持定期的联系，而要直接从同事那里接受帮助，甚至指导。把这种社交态度推广到你自己的教学中，以便促进合作学习和课堂研讨活动。

第二十一章，规则3：把服务于自我与服务于他人相结合。模范的大学青年教师指出，"只有当你给了自己足够的关怀时，你才会开始进行校园内外的服务"，"当你开始服务于他人时，首先要从身边的人做起——你在那里最容易学到这样的品质——与其他需要适度和持之以恒的新教师进行合作"。这种模范的服务方式要求你首先通过阅读、观察和交流来了解新教师的普遍经历，以及那些来自非主流社会的新雇员所面临的特殊挑战。我概述了一些介绍后者的经历的重要著作，并且对女性和少数族裔在试图教育和打动我们时所面临的特殊困难进行了开拓性的研究。如果你按照模范教师的方式运用了这些经验，它们就可以帮助你把服务扩展到你与那些最需要帮助的新教师的合作之中。

你是否感到自己对完全掌握这些规则的前景缺乏信心？那么请留意我在上面的介绍中所提供的线索：第一，这三编的内容都紧紧地围绕着完成大学教师的职责所必需的简明和可靠的工作方法，而且每条工作方法都涉及适度、在提高成效的同时节省时间、生存和幸福。第二，我为你准备的所有建议和信息都带有普遍的简洁性和直接性，都是来自我对那些最有成效的大学青年教师的长期研究。第三，本书的目的不是要你一口气把它读完或者付诸实践，哪怕只是其中的几个规则。在建议你如何阅读和使用它的时候，我要复述一位在工作和娱乐中都卓有成效的伟大教师的忠告：

> 要迅速，但不要匆忙。
>
> ——约翰·沃顿（John Wooden）

你所需要做的仅仅是利用这本试图传授持之以恒和适度的著作来摒弃你的急躁——在你一生中最容易变得急躁和无节制的时期。它并没有听起来那么困难。

上编　恰到好处教学法

恰到好处教学法的基本原理

关于大学青年教师应该如何开始执教的事实是容易观察的,但是并未得到普遍的了解:只要仔细观察就会发现,太多的青年教师都在忙于应付备课的表面要求,却很少能够得到学生的认可和理解。更重要的是,执教之初的失败是难以弥补的,它们预示了漫长的职业生涯中的矛盾与逃避。

另一个经常被忽略的事实是:关于在课堂上取得成功的开始的线索可能蕴藏在少数一上讲台就得到了轻松接纳的大学青年教师的身上。我把他们称为"敏捷的起跑者"。在花费数十年的时间观察了各种大学里的数百位青年教师之后,我发现其中3‰~5‰的人在执教之初就发挥了这样的模范作用,与其他青年教师相比,他们展示了:

- 最低限度的课堂上的不文明行为(例如,关于学生的迟到、喧哗以及在听课时大声说话的评估)。
- 最高级别的关于学生参与性的评价,这些评价的基础是对学生的出勤率、记笔记、提问、参与讨论等外在表现的观察。
- 最为明显的中等讲授速度,这使学生能够记下有意义的笔记并且理解讲授的要点。

- 备课时间(例如,写出讲授的要点)与授课时间的大致平衡。也就是说,"敏捷的起跑者"最有可能在其他青年教师容易走极端的地方保持分寸(例如,他们的备课与授课时间比低于2∶1,而其他新教师的时间比则高达4∶1)。
- 最简洁和最灵活的课堂讲义。

另一个让"敏捷的起跑者"们与众不同的事实是:他们的工作在绝大多数情况下都不是仓促的和忙碌的。相反,他们常常表现出适度的快乐和适度的热情。正因为如此,他们常常声称教学令他们感到快乐而非疲惫。他们能够把教学作为他们和学生的一种发现过程来享受,而不是过分关心是否囊括了所有的材料,或者是否被学生们视为绝对的权威和智者。

在说明如何在教学中取得良好开始的八条普遍规则的八个章节里,我详述了适度(恰到好处)的工作方法。每个方法都被尝试过它们的大学青年教师证明是有效的。这些参与者几乎无一例外地承认,它们胜过了利用试错法来学习教学的传统方法。

教学是"危险"的

在长达20年的观察中,我发现最令新教师们感到头疼的事情莫过于课堂教学。没有任何其他事情能够耗费他们这么多的时间和精力,甚至包括写作出版或者在缺乏社会支持的情况下进入大学。没有任何其他要求会如此有效地挤掉他们的社交生活和专业创作,而且没有任何其他事情会如此经常地让一位新教师考虑放弃大学教师的事业。

为什么至少在开始阶段,教学是如此的危险

大学里的传统观念错误地认为,只要你了解材料,你就可以传授它。用公式表述就是:

好的内容=好的教学

这一信念部分地解释了为什么传统的研究生培养方案都下意识地仅

仅注重培养学者和研究者。即便他们在研究生阶段有过一点教学经验,那也不过是给试卷打分、主持讨论以及偶尔的讲课。在第一次面临真正的教学"负担"时,大多数新教师只是在重复他们在少数几次讲课和几场研究生讨论会上学到的程序:广泛地、辛苦地准备材料,以便了解和囊括一切内容——尤其要避免被批评为缺乏全面性。这种方法——我喜欢把它称为研究生讨论会式的教学法——不仅会耗费大量的准备时间,而且很少顾及听众的理解和学习。它所导致的结果是在指定的时间里收集到过多的材料,以令听众难以跟上的速度进行过快的陈述,并且最终导致疲惫不堪(听众甚至会感到厌烦)。想象一下把这种耗费时间的准备和讲述方式运用到周而复始的课堂上的情景——每星期要讲 3、6、9、12、15 个小时的课,每年要讲 30 多个星期甚至更多——你就有可能发现打破世界纪录的低效率。

比如说,如果你在第一个学期有每周 6 个小时的教学量(这比我所研究的青年教师的平均工作量要轻),那么一旦你符合了我上面所描述的标准,下面就是你所要消耗的时间:

- 每周 6 小时的授课时间加上每天约 20 分钟与学生在课前或课后进行交流的时间(总数=每周至少 10 小时)。
- 每周 18~30 个小时的用于阅读、做笔记和写作的备课时间,另外加上每周平均 2 小时的测验和阅卷时间等等(总数=每周至少 18 小时,通常高达 40 小时)。
- 每周 6 小时的办公时间(总数=每周至少 6 小时,那些不遵守官方规定的下班时间的大学教师还要花费更多的时间)。

在心里想想与这种每周要用 30 多个小时来承担教学任务的令人不安的估计有关的几个事实:第一,这个估计对于大多数青年教师来说是保守的,除了那些模范教师和他们的效仿者之外。第二,有的大学要求每周 9~12 个小时的工作量,因此用于教学的时间在最初两年会达到每周 50~60 个小时。第三,这个平均性的估计为在其他工作中取得良好的开端所提供的时间是远远不够的,例如用于学术创作、建立实验室、研究和田野考察、准备项目申请书、阅读专业文献、保持与其他学校的同事的联系以及在新校园里的社会交往等方面的时间。第四,这一代价高昂的沉重负担还会影响到社会或家庭生活、锻炼、健康和睡眠。

在我所追踪研究过的新教师中,模范教师是最少患病的。而那些在备课上花时间最多的同僚则最容易患上流行感冒、头痛和焦躁症。

此外,即便你能够承受它,你还会在这幅关于大学青年教师的沮丧图景中发现最惊人的地方:尽管付出极大的精力和时间来认真备课是尽职尽责和努力工作的表现,但是由此产生的最典型的结果却是不对等的:(1)学生缺乏参与性并且不领情;(2)课堂上充斥着学生的吵闹和其他的不文明行为;(3)学生对关键概念和基本事实的理解很差,而且考试结果令人失望;(4)学生对教师的评价一般,有时甚至侮辱教师;(5)教师本人对于把如此多的时间花费在这项没有回报的活动上感到痛心——尤其是它使人无法从事其他有可能获得更大回报的工作,比如研究和写作。这些事情为什么重要?有权决定提升或续聘的管理者们认为教学不应该妨碍新雇员在出版、获取津贴和大学服务方面取得快速和实质性的进展。

认真对待教学是不够的

既然有了我上面所说的这些令人沮丧的事实,为什么大多数青年教师不愿去遵循执教的最低要求呢?他们告诉我,这一方面是因为几乎所有的人都是受到至少一个他们想要模仿的好教师的鼓舞而进入职业生涯的。另一方面也是因为他们担心学校会因为他们糟糕和松懈的课堂表现而解雇他们,即使研究型的院校也会这么做(事实上,在我所调查过的研究型大学和综合性大学中,大多数被解雇的青年教师都是因为他们的教学太不受欢迎,只有少数是因为他们发表的成果不足)。此外,大多数青年教师之所以对教学认真,是因为他们想去享受教学。他们的确想去讲授那些令他们感兴趣和显得重要的教材。尽管刚开始没有得到认可,他们还是希望得到学生的爱戴。我不记得有哪个新雇员在教学时不卖力或不认真——尽管最失败的人常常通过对学生的冷嘲热讽来掩盖他们的失望。

先苦后甜的事实

我是否在这里夸大了大学青年教师的寻常经历呢?绝对没有——

正如约翰·韦恩所说。这些令人沮丧的信息之所以让你惊讶，是因为这些关于最初的教学体验的事实刚刚才被发现（例如，布洛、罗尔斯和科洛，1991）。以前，新教师认为他们自己的拼搏是个别的，其他人是轻松的。为什么这些关于开始阶段的普遍困难的有用信息到来得如此之慢呢？在一定程度上是因为学术界认为笨拙的开端在教学活动中是不可避免的。但更多的是因为校方忽视了新教师的表现，除非它们引起了学生的强烈抱怨。新教师之所以被放任自流，很可能是因为他们必须独自学会教学或者是因为他们无法学会教学。

然而，在所有这些信息中也包括一些好消息。被我称为"敏捷的起跑者"的青年教师为我们提供了用更少的痛苦去换取更成功的开端的教学方法。这些基本原则很容易被我们当中的其他人所掌握——而且比试错法更省力。

这些关于适度的原则的欺骗性在于它们的简单性，它们是如此基本，以至于它们很少被传授给大学教师，甚至很少被提及。一位资深教师曾经公开指责我的方法说："为什么要这样做？任何傻子都能学会这些东西！"我对此表示同意，并且把自己看成众多这样的学习者中的一员。

传统为什么没有把这些不言而喻的知识传授给教师们呢？"好的内容＝好的教学"这个等式就是传统的核心。传统提供给大学教师的帮助大都是关于内容的，而不是关于工作方法的（即以产品为主，而非以过程为主）。所以我们可以打个比方说，培养教师的车间常常把重点放在设计课程材料和制定教学大纲上。此外还有些事情会妨碍我们学会怎样有效地履行教师的职责：在历史上，教师们从来不喜欢给教学贴上"工作"的标签。它通常所包含的痛苦与辛劳——加上人们一致认为好教师是天生的，而不是培养出来的——似乎使它更符合"教学艺术"这个称号。按照这种观点，好的教学不可能取决于本书所要介绍的那些规则，尽管除了好运和好基因之外，不知道还有什么东西可以取代它们。换句话说，传统认为我们只有通过超出本书的建议之外的经验才能学到优秀的教学方法。甚至一些关于大学教学的辅导书的作者也提出过这种奇怪的主张。

幸运的是，对"敏捷的起跑者"——以及其他实行了适度的策略的新教师——的观察表明：有一种可供选择的方法比那种完全放任自流的传统方法更有效。楷模们所做的事情之所以会令他们不同于那些在痛苦中挣扎的教师，主要是因为一些简单的技巧问题，比如可以用来缓解疲劳并促进学生参与的速度和耐心。

恰到好处教学法能带给你什么？

在本书中提出的恰到好处（即绝不过度）的方法首先关注的主要是学会有效地工作，而不是内容方面的问题。正如你们所知道的，它所关注的主要是有助于促进参与和学习的教学方法的过程，而不是正确地和出色地讲完整个既定教材的内容的结果。毕竟，内容在不同的学科和不同类别的课程中，甚至在不同风格的教师那里都是各具特色的。

一旦教师学会了如何在工作中运用适度和既定的过程，内容就不再成为问题。为什么？因为几乎所有的新教师都已经了解了（或者正在学习）他们的学科领域。一般而言，他们需要努力寻求的是有效的传授方法，以便既省力又有效地把他们的知识传授给那些对此还知之甚少的大学生。

恰到好处的方法意味着找到简单而有效的策略，以便使新教师们在面临那些对他们的时间和精力而言似乎负担过重的要求时能够有效率地工作。阐释这种常常不言自明的简单知识的关键在于不断重复。这种恰到好处的原则是如此简单而有效，因而值得在每一个新的章节里加以简短的重述。在随后的章节中，我将一遍遍地运用这同一个普遍原则——适度地工作，尽管在方式上稍有不同。为什么做到这一点有困难？因为在本书较早的版本中，我发现这样的重述是在考验那些已经不耐烦的读者的耐心。有位读者不满地说："这本关于耐心的书却让我变得更加不耐烦。"受益最多的读者在运用这些重述时最清楚地展示了他们的耐心和信心：耐心地倾听和思考这些乍听起来似乎有悖于直觉或者浅显得不值得认真倾听的原则，并且有信心去冒险尝试一些似乎显得太新奇或者太花时间的想法和策略。虽然你可能在开始快速浏览后面的章节时受益，但只有更加耐心和更加容忍地认真研读才能带来切实的好处——至少这是大多数接受过我的训练的"毕业生"真诚地告诉我的。

为什么适度的工作方法被证明是可行的

让我重述或者说预告这些方法:

- 这些恰到好处的原则在课堂教学中带来了快速而轻易的成功。
- 这些基本的工作方法带有普遍性,几乎可以毫不费力地适用于其他的重要工作,其中包括为了发表文章或申请资助而进行的写作(详见第二章)。
- 它们所传授的忍耐和尝试有助于新教师更好地利用那些关于教学的传统建议。
- 这些简单的原则所占用的时间和精力比预期的要少,而且它们节省的时间和精力会很快超出它们所占用的。它们甚至有助于那些只想快速浏览一下的新教师。

为什么这种方法招致了最初的反对

普通人认为效率会妨碍创造性的活动,其中包括教学。因循守旧的人常常认为好的教学一定是自发的和个人化的,而完全没有规则或约束,也无须顾及工作的效率。而且正如我们所看到的,这些保守主义者暗自认为真正的教学技巧只能被那些天生的教师所掌握。但以经验为基础的学术工作,如物理学,却说明了我们需要重新审视这些传统观念的理由:

> 物理学是按照俭省的原则组织起来的经验。
>
> ——恩斯特·马赫(Ernst Mach)

教学也一样。

恰到好处教学法的八条规则

这样的规则有很多,但以下八条对于新教师来说是最有效和最及时的:

1. 耐心而积极地等待。

2. 尽早开始,在感到准备好之前。
3. 在短暂而有规律的时间里备课和授课。
4. 停止,在效益递减的转折点出现之前。
5. 缓解消极的思想和强烈的情绪。
6. 缓解对内容的过度迷恋。
7. 让别人分担一些工作。
8. 减少课堂上的不文明行为。

正如一位教师在开始上课时会提出某些有趣的建议一样,我希望上面的话已经引起了你足够的兴趣,从而让你愿意继续研读本书。

第 一 章
等　待

我们大多数人已经知道如何在开始备课之前进行等待——至少在通常意义上,是一种夹杂着急躁和冷漠的无成效及不愉快的消极等待。消极等待至少会以五种方式浪费时间和精力:

1. 它会推迟准备工作,直到我们有了包括不受干扰的充裕时间在内的理想条件。
2. 它把我们的时间花在那些不太重要的、更容易做的事情上,例如,写便条或打电话。
3. 它使工作变得更加仓促,一旦我们开始,就要全部干完——最好一气呵成。
4. 它的那种要么干完、要么不干的工作态度把我们的教学准备和日常生活割裂了开来,使其成了某种只有在我们无事可做时才能去构思和完成的事情。
5. 它所养成的先磨蹭后匆忙的习惯会带来乱糟糟的课堂和心不在焉的学生。

积 极 等 待

是什么东西使积极的等待不同于消极的等待?是耐心与成效。而且它意味着在做准备的时候不要采取要么干完、要么不干的态度,即要么急匆匆地把工作做完,要么把工作丢在一边。积极等待的难点在于它需要耐心,首先是需要等待、思考和预备教学观点和教学材料,而不是坚持把所有工作一口气干完。其次是需要暂时放下备课的工作,以便第二天能够做更多的工作,在这段间歇的时间里,可以想象一下它将如何使学生成为积极的学习者。积极的等待意味着你在延缓准备工作时要保持暂时而短暂的克制，因为你不可能既出色又全面地一次完成它们——除非借助过度狂热的工作。

由于积极的等待常常会带来一些短暂而偶然的结果，所以我们可以在做其他重要事情的间歇时间里进行这样的等待。我又是如何知道可以这样进行积极等待的呢？是因为那些"敏捷的起跑者"为我们其他人提供了效仿的榜样。但更重要的是因为其他新教师可以更轻易地学到它的基本方法并且获得出乎意料的好处。

究竟应该如何把握这种适度呢？由于积极的等待使我们的备课工作有了一个及时而深思熟虑的开始，所以它为良好的决策和高效率的授课提供了某种反思的基础。它可以帮助教师放松自己并且看到最实质性的东西，而且它会带来长远的好处。

积极等待的目的是长期的回报

积极等待使我们学会了如何忍受短期内的不适应（比如利用一段空闲时间去做其他更富有直接趣味性的事情的诱惑），以便获得长期的回报（例如更具思想性和更为简明的课程准备）。它要求你清除自己身上所固有的把备课工作推迟到你干完了所有其他事情之后的习性。但归根结底，积极等待从长远的观点看是节省时间的。它省时的方式之一是允许你同时做两件以上的事情——例如，在忙里偷闲的空闲时间里进行备课，同时又在其他重要的事情上取得进展。

这种积极等待——即利用额外的时间开始准备或修改教学材料——常常需要克服对其作用的不信任。同一气呵成地完成备课相比，它似乎显得太分散、太不经济。它似乎太浪费时间。此外它还可能显得更像一条适合于别人而不是你自己的规则（"我喜欢在最后一分钟开始备课，就是当我不得不这么做的时候，当我不熟悉课程内容的时候，我认为这样的备课方式更快捷，我不可能断断续续地工作。"）。但在你打消积极等待的念头之前，再看一看它如何起作用和为什么起作用。而且要记住，这条简单的策略是那些"敏捷的起跑者"的特长，也是其他接受过我的培训的新教师取得进步的关键。

积极等待的具体内容

- 积极等待意味着深思熟虑的克制，而不是匆忙。
- 它意味着在通常的、正式的备课时间或者教学时间来临之前开始工作。
- 它可能只是在其他活动的间隙记下你对未来课程的想法,例如在你等待一个任务或者等待电视广告结束的时候。
- 积极等待有助于教师们通过对材料和计划进行有趣而悠闲的整理来更早和更轻易地获得灵感和动力。
- 它常常使教师在意识到他们正在工作之前准备好教学材料。积极等待比消极等待更愉快、更有效率。同时,由于这种耐心的反思有助于简化材料——通过在早期准备阶段的反复阐释、重新审核与重新安排——所以它意味着授课时的要点更少,而每个要点得到的解释更多。这样的授课方式有时候还有利于学生做笔记,并且成为模范教师的特征,不管他们是新教师还是老教师。当备课做得耐心而简洁时,授课也将如此。如果教师们在这些简短的备课时间里或者在它们的间隙里学会了如何停顿和注意相关的事实,那么他们在课堂上把握时间和听取反映时也能收到相似的效果。他们甚至会耐心地倾听自己。

因此,对于运用了"积极等待"的教师们来说,备课时的工作节奏就没有那么繁重。随着他们的疲劳被简短而分散的工作时间所减轻,他们的享受和知识也会随之增加。同时,由于积极等待使非正式的备课和修改早在它们变得更像工作之前就已经开始,所以整个努力变得更轻松——就花在备课和教师的自我评价上的时间总量而言。

积极等待也启发了教师。它的尝试性及其对尚处在成型阶段的材料的反复了解有助于我们发现新的联系。它的经验主义向我们表明了什么样的适度最有成效:(1)在备课时保持冷静和放慢速度,以便思考我们所提出的各个要点之间的联系;(2)在课堂上通过同样的耐心,甚至通过诸如平静的微笑之类的身体暗示来进行停顿,直到学生把问题解答出来;(3)在上课时大声复述我们在备课时解决问题的方法。优秀教师的表现既在于过程,也在于结果。

由于积极等待几乎总是尝试性和探索性的,所以它有助于缓解那种认为我们应该从不犯错误,我们必须无所不知,以及我们应该始终保持教师的克制态度的完美主义。它借此向我们表明了早期的备课即便是概要性的和不完善的,也常常能够让教师在课堂上讲出必要的内容。它使我们知道备课几乎总是可以通过不同的方式来完成。遗留下来的不完善之处作为更具自发性和相关性的课堂讲述的一部分,将成为引起暂停和思考的契机。我对学生记笔记的情况的研究证明,当教师大声说出他们解决相关问题的方法时,特别是当他们重新思考仍然不清楚或仍然有错误的陈述时,总能得到最好的理解。这种公开承认缺陷并且随即加以解决的习惯在那些模范教师身上最为常见——他们同样被视为最渊博、最有能力、最受学生爱戴的教师。

尽管积极等待需要实践和耐心,但是它的价值得到了研究的证实。事实上,积极等待比拖延、匆忙和冗长的传统备课方式更加俭省和有效。下面这个与之相关的原则被证明是极为简单而又古老的:

开头不可太急。

——尼古拉·布瓦洛(Nicolas Boileau)

积极等待还有很多其他的好处,其中有些如果不经历是无法想象的。它让工作变得平静而有创造性,因为它既不紧张也不仓促。它使人们越来越注意做一些重要和有价值的事情。它允许人们对备课和授课采取一种更随意但又更关注的态度,可以根据简练的大纲和图表来轻松愉快地完成以前必须全部书写出来的教学报告,而且每次上课只需要一页这样的大纲和图表即可。

有了积极的等待,就可以积极而有意地推迟对授课内容的最终结构的定夺,有时甚至可以一直推迟到课堂上。因此,课堂变得更具随意性,更容易引起学生的积极参与。此外,由于积极等待把任务分派到了不同的时间和环境之中,所以它为在教学中取得发现提供了更多的机会。发现又会反过来激发和勾起人们的教学热情,即便在教学工作得不到公开的鼓励和回报的大学中也同样如此。

为什么积极等待是我们不熟悉的?

一部分原因是显而易见的。我们之所以不加怀疑地坚持消极等待,是因为它几乎是我们所有人学到的准备会议论文之类东西的方法。此外,常规的教育并没有使我们注意到消极和焦躁会如何静悄悄地起作用,但又可以形成恶性循环。它们所造成的结果通常是拖延和怯场(博伊斯,1996b)。

消极等待的冲动和能量常常在暗地里起作用,正如酷似它的拖延一样。同时,公认的消极等待的想法,例如误认为天才只有等到危急时刻才能进入最佳工作状态的想法,会让我们过于忙碌和骄傲,从而无法遵循耐心的规则。消极等待是一种如此强大和不受置疑的习惯,以至于我要提醒你们利用积极等待来取代它的好处:

- 积极等待找到了时间进行小小的、非正式的开始,而几乎没有对日常活动的安排构成干扰。
- 它鼓励人们通过有趣的和反思性的方式去做他们在严肃的工作时间里所要做的事情。
- 它悄悄地完成了实际的教学工作,而没有付诸明显和令人厌烦的努力。
- 它避免了常见的低效率,例如那种因为忙于从事某些对我们在大学中的生存或福利无关紧要的事情而导致的拖延。成功的新教师会处理和解决正确的问题(例如,想办法减少备课的时间),而那些苦苦挣扎的新教师则不会。

传统的教学参考书很少谈到耐心和积极等待的重要性。我们已经知道了其中的原因。习惯促使新教师们去关注内容(例如,组织讲课材料、设计可靠的测验)和风格(例如,如何着装、是否坚持让学生叫自己"博士")。与此相反,模范的新教师则会声称,他们可以更轻松、更容易地处理这些围绕着内容的问题,因为他们已经掌握了适度地工作的方法。

规则1:等待。

规则1的练习

下列练习在我的研究中被证明是最为实用的。我建议你按照顺序去做,但至少在刚开始的时候,不要期待它们发挥出完善的作用。在长期的实践中,有些教师按照自己的需要重新设计了结构,而且大都获得了成功。毕竟,这个建议的关键在于诱导你学会作为一名教师所必需的耐心和反思性的实践,而不仅仅是我的这些规则。

当你阅读关于这些练习的建议时,要设想一下你自己坐在那里并且着手为一堂课准备教材时的情景。

练习 1. 在书写或者说话之前停顿一下,以便思考。

这就是等待!实际上只要停顿片刻,可能只有两秒钟。准备让自己停顿下来,只要你感到了需要做另一件让你更舒适的事情(例如,"我想先打个电话,然后再着手做这件事情。")。接着,利用这些短暂的停顿来缓慢而冷静地拟定想法和图解——甚至迅速记下一段引文。当想法涌现出来时,即使它们还很模糊,也要与自己讨论它们。如果你想不出什么东西,就随意记下你猜想自己可能想出的东西,要记下涌现在你心中的任何东西,而无须停下来修改或编辑它们。不管想到了什么,都把它记下来,至少要记在某个速记本或图表上。随后再设想一下你向自己的学生大声谈论它们的情景,以及学生们会作出怎样的反应或回应。不论你信不信,所有这一切都可以在几分钟内完成。

现在,当你开始着手之后,再停下来想一想这个练习会把你带往何处。它只需要一分钟。耐心,耐心,耐心!

即便是如此简单的一个积极等待的活动,也会给参与过我的培训项目的那些曾经拼命工作的新教师们带来下列可靠的转变:

- 逐渐增加的反思,尤其是针对听众意识的反思将有助于把教学材料简化为最容易记住和最有关联性的要点。当教师变得越来越冷静和善于思考时,他们常常会按照他们想在当天澄清的几个要点来组织演讲和讨论。他们会用更多关于这些要点的例子和应用来替换他们试图补充的观点。
- 一种更缓慢、更深思熟虑的备课和授课方式将使教学材料的结构变得不再那么生硬,而是更有创造力和吸引力。
- 紧张和疲劳的减轻则可以归因于参与者的工作强度的降低,以及他们学会了如何预测学生的反应。

如果你对尝试这些事情感到不耐烦或者缺乏准备怎么办?要想清除你的"障碍",即使你尚未完全发现它或者相信它,就必须轻松地尝试一下这个肯定会使你获得小小的成功的练习。再说一遍,要从停顿开始,在你正式写出讲课材料之前,可能只需要花一分钟的时间来思考和记录。接下来,在迈入课堂之前还要有一个短暂的停顿,也许只需在讲课之前花上两三秒钟(不断进入状态,直到你感到适应为止)。利用这个在课堂上的停顿使自己镇静下来,通过眼睛的接触和微笑与学生建立起和睦的关系,也可以借助闲聊——即使这对包括我在内的大多数学院派人士来说都是最讨厌的。利用这个停顿来确立一个合理的、不慌不忙的讲课速度。换句话说,就是等待。

练习2. 有趣地和有计划地运用停顿。

不要试图马上把最终的课程内容写下来或制成图表,而要停顿下来,以便对你能够写出和说出的东西作出初步的提示、随笔和图解。这种以适度的方式进行的积极等待只需要几分钟。在这样排列你的课程内容的时候,它那简短而有趣的特色常常会揭示出发现你所要传授的信息的新方法。

利用这段时间及其初步设想来澄清你准备在后面更加正式地予以介绍的课程内容的目的。更重要的是,当你考虑一堂课的内容时,要思考你想让学生学到什么。计划和目标都是确定得越早越好。

提醒你自己注意,科学研究证明了熟练的问题解决者的特征是花时间停顿并考虑其他选择,他们确信自己正在解决或者解答正确的问题。他们之所以做到了这一点,有时候是通过在完成那些规定时间的任务时所获得的特殊好处,例如在做测验的时候,而其他人在完成这些任务时经常会匆忙和冲动。

练习3. 写下你所思考/想象的一些东西。

把停顿与非正式的准备相结合的最有效的方法之一就是把你对一篇新的或修改过的讲稿的最初设想随意地记录下来,而不管你想到了什么,也不用去编辑它。如果你感到有阻力,可以先做一点自由讨论,或者在写下你的想法和计划之前大声对朋友谈起它们。这些方法有助于你成长为一个善于倾听自己的人,而这样的人能够发现那些在冲动的想法消失之后出现的更深层的思想。如果你不会倾听自己,别人也不会倾听你。

注意这种积极的停顿是如何节省时间的。当你的想法被写下来并且被简化之后,立即把它们改写成能够快速而灵活地起作用的足够正式的备课笔记。改写后的笔记总是比原来的笔记更简单、更好。

练习 4. 注意积极等待为什么是合算的。

一种合算是它避免了最后期限及其造成的压力。在我本人所设计的教学计划中,参与者把他们预先准备的记录和图解改写成备课笔记的时间远远早于未参与者开始备课的大致时间。另一种合算则同简练有关。参与者带到课堂上去的笔记或计划大都比未参与者带去的更加简洁、更加一目了然。第三种合算是参与者花在备课上的时间总量减少,他们常常比未参与者节省至少一半的备课时间。

还要知道,由于这些参与者在讲课时显然已经把一般的要点和说明留在了头脑里,所以他们只需花更少的时间看讲义,而把更多的时间用于吸引学生的注意、理解和参与。他们甚至常常通过更直接、更简单和更容易记住的方式来讲解,这或许是因为他们的讲义也是按照同样的方式写成的。而且他们会把更多的停顿带到课堂上。课后,参与过这一计划的教师都声称他们的疲惫感减轻了,而满意度则提高了。

如果积极等待的优点听起来好得令你难以置信,我向你保证它们并非如此。相反,除了那些被我称为敏捷的起跑者的怪人以及大胆效法他们的工作方式的青年教师之外,它们是完全不同寻常的,并且很少为人所知。

问题:什么东西常常妨碍新教师掌握这些方法?

答案之一是:那种使人难以摆脱急躁的东西——摆脱急躁就是为了实现长久之计而保持暂时的克制。急躁促使我们匆忙地把准备工作一气呵成,因为匆忙和它的快感会导致对克制和光荣的幻觉——当我们加快进度并迅速完成时,我们感到光荣并且似乎无法停顿下来。而且,西方文明也向我们展示了匆忙是有用的和引人注目的。有谁看起来比一个匆忙冲下楼梯的教授更重要呢?他的身体倾斜得像一枚导弹,并且对于任何阻止他的人露出蔑视的表情。

另一个答案则涉及习惯的作用：

> 人人都会忍耐，尽管几乎没人愿意实行。
> ——托马斯·艾坎皮斯(Thomas à Kempis)

急躁的取代者——积极等待——是更容易的，但仅仅是在长远的意义上。而从短期来看，它有助于随时提醒你停顿下来，比如在你的课堂讲义里加上一条大胆的提示，上面可能写道："等待！"或者把匆忙有损于工作质量的下述理由张贴在你的办公场所，甚至张贴在你课堂讲义的空白处：

- 匆忙的教学不利于学生的理解。
- 它疏远学生，并且使他们变成消极的而且常常是不文明的班级成员。
- 它削弱教师的注意力和灵活性。
- 它令人疲惫。

练习 5. 工作时的停顿。

这一重要步骤类似于在开始之前进行停顿和等待的步骤，但它更具挑战性。一旦我们开始了备课或讲课，我们就越来越不愿停下来。问题的一部分当然出在耐心上。你已经知道了这种情形：我们越是忙乱，就越是烦躁。我们越是力图同时完成一切任务，就越是滔滔不绝和不理会学生的疑问。要看到这一点，只需注意一下你在上课时间结束后还想讲授更多的内容时发生的情况：你让自己筋疲力尽，并且像赛跑者一样让自己越过终点线；你的一些学生开始不安分起来，其他人则通过关上笔记本或者让你一个人自言自语来暗示你时间已到。然后再设想一下你所匆忙讲授的这些内容究竟被理解了多少。我本人对上过这种拖堂课的学生的笔记和回忆的调查将证实你最坏的猜想。

这里也有一个涉及失去克制的困难：当我们在全班众目睽睽中停顿下来时，这种行为会令我们感到害羞和不安。当没有内容的停顿（例如，甚至没有一句"嗯"或"大家知道"）还不是一个司空见惯的行为时，我们很容易猜测全班将马上陷入骚动或至少认为什么事情出了错。事实上，如果你不这么想，他们也不会这么做。尽管滔滔不绝是一个维持控制的好方法，但它并不是长久之计。在讨论课堂上的不文明行为的第八节里，我们将看到更多的理由：当学生无法忍受我们的快节奏时，当他们没空倾听和记录时，当他们认为我们不关心他们的参与和理解时，他们就会疏远我们。

记住：好的教学在某些方面类似于好的交谈，我们中很少有人会喜欢同一个从不征求我们意见的滔滔不绝的人打交道。

练习 6. 利用停顿来放松和沉思，而不是发愁。

当你借助外部的提示，例如借助课堂讲义里的提示来进行有规律的停顿时，要利用这些间隙通过暂时放慢呼吸频率以及吐气和吸气来使自己平静和放松下来。

现在来尝试一下这样的暂停。

利用暂停来弄清你在哪里以及你将要去哪里。这个举动会暗示学生做同样的事情，特别是当你大声说出你的某些想法时。这个最简单的练习方式也是最为有效的：

- 注意你的呼吸，并且下意识地保持片刻的满意状态。
- 检查你的姿势和面部表情，并且使它们显得更加舒适、开放和乐观。
- 尽量放松——例如，在慢慢吐气的时候耸耸肩膀，但最好还是邀请学生和你一起做这些运动。
- 注意你的哪些部位在备课或授课时有压迫感，例如你的肠胃、颈部、下巴、前额和后背。然后通过停顿来下意识地放松这些部位，或许还可以首先更用力地压迫它们，然后再放松它们。

在保持片刻的停顿之后，设法从容地回到工作中去。 模范教师通常利用重新开始工作前的这一片刻来思考和提问："下一步是什么？"他们会回顾自己刚才所做的事情，特别是做得最棒的事情，同时庆贺他们自己的成功。随后，他们会冷静而清醒地预习下一步的要点和讲授它们的方法。所有这些都是在 5～10 秒的思考中完成的。"敏捷的起跑者"和他们的效仿者在教学过程中居然拥有如此悠闲的时间，难道不令人着迷吗？

在停顿中甚至还有时间做其他一些重要事情：注意它们的益处。如果不去积极地理解这些事情——例如放松下颚或者对你下面要讲授的内容感到兴奋——所带来的益处，积极等待就可能不会坚持足够长的时间，从而变成一个自发的习惯。

教师可以在何时找到一两分钟的停顿时间？在上课时。他们径直宣布自己要进行一个短暂的休息和思考（况且学生也希望在不离开座位和不改变精神状态的情况下做类似的事情）。尽管教师在进行这项练习时会有些担心，但很少有学生会表示反对或者"抗议"（心理学家的术语）——而那些不耐烦的反对者也会很快习惯停顿并且更好地接受它们。令人惊讶的是，这些停顿并不妨碍他们讲完足够的材料。事实上，如果同一位教师在一堂课上停顿了，而在其他课上没有停顿，那么他在前一种情况下的讲解将更有计划性。这是如何可能的呢？因为停顿能够帮助他们节省时间和精力，一方面是通过找到更简练的表述方法，另一方面是通过在回答停顿所带来的越来越多的问题时完成某些教学工作。

这种积极等待还会给教师带来意想不到的好处：因为停顿打断了课堂进程，教师会发现他们能够轻易地确立不同的节奏。有时候他们会通过加快速度来突出一个内容，有时候他们又会通过放慢速度来强调它。通过变换节奏，教师们学到了一种保持全班的注意力的方法。

当教师们通过积极等待而得到了放松时，他们就已经在开始掌握下一条规则，即被"敏捷的起跑者"们率先确立的另一条规则。

第二章
在感到准备好之前开始

乍一看,第二条规则(尽早开始)似乎与第一条规则(等待)有矛盾。矛盾的解决在于记住:积极等待(规则1)是尽早开始的内容之一,其前提是在感到工作变成真正的工作之前就悄悄地从事它。事实上,规则1预示了规则2,并与它有重叠之处。

因此,正如我们已经认识到的,尽早开始促使我们在感到自己正在完成真正的任务之前就完成它,而且它们所提供的契机使我们得以摆脱在其他情况下可能面临的混乱和耽搁。根据我的经验,一个教师越有效率、越健康,他尽早地、非正式地开始工作的习惯就越强。至少对于作家们来说,这个观点是不陌生的。

> 不要无所事事地等待灵感,要点亮火把寻找它,即使你没有找到它,你仍然可以找到某些非常酷似它的东西。
> ——杰克·伦敦(Jack London)

尽早开始有多难

在某种意义上,这样的适度并不像听起来那么容易做到,至少在它变成内在的习惯之前是如此。尽早开始需要耐心和忍耐,以便在它的好处显现出来之前有规律地实践它。它还需要信心的飞跃,以便面对烦躁和对它如此违背直觉的冷嘲热讽。

由于缺乏信心让人烦躁,所以它会夸大准备工作的尝试性、不完善、缓慢的节奏以及其他风险。它要求我们把时间花费在"教前准备"(即教学的初级阶段)上,却没有提供更好的长期有效的解决办法。

尽早开始的障碍

我们已经对这些障碍有了或多或少的了解。在这里,我将从社会对其不同形式的称呼出发,以不同的方式来说明这些障碍:

- 拖延者:"我很忙,我有太多事情要做。我在做大多数事情时,都会一直拖到最后期限来临之前,然后把它们一次干完。有了一个像我这样的预定计划,尽早开始之类的做法就成了难以承受的奢侈品。"
- 完美主义者:"我要么做好,要么就干脆不做。一旦我决定准备我的讲义,我就打定了不漏掉任何重要内容的主意。一旦我开始工作,我就会不把事情办好绝不罢休。"
- 精英主义者:"如果你真的聪明,你就会把它一口气做完。你在等待灵感,而且你不会满足于普通的、平庸的结果。我不想要学生听我的课,除非我达到了最佳状态。"
- 阻碍者:"提前准备的想法不适合我。如果过早地考虑问题,我就会感到紧张,并且一事无成。只有等到我不得不做的时候,我才能做得更好,而且更快。"
- 反对者:"好的教学并不是基于你的这些原则。我对此非常了解。创造性的活动是个别性和自发性的,因而不受规则的约束。好的教学来自内在的原因,而不是外在的规则。"

请注意这些反对尽早开始的意见之间的惊人的相似性。在所有这些意见当中,教师们都希望教学准备能够变得快速、容易和不受约束(或许要除去最后期限的约束)。在所有这些意见当中,教师们都希望魔力能够提供动机、想象甚至结构。它们都以一种封闭的态度对待其他的选择,并且都没有意识到它们自身的传统信念的共同后果:最讨厌积极等待的教师最终都在教学满意度、学生的认可、学生的理解等方面成了"敏捷的起跑者"的反面。急躁无助于良好的教学。

苦苦挣扎的教师们之所以对此表示反对,原因之一是他们对投入这种带有不确定性的"恰到好处法"缺乏信任和开放的态度。当新教

师们对这种在感到准备好之前开始的规则缺乏信心时,他们通常会:

- 对他们获得想法、想象和耐心的能力感到没有把握。
- 拘泥于一个与他们以前所做的课堂笔记相类似的计划或者一本教科书的大纲,而且在这么做的时候总是有点机械和缺乏思考。
- 通过假设直接向学生传授事实和所有要点的极端重要性来安慰自己。
- 把他们想说的大部分事情写下来,其中一些是逐字逐句地写,但又担心它们不会被学生记在笔记上。
- 在匆忙和紧张地写讲义时屏住呼吸,而且在随后讲授它们时同样屏住呼吸。
- 无法想象这些资料将如何被传授给他们的学生。

模范新教师所展示的尽早开始有助于减轻低效、不舒适和疏远的后果。他们的耐心和远见促成了各种简明而有意义的思想,从而构成了真正的优秀教学的基础。

我首先从那些正在准备课程讲义的资深模范教师的评语里发现了这些思路清晰的活动,随后又从那些至少在大学里工作了三四年的"敏捷的起跑者"那里发现了它们。例如,他们利用对听众反应的了解来安排讲义的做法与那些模范作家的做法是如此相似,以至于我在下面的列表中把杰出的教师和作家们的根本策略结合在了一起。在此过程中,我大量借鉴了一位名叫唐纳德·莫里的朋友的观点,他是对模范作家进行研究的先驱者。下面就是优秀的作家和教师们试图避免的缺陷:

- 没有领域:没有一个能够令教师和学生(或者作家和读者)愿意去共同探索的思想、事件和人物的世界。
- 没有惊奇:在将要说出的内容中没有令人惊奇的东西。
- 没有教师:在将要讲述的内容中没有显著的个性或自己的声音,学生几乎感受不到谁是教师(学生从那些适度地展示自己的生活和工作的教师那里学到的更多,并且对他们的评价更高)。

- 太少：没有足够的具体事例来帮助学生理解普遍的原理（在模范教师的教学中，普遍的原理和要点更少，而关于它们的事例则更多）。
- 太多：教师试图说出自己所知道的一切，而不去选择和简化几个重要的主题。
- 太个人主义：内容只有教师弄得懂，但学生弄不懂，因为它的背景和意义要么没有交代，要么与学生的经验无关。

并不需要立即掌握所有这些复杂的内容，恰到好处的原则是通过循序渐进和反复练习的方式发挥作用的。至于现在，只需要思考一下前面所列举的缺陷并且想一想你应该什么时候做和你应该怎么做。第一个问题的答案当然是现在。第二个问题的答案在前一节中已经被暗示了，那就是在你感到准备好之前尽早备课。

规则2：尽早开始，在感到准备好之前。

规则2的练习

在这里，我还是请你们首先思考一下尽早开始的意义。它们意味着在你感到冲动或是准备好了之前开始。它们意味着在没有完全确定说什么和做什么之前进行准备。它们意味着通过让事情——尤其是惊讶和发现——发生得更平静和更深思熟虑来解除对匆忙和回避的短暂控制（见规则1）。令人困惑的是，尽早开始的规则还意味着在开始产生动力、灵感和联系的同时继续保持强行的克制（等待）。所有这一切都将通过耐心和信任——以及对下文中必要工作的概述——而变得更加简单和明确。

练习1. 利用其他活动中的停顿来思考教学。

这种停顿在你对一份新的或修改过的讲义/谈话的想法依然模糊的时候，在它们显得值得称赞之前是最有效的。它的不确定性还有助于把这种工作放入进行思考的小时机（等待会见主持人时）或者进行沉思的大时机（等待拜见系主任时）里。

要找到时间进行尽早的、非正式的工作，就要留意你原本认为自己只能去读一本杂志或是去看一个电视广告的时间。不要把所有的空闲时间都用来做记录或留意，要适度。

通过携带卡片并且记下想法和图表来好好利用这些停顿。这些建议会让你知道教学时可以说些什么，有时候是通过留意当天发生的与教学主题有关的事情，例如一份新闻报道或者一个你亲历的事件。当你开始在头脑里把这些预备好的记录和图解与你的课堂联系起来时，它们就给你提供了更清楚甚至更简练地讲解更大的要点的方法。

例如我曾注意到，我的狗萨姆在我用快速而愉快的交谈刺激它时几乎立即表现出了近似躁狂的举动。当我在随身携带的卡片上把这件事情记载下来时，我意识到它所表现出的反应方式在我关于轻度躁狂——人类躁狂的近亲——的课堂讨论上将起到喜剧性和说明性的作用。但更妙的是，它使我找到了一个用来缩短关于轻度躁狂的形成机制的解释方法，这原本要讲上一周。我在进一步思考萨姆的举动时注意到，一旦刺激减弱，它的轻度躁狂便会迅速地转变成悲伤和失落。我相信没有人能够比一条狗更好地表现出这一点。也许你需要通过实地观察才能理解我的例子，但是我想你已经理解了这个要点。据那个班的同学对我说，他们都已经理解了这个要点，尤其是当我模仿萨姆在轻度躁狂期间和随后的悲伤过程中的面部表情和其他姿态的时候。

为什么要去做这样一些临时性的记录呢？首先，因为外部的记忆，例如记笔记或其他类型的硬件记录常常要比内部的记忆更不容易丢失和遗忘。其次，因为外部记忆能够减轻已经疲惫了的大脑的负担。第三，它们能够激起相关的思考（想象）。

要利用有规律的停顿来尽早地开展工作。根据参与过我的培训方案的教师的经验，为了提前计划和准备工作而进行的停顿几乎立即就会受到欢迎，而且它们需要通过有规律的实践来形成可靠、有用的习惯。一个有助于养成这种习惯的方法是通过随意记下大脑中没有经过内部处理的想法来使这种实践变得更加容易和更有成效。作为一条规则，这种方法意味着用一两分钟的时间记下你对一次课堂讨论或者一系列主题的想法。随意记录是自发性的，它产生动力的方式是帮助你忽略那些内部的文字处理，而后者则需要完全正式的、符合常规的观点，甚至正确的拼写。因为随意记录引起了惊奇和发现，所以它让你希望重温那个时刻或者不断地进行随意记录。一个顽强而有效的习惯就根植于这种方法之中。

练习2. 增加收集和联系。

具有开创性的社会学家怀特·米尔斯(C. Wright Mills, 1959)是最早发现他所说的"知识分子的艺术"——一种既实用又简单的成功的工作方式——的秘密的大学教师之一。例如:

> 每当你强烈地感受到事件或者想法的时候,千万别让它们从你的脑海中溜走,而要把它们整理成文件,并且在这么做的过程中引申出它们的含意,让自己发现这些感觉或者想法是多么的愚蠢,或者可以怎样转化为有成效的样式。

这段话意味着仅仅做记录是不够的。它还要求你做解释性的记录,就是从你正在处理或者将要处理的某些事情出发来解释每一条记录(例如,当我把萨姆的轻度躁狂的症状记录下来之后,我马上又从如何解释它与我的课程以及我对伴随着烦躁不安的轻度躁狂的想法之间的联系出发,把这个记录重述/重写了一遍)。

下面是米尔斯提出的另外一些具体做法:

- 把记录整理成文件,以便通过类别和相关的观点来审视它们。
- 重新整理文件中的想法和类别,以便寻找新的意义和联系。
- 要保持一种娱乐性的态度,从而无须每一条记录都构思或书写得很完美。
- 把想法归入类别和类型,以便更好地理解它们。
- 考虑重要想法的极端形式或对立形式。
- 对想法进行交叉分类,以便找到视角和不协调之处。
- 认真寻找具有可比性和说明性的事例。
- 尝试着把材料整理成讲义,可能是一份示意图或者概略性的大纲,以便得到结束尝试的好处。

如同我们思考过的其他尽早开始的方法一样,米尔斯的方法不仅仅促进了发现,它还减少了一个在备课之类的工作中导致辛苦、拖延和障碍的常见原因:不愿进行要接受公开评价的工作。正如米尔斯可能指出的那样,在刚开始的时候,你从来不会真正展开一项工作;相反,你已经在考虑各式各样的想法、事实和数字——其中的任何一个几乎都可以成为课程的内容。"生活在这样一个世界里,"米尔斯说,"就要知道在拓展、联系或者回顾你正在准备或讲述的东西时需要做什么。"

练习 3. 当你已经做了充分的教前准备后,还要学会讲述。

我们已经知道,这些被我称为教前准备的前期工作可以不知不觉地在极短的时间里转化为正式的教学活动。由于教前准备可以凭借其自身的优点而成为一项既令人愉快又没有危险的活动,所以它也可以成为自我封闭的和过度使用的活动。因此,我提出了如下这些警示性的步骤,以确保你不会超出效益出现递减的那个转折点。像往常一样,我的建议是适度地工作。

防止过度准备的方法之一是制定一系列不断完备的思想提纲。这一点很容易做到。思想提纲是普通提纲的副产品,它为提纲中的每个要点添加一些自由的评论。当整个提纲被改写成文稿或者在课堂上被讲授时,这些非正式的评论就会与正式的讲义非常接近。例如,写在我对"萨姆的轻度躁狂"这条记录下面的、本节中的第一份思想提纲是:

> 我对它现有的亢奋状态和紧随其后的抑郁状态的记录有什么用处?它会很快形成一个对如何在课堂上运用它的意识。

上述第一份接近讲义的思想提纲是容易讲述的,而且更容易被改写成极为接近讲义的定稿的第二份思想提纲:

> 我在卡片上记下它的轻度躁狂并且意识到它所表现出的这种症状将在讨论轻度躁狂的课堂上产生喜剧性的效果。

这条出现在第二份思想提纲中的记录又进一步产生了第一个接

近正式的讲义的句子：

> 它帮助我发现了一个简化关于轻度躁狂的解释的方法。

在一份思想提纲中，最重要的是通过一种有助于你以后的扩充或说明的方式来记下信息和印象。以后的修改则会进一步加强它的细节、深度、逻辑，而且几乎总会加强它的简洁。下面是关于思想提纲的另一个例子，它说明了在我为参与者们准备的讲义中，我是如何在准备第一份关于恰到好处法的说明时再次运用制订思想提纲的方法的：

A. 模范青年教师通过什么途径获得了耐心而持久的教学动力：
1. 预备性地练习从各种正式的和非正式的渠道搜集有关教学主题的信息（目的是找到与学生的经验相关的想法）。
2. 汇集、整理和重新安排课程材料，以便突出简明性和主题。
3. 想象在课堂上讲述那些新颖的、有关联的思想的乐趣。
4. (……)

根据我留在空白处的笔记，这张一页纸的思想提纲大约占用了15分钟的时间。我是在从事收集资料的田野考察的短暂间隙完成它的。通过这种方法，我把写作思想提纲变成了一项令人愉快的活动。

在第二天进行尽早准备的短暂时间里，我修改了这份思想提纲的部分内容，同样是利用了从事田野考察的间隙。它被完整地复制在了下文中——尽管那份最初的、手写的思想提纲并没有这么整洁：

A. 模范青年教师通过什么途径获得了他们的教学动力/动机：
1. 他们声称，他们整个日常工作都被一个有规律的、非正式的习惯激活了，这个习惯就是留意并且记录那些可能与教学有关的事情。
   ——例如，当他们在自己阅读的材料（新闻报道或学术著作）或者所做的事情（写作或交谈）中发现了与教学相关的内容时，他们就发现自己依然对教学工作更为敏感、细心、有远见和乐观。

——随后,他们又声称,他们试图记录这些想法并且在课堂上讲述它们。
2. 当他们汇集、整理材料并且随即把它们写入修订过的思想提纲时,他们就找到了简化思想和把它们与主题相结合的方法。他们声称,这些事情所带来的惊奇和快乐是他们不曾预料到的。
——因此,他们对于讲解材料越来越自信和兴奋。
3. 逐渐地,他们发现自己在扩充思想提纲时能够想象出学生们的反应。
——而且同样重要的是,他们知道在哪里进行交流,甚至做某些工作。
4. 但是,模范教师经常发现,这种思想提纲还能发挥另外一些作用。当他们改写和扩充思想提纲时,它们明显变得越来越适合于讲授和讨论。
——也就是说,最艰苦的工作在表现得像工作之前就已经完成了。

这项工作只占用了不到 10 分钟的时间,我把剩余的时间用来思考。

当天晚些时候,在感到我做好了从事这项工作并且进入另一个 10 分钟的短暂停顿的准备之后,我借助随意的记录和重新的思考把这份思想提纲清理成了一个更加完备和细致的版本。我随后认定,我已经让这份提纲充分地接近了我的讲义,从而可以让我说出我想在讨论会上发表的意见。但这个认定的做出并不坚决。我早在讨论会之前就已经做完了这些记录,而且我知道自己可能会给它们带来新的观点——但是在其他情况下,我仅仅需要把讲义打印出来。实际上,我并没有做很多的准备工作,我只是在讨论会上发表了这份在打印时作过小小修订的讲义。按照同事们在那次长时间的讨论会上作出的正式的反馈,它在产生兴趣、理解和详细的行动计划等方面都起到了很好的作用。既没有抱怨,也没有疲惫。

我有时候容易让听众和读者猜测是我发明了这种简单而有效的方法。但这并不是事实。我是从新老模范教师那里剽窃了其中的大部分内容。

在这一点上，参加过我的培训方案的教师似乎并不关心它的来源或我的忏悔。他们只想更具体地了解我和其他教师究竟是怎样推动这份材料走过那些预备阶段的。在下文中，我重新叙述了我的步骤，以便让你知道我制订出我的思想提纲的基本线索：

1. 我列出一个初步的一览表来说明自己对如何安排这次讨论会的主题的想法：我通过大声谈论它们和随意地记下我所要表达的意思而得到了三个要点。
2. 紧接着，我开始通过试验性的修改来看看是否可以对我的一览表作出其他更好的安排。为了帮助自己作出决定，我设想哪些讨论和问题可以吸引听众的参与并且引导他们取得自己的发现。同时，为了得到进一步的帮助，我回忆自己在参加其他讨论会时从教师们那里得到的书面的或匿名的评论。
3. 我利用另一个短暂的时间来引导自己耐心地对待已经得到的想法。在冷静而清醒的观察中，我逐渐地对自己最终制订的这份清楚而完备的提纲感到暗自得意。为了把这股热情化为冷静而富有思想的工作，我随后又在这份最新的思想提纲的空白处记下了一些可以用来解释讨论会上突然出现的观点的比喻和事例。自始至终，我都不信任我的记忆力，也不愿努力回忆我想讲述的任何东西。
4. 当我打印讲义时，我一定会在我的打印稿上亲手写下一些关键性的记录：提醒我在何处鼓励听众的参与，甚至在何处评估听众的理解。这一点不难办到，因为我已经预先在空白处留下了关于这些提示的记录。

按照模范教师和效仿他们的其他新教师的观点，所有这些方法都可以被很好地而且轻易地运用于备课工作中，就像我本人所体验过的那样。然而，当你已经劳累过度并且落后于工作计划时，你可能会对试试思想提纲的智慧表示怀疑。

快速浏览思想提纲的好处：这种方法既快捷又简单，预备性的提纲只需一两分钟即可完成。思想提纲有助于养成一种在新思想被遗忘或淡忘之前把它们记在纸上或屏幕上的习惯。它们提供了一种快速地掌握和理解材料的方法,因为它把组织材料的依据凸现了出来。它们推迟结束,只要思想和推理仍然是尝试性的;它们鼓励批评,只要改变仍然容易而划算。而且几乎是无须意识到的,思想提纲确保了人们按照可以使日后的课堂讲述更加轻松和更加自然的方式来重新解释材料。

练习 3 中的相关练习。

你也可以通过大声讲述你可能在课堂上对真实听众讲述的内容来及早找到重点和信心。听听自己对这些材料的讲述有助于你发现不清楚、不相干和不必要的内容(听磁带的效果甚至更好——我建议推迟看录像,直到你感到舒适和自如为止)。听众和观众在课堂上的反馈还会提供更多的观察那些在其他情况下难以看到或听到的东西的视角。

如果没有现成的听众怎么办?就对自己讲述你的观点和计划,并且把自己想象成听众。把你所要讲述的要点录制下来,并且注意你的节奏和停顿是否有利于强调它们,注意你的内容安排是否有助于清楚的理解。向自己提出这样一些问题:我的过渡环节是否得到了清楚的表现和解释?我对主要观点的讲述是否清楚而且容易记住?

练习 4. 尽早设定完成准备工作的最后期限。

模范教师们通常认为做好下列事情是制定思想提纲的关键:

- 花足够的时间制定一份可行的计划,要以足够的细节和例证来支撑它。
- 只有等到准备充分的迹象已经十分明显时,特别是有了把你知道的东西与别人分享的渴望和信心时,才去修改和扩充这份思想提纲。
- 重新检查你的早期工作,以确保你正在解决正确的问题(参阅:不必要的旁白和反复)。
- 把更多有规律的、简短的时间加入你的日常工作安排,以便尽早确保你能够以尽早的方式完成它们。
- 设定一个尽早的基本完成的最后期限,它将为讲述前的反思和修改提供充裕的时间。

模范教师之所以做到了这种最后的也是最困难的适度，是因为他们为简短的日常时间设立了明确的、现实的目标，其中包括他们希望完成的最低限度的成果。这种提前投入的做法虽然是偶然性的，但是与那种在某个特定时间完成一切任务的做法相比，它有助于减轻最后期限所带来的紧迫感。

练习5. 放弃并且承担一些风险。

在规则2(尽早开始)中的最后一个练习对于遵守最后期限来说是极其重要的：它要求在准备的时候放弃完美主义，而且尤其重要的是，它意味着情愿在感到准备不充分的情况下走进课堂。为什么放弃是重要的呢？因为当你放弃一些难以得到具体解释或充分说明的细节时，你能够更好地把备课时间控制在一个合理的限度之内。

到底是什么东西使得这个有风险的练习难以实行呢？ 首先，它是有风险的。其次，更确切地说，是因为我们所有人都想保持对学生的控制，并且在学生面前表现得无所不知。我甚至怀疑，我们所有人都担心这些被放任自流的事情将导致阻力和困境。第三，我们没有接受过发现这种形势的真实情况的常规训练——事实上，几乎所有的学生都不会把你停下来搜集例子、澄清定义、重申要点甚至寻求学生帮助的做法看作教学无能的表现。相反，学生会喜欢在听见或看到你如何解决问题的过程中获得的更大的参与性，尤其是当你大声谈论你的某些研究并且(适度地)寻求他们的帮助时。学生会喜爱这种创造有意义的东西的机会，只要他们已经从被你提问的惊愕中恢复了过来。而且学生会欣赏节奏的变化，只要这些变化有助于加强他们的参与和理解。你也一样。

为什么模范教师在刚起步的时候最善于承担这种风险呢？ 根据我的研究，模范教师是最善于承担风险的人，即便他们至少像其他新教师一样不擅长社交。他们通过原谅自己在情有可原时犯下的错误来帮助自己。他们预见到了承担做教师的风险的价值。而且他们更愿意享受那种当堂弄清某些事情的兴奋——但不是所有事情。他们更下意识地利用发现及其偶然的模糊性来保持自己的清醒和当教师的热情。此外，他们更容易理解让学生分担一些工作的意义。受此影响，模范教师很少害怕在学生面前丢面子。事实上，根据我对学生对刚结束的课程的感受的调查,模范教师遇到丢面子或尴尬的可能性要远远少于其他新教师。

> 谁不每天克服一种恐惧,谁就没有接受生活的教训。
> ——爱默生(R. W. Emerson)

> 谁害怕受苦,谁就已经受苦,因为他害怕。
> ——蒙田(Michel De Montaigne)

第三章
如何做到好整以暇？

第三条规则——利用短暂而有规律的时间工作——所强调的不仅仅是适度，它所关注的是伴随着适度的实践而自发产生的持之以恒。尽可能地回忆一下在本书的导论中引用过的亚当·斯密的那段话。他认为，只有通过适度地利用短暂的时间从事那些重要的工作，我们才可能长久地通过持之以恒的工作来获得更大的成就、健康和幸福。

是什么东西妨碍了我们大多数人去遵循这条明智而古老的规则？社会告诉我们要进行阶段性的工作，而且在太多的时候，要在巨大的忙乱中和最后期限的日益临近中进行这种工作。我们普遍地按照我们在完成课程论文、研究报告和大会发言时学到的方式来从事教学：先是漫长地等待，然后再忙乱地甚至马拉松式地工作。这样的工作方式不仅是低效率的、不健康的，而且是具有自我破坏性和自我挫败性的。因为只要忙乱仍然存在，它就会排除其他的重要工作，而这些工作最终也必然会陷入忙乱。而且因为忙乱需要很长的不受干扰的时间——整个上午、全部工作日、周末、假期、安息日，以及休息甚至复原身体的时间——所以我们误认为短暂的时间不适合用来从事创造性的工作，例如把上午的剩余时间用来备课，但又在10：45分之后打断它。一位忙乱的人对我说："整个上午就像子弹似的飞走了。我本来至少可以利用它完成几件差事。现在就剩这么点时间，我不可能好好备出任何一门课。"

社会在拒绝亚当·斯密的建议时没有做到的，人的本性却做到了。我们之所以不情愿利用短暂而有规律的时间从事工作，其根本原因就在于控制冲动的困难。正是它最终导致了我所说的烦躁和过度。当我们感到有压力时，我们内在的本性就会诱使我们推迟困难的工作，例如备课，直到出现了理性的工作条件。为什么？因为它偏爱那些容易做到的和可以带来直接安慰的其他事情，即那些比备课的要求和威胁更少的事情。它实际上告诉我们，在我们不分心和长时间不受干扰的情况下从事的工作是更容易的、更好的。此外，我们内在的天性还告诉我们，如果我们消极地等待，我们就可能找到一些机会进行带着轻松而振奋的心情的工作，而最理想的方式是通过沉思。一旦陷入了这种无意识的循环，我们就很难想象自己可以在短暂的工作时间里完成足够的教学准备，并且写下关于教学的想法。一位忙乱的准备者对我说："我只有心情做我愿意做的事情，而不是我必须做的事情。"伍迪·艾伦（Woodie Allen）在他所写的一篇声名狼藉的反对女性的文章中写道："心灵渴望它所渴望的东西。"

相反，下面是模范教师为了取得最佳的成果和健康而下意识地把持之以恒与适度相结合的方法：

- 他们在短暂而有规律的时间（brief, regular sessions）里干完他们几乎所有的"必要工作"，例如教学和写作。
- 他们最初是在如此短暂的时间里尽早地开展工作，以至于他们不需要重大的日程安排（也就是说，他们最初是在本已繁忙的日程安排的间隙尽早进行教学准备的）。只是到了后来，当尽早准备成为习惯之后，他们才有了更加正式的日程安排。
- 他们在感到有心情之前就不断地开始和重新开始，同时提醒自己，一旦开始了，他们对工作的感觉就会变好。一种用来增加干劲的常见方式是随意记录；另一种是改写在前一个时间段里完成的最后一部分记录或思想提纲。
- 因为短暂而有规律的时间常常是短暂的和不慌不忙的，所以它们有助于模范教师通过没有压力、深思熟虑、持之以恒和及时的努力进行教学准备。
- 短暂而有规律的时间保持了教学准备的时间限度，使其不会妨碍教师在当天的剩余时间进行其他重要的活动，例如进行锻炼、社交活动和学术创作。
- 短暂而有规律的时间避免了由于拖延、冗长和没有间断的工作时间所导致的三个主要损失：(1) 在压力和兴奋之下从事工作，直到发作轻度躁狂和由此导致的抑郁、冷漠等后遗症;(2)备课工作越过效益递减的转折点之后出现低效率;(3)在忙乱者的工作中体现出来的不连贯性。

适度与持之以恒相结合怎样适用于教学活动

在课堂上,短暂而有规律的时间可以把独立的主题和策略分解为小的部分,每一部分都自成一体,并且都与前面和后面的部分有着明显的联系。短暂而有规律的时间意味着在课堂上设定不同的时段——比如说,一个时段用于寒暄和预习,另一个时段用于讲授当天的三个要点。而且短暂而有规律的时间要求通过不同的主题、暂停(或许还需要一段持续的时间)、总结和预习来明确地划分每一个部分。尽管这种持之以恒与适度的结合显得有点古怪,但它并不比没有停顿的传统教学方式更加耗费时间和精力。

规则3:利用短暂而有规律的时间工作。

规则3的练习

在这里要简单地列举一下同前面两个规则有关的练习:

练习1. 耐心等待。

利用你的耐心和忍耐做好备课的准备。在日常活动中练习保持克制的简单方法:在起床或伸手接电话之前停顿和拖延2秒钟;在开始回答你刚才向学生提出的问题前拖延2秒钟;等待更长的时间来寻找想法(然后,如果一无所获的话,可以先空着,过一会再回来解决它——这是对耐心的真正考验)。

当你不能马上想出某个问题的时候,可以通过把自己得到的线索或者对答案的猜测写在纸上的方式来保持愉快和乐观。要随意写下并且改写。利用休息、思考和短暂的工作时间来保持清醒和步入正轨。设想你在讲述自己正在准备的东西时得到的好处、乐趣和兴奋。当你正在收集那些不朽的智慧时,苦笑一下。设想你在课堂上模仿一条长毛猎犬的轻度躁狂时会有多么高兴,或者会有多么不幸。

练习2. 在感到准备充分之前开始。

别指望在你着手工作之前就已经有了动力和把握,正如我曾经指出的那样,这两件东西只有在你已经展开工作的时候才会显得更加可靠和有用。顺便多说一句,最好的动力出现在持之以恒的、适度的工作的后边,而不是前边。

练习3. 练习忍耐。

要有耐心,而不是匆忙地接受那些寻常的观点,即轻率地认为短暂而有规律的时间不足以用来创作和囊括足够的材料,或者认为由于短暂而有规律的时间反映了一条规则,所以它们会窒息你的创造性和才华。相反,要等待并且给规则3一个机会,就是利用一小段时间来练习一下它的基本要求。你不会真正了解短暂而有规律的时间的作用,除非你有足够的耐心和信心去反复地尝试它们。如果你现在的工作方式同你所希望的方式相比,紧迫感和压力更大,效果和满意度却更差,你将会失去什么?

评价短暂而有规律的时间的一个方法是我们已经熟悉的:比较一下花在备课上的新时间和旧时间。另一个方法是把你在短暂而有规律的时间内作出的简短而生动的备课笔记写在黑板上或用投影仪播放出来,以便测试一下它们的效果。我已经证明了这个大胆的举动将让学生更好地了解你在做什么、你认为什么东西重要,以及如何加入你的计划。思想提纲一旦公开,也有助于教师进行更加清晰和深刻的讲解和交流。注意:向学生表明如何用他们自己的笔记来解释你写下的内容——就像你在解释你的思想提纲中未包括的内容时那样。然后,不时地通过大声讲述这些解释来将其定型为一种重新审视和作好笔记的简单方法。

在熟悉了这三个关于短暂而有规律的时间的练习之后,你或许已经做好了进行第四个严格的练习的准备,即坚持依靠短暂而有规律的时间来工作,而不是依靠冗长和突然的猛干,其中包括忙乱。按照我的研究,下面这些练习最有助于养成这个陌生的习惯。

练习4. 确定一个短暂而有规律的备课时间。

短暂而有规律的时间的确意味着短期而有规律。它们的确需要从小处做起。如果你太忙或者过于怀疑在每个工作日为此花上1小时的意义,那就从拿出一两次5~10分钟的日常时间开始。通过这种方法,即使最繁忙的大学青年教师也能走上通向短暂而有规律的时间的第一步。不管其他情况怎样,都要确立一个利用日常时间从事教学准备的正常预期——无论如何。最困难的地方莫过于相信这条规则足以使它的练习得到实施。我的"恰到好处"计划的参与者对我说过,在参与这项计划的过程中,没有任何东西在刚开始的时候显得比关于短暂而有规律的时间的想法更加违背直觉。然而,一旦它成了一个习惯,就没有什么东西比它显得更加真实和有效。

一旦你制定好了一个日程安排,就要在既定的时间带着笔记和文件坐下来,即便你感到自己并非正在进行备课。在最坏的情况下,你将坐在那里面无表情地度过这几分钟的时间;在最好的情况下,你将开始随意地书写、做记录,或者找到其他的工作方法。突然之间,你想到了可以用手头的什么东西来填补你空白的大脑吗?那就是你所做的早期准备,其中包括记录卡、图表和思想提纲。

记住:现在的目标是坚持坐下去,就像要工作一样,而且在几分钟的时间里不做任何其他的事情——哪怕是非常简单的差事。

找到一个固定的地方(或者几个地方)来阅读和写作课程材料,那里很少有让你分心的东西(例如,可供阅读的报纸或者需要接听的电话)。在理想的情况下,这个工作地点除了教学材料之外什么都没有,而且它应该舒适得几乎让人颓废。与其他教师相比,模范教师的工作更多的是坐在带有支撑大腿、脖子、背部的设施的舒适的椅子上完成的。为什么他们不会打瞌睡?因为他们没有其他青年教师那么忙碌,并且休息得更好。而且正如他们所说,他们的短暂而有规律的时间会令人振奋和精神焕发,而不会令人疲惫或困倦。

在这些练习中最典型的阻碍因素和促进因素是什么? 首先来临的是暂停的困难,甚至是克服老习惯的困难。我们大多数人都不习惯于利用小块的、有规律的时间进行教学工作(或者做任何其他事情)。其次,在马拉松式的工作中把所有事情一次干完的预期可能还有吸引力。要与这个诱惑作斗争,就要学会注意短暂而有规律的工作时间的成效,并将其与长跑式的忙乱相对照。这里有一个关于短暂而有规律的工作的令人好奇的事实,即无论是在教学工作中,还是在诸如学术创作之类的其他重要工作中，它们几乎总能比忙乱带来更加可观的成果，而且几乎总会占用更少量的时间（我将在第一章的结尾更多地谈论这个普遍的事实）。同时，如果你能坚持它的话，还可以设法利用5～10分钟的短暂的日常时间做其他一些令人厌烦的事情（例如，家务活）。

拼命挣扎的青年教师损害短暂而有规律的时间的典型方式是：(1) 想象他们在某些日子里连最短暂的时间也找不到，特别是当他们感到要完成已经到期的工作的压力时；(2) 猜想他们此刻的心情不适合从事哪怕最短暂的工作；(3) 怀疑短暂而有规律的时间的有效性。

所有这些悲观的想法都将随着持之以恒的练习而消失，但是你该如何进行这些练习呢？不妨试试你在其他方面学到的一条策略，即一条促使你去做自己不情愿做的其他事情的策略，例如，按时去上班，直到成为习惯。

练习5. 强制实行短暂而有规律的时间，直到它成为习惯。

简单的刺激物效果最佳：预示时间开始的闹钟；已经摆好并且准备处理的材料；张贴起来的关于思想提纲里的想法的记录；预先安排好的、提醒你开始的时间已到的配偶和其他朋友的电话。按照我的经验，这些方法只有在成为习惯后才不会让人厌烦。此后，它们可能需要在你出现倒退的时候重新得到实施。你对它们的使用越多，对它们的需要就越少。

考虑下面这个甚至更有效的方法。让你在不遵守自己所规定的短暂而有规律的时间时付出代价，使其对于大多数日子来说都过于昂贵。这意味着让你喜欢做的某些事情（例如，读晨报）的条件取决于你是否首先在那个短暂的时间里准备了教学材料。你应该利用有多大影响力的呢？有着适度的影响力。要不断尝试，直到你找到一种足以确保你有规律地练习短暂而有规律的时间的事情（例如，为了赢得一次在早晨冲澡的机会，就得首先在你规定的那段时间里备课）。但不要利用那些可能损害你的健康的事情（例如，以当天的午饭作为代价。不过我猜想，当你未能遵守规定的时候，也可能由此获得减肥的好处）或者损害社交生活的事情（例如，在当天不打电话或者不拜访朋友）。

要让这个利用"视情而定"（contingency）的练习保持一定的灵活和适度。要允许自己有出现特殊情况的日子，以便应付疾病或者工作进度的变化，而且一定是在发生了真正的紧急情况的时候。但要控制出现特殊情况的频率，也就是说，大约每两周一次。最后，要让运用"视情而定"（即让你喜欢做的事情以你首先进行了写作作为先决条件）的时间尽可能地缩短，恰好是使新习惯具有稳定性和自发性所需要的时间——通常需要三四个月的时间。对"视情而定"的过度运用可能会引起对教学工作的反感。按照我的经验，教师可以凭借内在的自律而长期保持更加轻松、更有创造性的工作状态。"视情而定"也可以随时在后来的日子里被再次起用，只要出现了必要的情况，使用期限可能要持续一两周左右。

包括我本人在内的许多教师都发现，社交型的"视情而定"更易于得到坚持。例如，为了做到这一点，他们会找一个同事来一起利用短暂的日常时间从事教学准备，与他约好一个固定的时间在一个舒适的工作地点见面，比如图书馆里的珍品收藏室。至少在刚开始的时候，这些"社交约定"是通过引起内疚感的方式起作用的，即感到如果我们不赴约的话，就会导致别人的失望。而且它们还可以为这个练习提供社会支持，即让我们看见有人正在完成同样的任务——尤其是当别人与我们分享关于工作效率的发现时，或者在我们遭受挫折的时候为我们提供鼓励时。

练习6. 把短暂而有规律的时间引入课堂。

这个练习所针对的也是适度，以及如何把上课时间分成更轻松、更难忘的时段。例如，你可能会把当天的课程导言限制在一个大约三四分钟的讲授时间之内，即将其作为一个独立的时间单元。你甚至可能设计这个导言的结尾，以便用来促使学生对下一时段的讲授感兴趣，或许是把它设计成一个问题。例如，你可能发现自己对课堂上的学生说："因此你们或许会感到奇怪，这个关于农作物的受精问题的观点是否与UFO及其在堪萨斯的麦田里留下的信息有关？那么就请继续听听这节课的下一时段的精彩内容。"

此后的每个时段也要遵循同样的安排，即利用它的结尾来引出下一个时段的内容,并且利用片刻的停顿来复习和引起提问,而且这种停顿必须是真正的活动暂停。你可能愿意按自己的偏好和自己所教授的课程的性质来尝试一下这种划分各个时段的范围的方法:

1. 寒暄,例如,有选择地回忆个别学生在上节课的表现,并且介绍当天的课程。
2. 在这节课程中的几个主要的讲授时段,每个时段都有一个值得记住的核心观点。
3. 讨论时间,或许首先要通过小组讨论来解决问题或者为这节课的讲授收集素材。
4. 一分钟的课堂写作或日常测验,以便检查学生对要点的理解。
5. 短而又短的复习,以便留出提问和解释的时间——也为了按时下课。

在尝试上述方法时,就像在利用短暂而有规律的时间备课时一样,大多数参与过我的计划的教师都声称,他们受到了一种强烈的让这些时段超出预定时间的诱惑。而一旦失去了简洁,短暂的时间和时段也毫无疑问地将不再短暂。这种诱惑有多么强烈呢?有几位教师注意到,在超出预定时间的冲动之后会伴随着明显的生理变化,例如,他们后脑上的头发会竖立起来。

有两件事情有助于解决这种常见的急躁。一是在讲述的过程中,要使每个时段的内容保持真正的简洁和逻辑的完备。你可能需要通过试错法来确定这些时段的界限。二是预先安排一些告诉你时间已到的提示,甚至可以通过授课笔记上的记录来监测你越过一个时段的各个部分的时间。这将有助于确保学生们所重视的停顿的出现。例如,在当天的第一个主要的讲授时段中,你或许可以安排某些提示来表明它已经过了一半的时刻和只剩下两分钟的时刻。有经验的模范教师为这样一个时段限定的典型时间是8～12分钟。其中有一位对我说:"你确实可以在7～10分钟内讲完大多数内容,只要你讲得简明一点。"当然,也有例外的情况。用最少的内容讲完一个时段的好处之一就是你可以在必要的时候把更多的内容投入任何一个时段。这种适度的做法使你能够利用一些时间来建立与学生的友好关系或处理意外的情况——而无须担心完不成当天的教学任务。

对短暂的时间和时段的定期练习通常只要花费 2~4 个月的时间就可以变成习惯性的、舒适的做法。只有到那时，它们的好处才会被那些参与我的计划的教师所发现：

- 更加持久的、富于想象力的参与，首先通过他们自己的投入，然后通过学生的投入。
- 更好地讲完主要内容并且花费更少的时间总量。
- 课间和课后的疲惫更少。
- 教师和学生的理解更好。

练习 7. 监测你的进步。

为了最大限度地获得利用短暂而有规律的时间工作的好处，还有一个重要的练习要做。我敦促你们去监测和记录你们在达到短暂而有规律的时间和短暂的授课时段的要求时的表现。曲线、图表和日记都可以用来反馈你是如何一天天地坚持它们的。这些硬记录的效果远远好于凭借记忆和想象来监测进步的做法。有时候，这些记录会表明有必要重新调整你的备课和节奏。而且在绝大多数情况下，只要这些记录表明了某种持续性，它们就会强化这个新习惯。在观看这些进步的证据时会有极大的快乐，特别是看到不断增加的实质性成果时。

> 直到我把每天的练习记在曲线图上时，我才开始在这方面取得真正的进步。我需要看到自己并没有想象中那么吃力……当我的曲线终于上升了（即当成果的水平提高了）并且稳稳地停在了那里的时候，也就是我对自己的进步感到满意的时候。而且我原以为自己会讨厌曲线图！
>
> ——我的教学培训方案的参与者

作记录还可以通过另一种我们曾经讨论过的方式帮助我们。它促使阅读者意识到自己有足够的时间用于备课和教学，因为他花费在备课上的时间比原先大大缩短了。这反过来又增强了对自己能够在不慌不忙的情况下控制和完成工作的信任感。因而新教师们才说，时间之弦的放松帮助他们找到了新的信心。如何找到？因为不慌不忙的节奏使他们得以成为更好的观察者和倾听者，从而可以在备课或授课的时候轻易地按照需要来改变过程。

我们是否只要做到这些就足够了呢？是的，暂时是够了。但是由于这些适度的规则总是涉及其他相关规则的准备，所以你可能发现自己已经开始步入了下一条规则。

第四章
停止

我用这个词来表示及时的结束——当你已经做得足够多的时候,也就是你着手去做其他事情的时候。它还意味着阻止自己去接受一个有可能让你背离作为大学青年教师的首要职责的请求。这样的克制并不容易做到,实际上,及时的停止要比及时的开始更加困难和更加重要。为什么?因为及时的停止要比及时的开始需要更多的努力——尤其是当我们已经有了动力的时候,我们会变得过于快乐或过于疲惫,从而无法战胜要求我们继续进行下去的兴奋和冲动。克制是适度的本质,停止则是自律的核心(鲍姆埃斯特和希克,1988)。

你可以说出自己是否存在及时停止方面的问题,只要你注意一下自己是否只有等到精疲力竭之时才会停止讲述,或者只有等到学生即将奔向下一个课堂之时停止上课。而且你可以开始回顾这个问题,只要你发现了在你无法终止那种令自己疲于奔命的近似精神恍惚的状态时,你会把当时的工作做得既肤浅又讨厌,并且难以在下一次予以弥补。

想想这一串常常发生在那些苦苦挣扎的大学青年教师身上的没有及时停止的后果:他们难以使自己从课前所做的事情中摆脱出来——在他们的备课笔记里加上一行,再接过电话谈起另一件事情。然后,他们冲向教室,跳上台阶,来不及热身和寒暄就直接讲述。在匆忙的开始之后,他们又逐渐加快讲述的速度,直至出现拖堂。不能在课前及时停止的后果之一是可能导致这些新教师和他们的听众之间的疏远,从而引发课堂上的不文明行为。后果之二是通过不断冲刺及最终导致的拖堂来使他们自己和学生感到疲惫。后果之三是在当天的剩余时间继续保持匆忙而冲动的节奏。

为什么及时停止如此之难?

威廉·詹姆斯（William James）曾经写道："习惯是社会的大飞轮。"它所导致的自动性一经确立，就常常会不受检验和不受挑战地运转下去。一旦我们有了匆忙的习惯及其带来的强大动力，我们就会不习惯甚至不愿意打破它，直到我们不得不这么做。

传统的教育不仅没有教会我们怎样通过停止来鼓励普遍的适度，它还不明智地鼓励我们匆忙完成学期论文或综合考试，因为对它们的所有准备都可以被拖延，而且不会因此带来明显的惩罚。它没有加强有效和健康的工作过程，例如尽早开始短暂而有规律的时间，而是仅仅追求最终的结果。更糟糕的是，它所默许的价值观认为最后一刻的准备，例如熬夜要比辛勤而有规律的工作更可贵——即便我们最后得到的分数是"不及格"。

一个更深层的问题在于，我们没有学会如何结束其他次要的活动，以便进行更为关键的工作——至少要等到最后期限即将来临而且必须在精疲力竭的忙乱中完成这份重要的工作的时候。正因为如此，大多数新教师都生活在长期的忙碌及其所导致的压力之中。也正因为如此，那些苦苦挣扎的新教师认为无休止的忙碌可以带来良好的教学所必需的兴奋和热情。（但有关学生的评价和理解以及教师的满足和健康的记录则表明了相反的情况。）

急躁与偏执

它们是影响及时停止的两个基本障碍。急躁及其冲动性使我们更强烈地感到，我们正在做某件极其重要因而无法罢手的事情，而且现在罢手会让我们失去专心、控制、自尊和才华。急躁告诉我们，如果我们在把眼前的工作做完之前停下来，我们就将永远失去如此出色地完成它的机会。急躁还会导致一种对改变自己所熟悉的匆忙和其他冲动性的习惯的偏执（即恐惧）。特别重要的是，它诱使我们认为在感到准备充分之前停顿下来是过于痛苦和过于可怕的，因而也是难以容忍的。它提供的论据极为复杂。一位特别善于言辞的苦苦挣扎的青年教师在一张呈给我的便条上写道："天才必定不会受到规则、人为的界限、武断的结束时间的限制。真正优秀的教师所依靠的是自发的行为,这种行为促使他们不断前进,直到他们的灵感耗尽为止。"

在一个把忙碌等同于重要的工作场所,偏执还会助长对耐心的价值的怀疑。它也会助长对通过及时停止来获得更多的健康和更高的效率的科学方法的怀疑。如果我的话听起来像是在警告你提防魔鬼,就请注意我所真正针对的是我们为自己制造的那种魔鬼般沉重的工作——当我们拒绝及时停止的时候。拖堂常常使学生无法及时参加后面的课程,那些等着这间教室上课的教师就得晚点开始,而且是在教室里依然热闹和喧哗的时候。

换句话说,工作太长是累赘,是一种做了不必要的事情的失败。在作家们那里,这个问题常常被视为缺乏省略。

> 省略的艺术是最难学到的,而且我在这方面还很薄弱。
> ——杰克·伦敦

它对于教师来说同样是一个问题。

优柔寡断

至少对于新教师来说,在克制冲动方面的最大难题之一是优柔寡断。它意味着没有能力对将会不必要地超出他们的日程安排的事情说不。当然,造成这种优柔寡断的部分原因是担心引起那些向我们提出上述要求的人的不满。这是可以理解的。但或许难以原谅的是,迟迟不能决定在大学教师生涯中最为关键的头几年里到底需要做些什么,反而让某些可能导致最可恶和最有力的拖延的事情占据了它们的位置。

模范教师总是积极地放弃不必要的任务,并且坚持他们所说的"解决正确的问题"。相反,苦苦挣扎的新教师常常选择容易的工作,以便获得马上的回报和安慰。苦苦挣扎的新教师尤其倾向于:

- 匆匆忙忙地完成和更新讲义。
- 在最后一分钟赶往教室,还要为他们不得不中断的任务和谈话而分心。

- 开始上课的时间有点推迟而且比较急迫,然后匆忙地讲述,几乎没有时间用于思考或者引起学生的参与。
- 试图在下课前的每一分钟里传授最多的信息,而学生的理解通常很差。
- 在铃声响过之后,通过陈述特别重大的问题来吸引即将离去的学生的注意。
- 以经常打开办公室的大门并且成为许多学生的知心朋友为自豪。("我不喜欢学生抱怨我没有时间跟他们在一起……我从未想过对他们关上大门。"——这段评论来自一位在课堂上几乎不为学生的参与留出任何时间的新教师。)
- 自愿为全校范围的或者本社区的委员会服务,并且在其中承担实质性的工作。("他们确实需要我,而我又很擅长打这些电话并把调查结果发布到网上。"——这段话出自一位忙得没有时间与她的一个大型导论课的教学助手会面的新教师。)
- 帮助同事解决电脑故障或数据分析的问题。("很难拒绝像他这样的人对我提出的求助。否则他怎样去分析数据呢?他对统计学并不熟悉……你知道。我不认为他会威胁我的职位。"——说这段话的新教师花费了大量的时间来充当"系里的麻烦突击手",以至于几乎没有时间参加教学讨论会或者完成自己的研究计划,尽管学生对他的评价不高。)

是什么东西诱使我们做了这些事情而非更重要的事情呢?是更容易产生在这种时刻的优柔寡断,因为它可以马上为你带来满足和安慰。而作为及时停止和拒绝请求的基础的果断则需要耐心地等待长期的回报。

考虑一下这种诱惑及其代价是如何通过一个常见的方式避开了新教师的普遍注意的:参与我为苦苦挣扎的新教师开办的暑期培训计划的人们指望着以一种通行的格式准备下一学年的备课笔记,并且以吸引听众和自我的参与的方式进行试讲。他们被预先支付了一笔相当于暑期的教学薪金的报酬。即便如此,他们中仍然有三分之一以上的人利用暑期从事了诸如儿童看护、房屋涂漆以及其他属于地方剧院或政治团体的工作,从而妨碍了他们完成重要的教学活动。他们是如何为"滥用"我们之间的合同辩护的呢？大多数情况下，他们会承认他们想做一些更具体、更能马上得到满足的工作，而不是把时间和精力花在教学上，而且当有人要求他们做额外的工作时，他们常常难以拒绝。其中一个说："我需要休息一下。我知道自己将在两个月内回到那些工作中去，实在太快了。你要意识到拒绝对朋友的帮助是多么的困难。"另一个说："我可能更适合做精神性的工作。我正在帮助一位牧师，这段经历太有趣、太有挑战性了，实在难以放弃。"还有一个说："别忘了教学对我来说有多么困难。记得吗？我就是那个在课后走向自己放在停车场上的汽车，崩溃并停留在那里，无助地趴在方向盘上长达一个小时的人。我早就不想再次面对这种事情了，绝不仅仅是现在。我早就不想让自己干这种事情了。"

当这些"逃避者"更完整地参加了我在随后的两个暑期中开办的培训计划时，几乎所有人都逐渐直觉到了在他们的教师工作取得有意义的进展之前需要做些什么事情；他们需要停止接受那些实际上不比学习教学更重要的事情——现在："我日后会有更多的时间救护动物——好多个年头的暑期，我需要更多地说不，以便拯救我自己——不是在所有的时间，而是在某些时间，这样我就不必每周工作 30～40 个小时。这可能将是我仅有的一个成为让学生印象深刻的好教师的机会……你知道，那可能是我干得最出色的地方。"

规则 4：及时停止。

规则 4 的练习

由于及时停止主要取决于预先安排、知道你前进的方向、提前决定要做多少足够的工作、准备好一些事情来预防你陷入匆忙和超时，所以我要首先介绍一下我要求你在这些练习中做的事情：

- 练习已经熟悉的克制方法，即耐心和积极地等待，而不是冲刺和匆忙（这是第一节中的等待规则的延伸）。
- 尝试更加困难的克制方法，即尽早开始和尽早放下你手头的事情（这是第二节中的尽早开始规则的延伸）。
- 克服你原有的、不良的冲动倾向。在这方面，"敏捷的起跑者"

的做法尤其值得效仿。
- 练习克制的方法，并且在你想要同意做不应该做的事情时说不。

练习 1. 重新安排保持克制的练习。

你已经知道了一些最好的方法，它们需要在这里得到延续：（1）通过短暂而有规律的时间来放缓你备课或授课的步伐，以便克制忙乱和冲刺的倾向；（2）拿出时间进行定期的停顿、反思和保持平静，而不管心情如何；（3）镇静下来以帮助自己把主要工作放在眼前这一刻，而不是放在未来；（4）控制你的节奏以便让学生理解，并且放慢速度以便注意他们记笔记的情况；（5）不断地追问自己是否有冲刺的必要。

练习 2. 开始尽早准备停止，远在感到有必要之前。

及时停止的最容易的方法就是远在你感到有必要之前尽早开始。例如，不要一大早就从床上跳下来并且像往常一样瞎忙，而要试着拿出几分钟舒展一下身体，并且通过下意识的吸气和吐气来进行适度的呼吸运动。这样，你就可以相对轻松地开始一天的工作。而且你应该停下来，并且给自己一个机会去等待和反思当天真正需要做的事情（听起来像规则 1，不是吗？）。利用停下来和耐心等待的这段时间去提前规定你需要做的事情的限度，以便让自己拥有一个既舒适又有成效的日子。

例如，计划把最后半个小时（10 分钟也行）用于放松和思考，以便防止课前的匆忙。许多在各自的时代里最受尊敬和最有效率的教师，包括威廉·詹姆斯在内，都会利用这段时间到户外散步，同时想一想在课堂上可以说些什么。计划提前 5～10 分钟到达教室。在讲述前等待一下，以便让自己舒适起来，并且让学生更容易接近。当然，要做到这一切，就需要尽早结束你手头的任何事情。首要的事情优先。

计划把这个恰到好处（适度）的规则应用到备课工作中。通过提前准备材料来确保你可以在当天完成足够多的工作，你也可以在其他无聊的时间做这些准备，例如在播放电视广告的时候。但更好的方法是，你可以在预备活动快结束时做这些短暂的准备工作，因为只有尽早地结束，你才可以考虑下一步需要做什么。想象你以前所做的事情，收集材料并且把它们融入一份只有几个要点的思想提纲，通过这种方法来限定你将要在课堂上讲授的内容。然后，想象你在课堂上提醒自己时间将到时的情景。一旦你形成了习惯，所有这些想象和计划只会占用几分钟的时间，不论你是坐在床上，还是待在当天要去的其他地方。

练习3. 练习说不的方法，越早越好。

模范教师如何设法克制自己，也就是说，在他们想要取悦请求者的时候说不？他们开始也做得不够完善——直到他们能够预见与熟悉那些向新教师提出的特殊要求。据他们所说，他们是通过下述三个基本步骤做到这一点的，其中有两个是可预见性的：

1. 每天花一两次的时间来预见他们可能遇到的请求（例如，请求他们为委员会工作），并且想好自己为什么要拒绝或者把自己的责任降到最低限度的理由。
2. 计划——要适度，通常只要清楚就行——在行动或者说话前停顿和犹豫一下，就像他们曾经在其他容易冲动的时候所做过的那样。一个特别好的办法是说你在作出答复之前需要一天时间来考虑——使你有时间来思考和反对，并且在你应该说不的时候感到迫使你说是的压力小一些。
3. 认真聆听这个要求、请求或者冲动，然后至少反思一下你同意或者拒绝的理由，特别要顾及短期和长期的影响。

练习4. 停下来进行短暂、有计划和有趣的"试讲"和"预写"。

试讲意味着尽早准备，或许是通过思想提纲或者思想演练的方式。它还意味着在最后期限的压力来临或者准备工作变得太多之前尽早地停止。在课堂上进行试讲时，不妨采取一种预习你将要在那个时段里讲授的内容的方式。它可以使你和学生对后面的内容及其原理有一个泛泛的了解。当你准备在课堂上转换话题或者突然改变思路的时候，这次停顿为更多的简短预习提供了一个先例。它还可以快速撤开你原本需要详细阐述的内容。那么学生怎样得到那些被撤开的信息呢？也许是在阅读中或者课外的小组讨论中。

试讲的一个本质性的但经常被忽略的目的是，在你上课之前为你的教学设立一个背景，然后你还可以在课堂上再次预习它。模范教师通过回顾并且提醒自己和学生注意已经讲过的内容和将要讲述的内容来说明背景知识（例如，"你知道它在什么地方与我们讲过的内容相吻合吗？"它是＿＿＿＿的一部分，并且以这种方式与＿＿＿＿相关联）。不能说明背景知识通常会让学生感到混淆，即便是在其他方面组织得很好的讲解中，因为学生并不知道这些材料的重要性以及这些材料与他们已有的知识有何联系。忽略背景知识是导致学生的参与性、理解力和教学评价不够理想的普遍原因。然而它几乎没有什么更加简单或更加重要的补救方法。模范的新教师展示了两个特别有用的方法：首先，他们在备课和授课时会明确、反复地阐明背景知识（例如，"这就是它为什么重要的原因"，"它就是这样与你们已知的东西相关联的"）。其次，他们提供了清楚的线索来表明自己正在讲述什么（例如，这是 5 个要点中的第三个），并且强调他们正在转向下一个主题（例如，"你们知道我们下一步要讲述什么吗？要讲述＿＿＿＿，因为＿＿＿＿"）。

试讲与及时停止有何关系？ 当你阐释自己的教学计划的目的和目标时，当你使自己的进展和背景得到你本人和听众的适应时，你就更有可能抓住问题的实质。当你提到你原本要讲述的东西以及你为什么不直接在这节上加以讲述时，你就防止了自己去做多余的事情。当你想象和讲述这些要点的由来和实质时，你就准备好了更清晰和更简练的授课材料。你甚至知道应该把多少时间花在特定的主题上。换句话说，当你确定真正需要做的事情时，当你简化你所讲述的东西时，当你制定一个时间表时，停止总是必不可少的。

练习 5. 在备课和讲课的时候有规律地停顿。

中途的停顿有助于适时的停止，理由很简单：停顿本身就是一种停止。它总是比完全的、最终的停止更加容易做到，它有助于减缓工作的节奏，使其摆脱那种会使停止变得最为困难的匆忙而急躁的节奏。

我们已经熟悉了停顿在这个关于适度的大纲中的位置，但是对于停顿在具体实践中的作用，我们还需要受到几点提示。在我本人的实践过程中，出现退步的第一个征兆就是对停顿的忽视。停顿只有在备课笔记中得到预先安排并且在头脑中得到预先演练的时候才是最可靠的。例如，我在自己的笔记里用一个星号或者一个"P"来表示停顿。

结果表明，一个注意停顿的普通习惯会促使你在包括教学在内的所有工作中通过临时而有用的停顿来回应提示性的线索：身体的紧张和不适，例如视觉疲劳、焦虑、疲惫——最明显的提示是打错字和讲错话。

练习6. 尽早结束大多数的时段。

尽早结束工作的计划甚至好于准时停止工作的计划，因为它留出了应付意外事件的时间。它所储存的额外时间会促使你更有耐心地接受学生的提问和交流，并且重新构思和回顾课程的内容。尽早结束也让学生们感到高兴，因为他们不必急匆匆地赶去上下一堂课，而且可以利用这段时间来思考刚刚上完的课程。

早一点结束的最有效的手段可能也是最惊人的：在中途放下你准备完成的东西，例如，一个句子，但最好是一个完整的段落或者概念。这样一来，没有完成的想法就会生动地保留在学生的头脑中，直到下一次上课。通过完成上节课留下来的悬而未决的事情，我们可以更轻松地重新开始，而不必一上来就介绍全新的思想。

有一种做法肯定会混淆及时停止的规则，那就是坚持通过最后一分钟的冲刺来完成你所有的准备工作。你不妨告诉学生可以去哪里寻找这些信息，以及你想要他们寻找的内容。

额外的步骤：监测你在尽早停止方面的进步。

你迈出的第一步是力图比正式时间提前一两分钟结束，然后把成果记在办公室里的一张图表上，以便让你和别人能够经常看见它。这个记录会挫败你对自己如何出色地做到了及时停止的幻觉。我注意到，长期做记录的方法可以大大提高及时停止的可能性——如此之小的投入却可以带来如此巨大和重要的结果。

值得一提的还有，这种事情同样发生在本节即将结束的时候——因为我已经做好了停笔的准备，尽管我还可以就这个题目写出更多的内容：尽早停止会让你有时间评价你的工作是否达到了你的标准。为什么最好把评价留到结束的时候？因为太迅速和太苛刻的评价会令你无法完成工作。

完成之后再评价。完美是优秀的敌人。

——唐纳德·默里(Donald Murray)

第五章
不要自恋,也不要抵触

在这方面,那些工作得最有成效和最受赞赏的模范新教师又一次展示出了适度的原则——那就是基本上没有过度的事情,几乎每件事情都适度。他们的方法已经渐渐被我们熟悉。模范教师把教学视为重要的事情,但不是视为生活中最重要的事情。他们有规律地、快乐地、认真地从事教学,但是他们花在备课上的时间最少,因为他们所作的备课笔记是非正式的、简明的和更有针对性的。他们所做的教学工作在总体上少于那些得到的评价更低、满意度更少的同事。(正如我们所知,模范教师在课堂上只会提出几个要点,而且他们会更耐心地利用精心挑选的事例和讨论来讲授它们。)同样重要的是,他们与教学工作和学生保持一定的情感距离。在作家当中,这个原则是最为著名的:

作家越是糟糕,就越是迷恋作品。
——斯蒂芬·诺思(Stephen North)

这句格言所针对的是那些拼命写作的作家,他们对工作太投入了,以至于看不到其他选择或者听不到批评意见,他们拒绝修正或者偏离原有的计划,他们在交流时感觉迟钝。你会发现这个原则同样适用于教学。

是什么使缓解过度的迷恋变得如此之难

部分原因在于完美主义和它的神秘要素——急躁和偏执。完美主义与控制有关,过度认同我们的工作是感到自己受其控制的一种方法。狭隘的完美主义是一种不容忍,它使我们看不到周围发生的事情。具有讽刺意味的是，它使我们越来越容易出错或者不善沟通。

我们为什么会如此迷恋我们呈送给公众来审阅的东西呢？因为我们想让这些东西变得完美并且得到最佳的赏识，而且我们不喜欢反对意见。然而，我们都多多少少地知道过于努力和过度迷恋的后果：

- 匆忙和不成熟的决定。
- 紧张。
- 疲惫。
- 对已经足够完美的怀疑。
- 妨碍性的甚至令人气馁的焦虑。
- 索然无味的固执。
- 狂热，因为这个工作似乎过于重要从而不允许被打断。
- 夸张。
- 难以在效益递减的转折点来临时停止。
- 过于抵触批评，甚至漠不关心。

如何克服过度？

平衡是调节过度迷恋和过度抵触的关键。我们已经知道平衡如何节省了时间、减轻了劳累，例如，模范教师的备课时间在大多数情况下是差别不大的。平衡还帮助教师只去准备那些需要讲述、展示和讨论的内容。记住，教学技能的标志之一就是更少的要点和更多的例子。而且平衡鼓励教师在上课之前无须把一切事情都准备得十全十美。没有对教学内容的过度迷恋，就会有一个清晰的、可行的计划，其中一部分带有详细的细节，另一部分则没有。由于平衡制约了过度的准备和迷恋，所以它构成了某些对于青年教师来说极为可贵的本质：更好的结果出自更少的努力。

你为什么会拒绝这种适度

如果你的反应与许多参加过我的培训方案的教师一样，那么你或许会担心这种放弃所有权和完美主义的做法将使你在犯错误的时候丢脸。而且你可能辩解说，如果你进行了过多的备课，那也不过是在遵循古老的习俗："我宁愿被指责为准备过度，也不愿被指责为懒惰。"一位参与过我的培训方案的人如此说。更有甚者,你可能对这条过于平衡的规则感到怀疑和不信任。"算了吧,"一个新教师说道,"我简直不敢相信。没有什么方式能让你在如此短的时间里完成备课。我知道要花多少时间来准备(这个新教师每周用 30 个小时的时间准备两门各有 3 学分的本科生的通识课),如果我有更多的时间,我的课程会讲得更好。"

另一种洞察这种过度迷恋的本质及其顽固性的方式来自我对拼命工作的青年教师的研究。与其他青年教师相比,他们最容易拒绝适度的备课时间,而是坚持花更多的时间进行准备,以至于无法在课堂上讲完他们准备的内容。他们中有些人把自己的行为解释成了控制课堂的方法——例如,通过在黑板上写下很多内容来让学生忙起来。其他人则声称他们要在如此短的时间里讲完太多的内容,并且感到自己不得不试图"把所有内容都放进来"。

另一方面,什么东西可以帮助教师摆脱对这种用平衡取代过度的做法的怀疑呢?是经验,一种在我的有研究根据的培训方案中得到了尤其有效的证实的特殊经验:在时间方法上的逐步推进。作为一条规则,它意味着越来越多地依赖简短的备课笔记,而不是对每件事情加以详细解释并且写出来。它意味着开始只让课程的一小部分依赖于那些需要自发性和师生交流的备课笔记,然后是两小部分,并且循序渐进。

奠定了这个基础之后,下面的练习就能很好地起作用了。

规则 5:缓解对内容的过度迷恋和对批评的过度抵触。

规则 5 的练习

要预见到这些练习之所以在开始的时候显得很困难而且违反直觉,有着充分的理由。因为它们所教导的是谨慎和谦虚——这对包括我在内的大学教师来说是不容易做到的。对于那些认为自己绝不能在学生面前丢脸的新教师来说,这个要求尤其难以做到。

为什么谨慎和温良的谦虚在大学青年教师之中如此罕见呢?首先,当然是因为公开的讲述会令我们大多数人感到紧张,至少在开始是如此。其次,因为我们中很少有人学到过如何在我们自己的身上、在我们的自命不凡以及在我们的工作中看到偶然的幽默。相反，我们在受教育过程中记得最牢的那些事情——例如博士答辩——教会了我们完全不同的东西，其中最显著的便是严肃、完美主义和过分投入。第三，我们中很少有人从自己导师的身上看到过正面的谦虚和幽默的榜样。我本人最严格和最严厉的导师——也就是我的博士后导师，他喜欢让他的学生一起来描述在社交活动中保持作为研究者和教师的沉着冷静的重要性。我想，有他在场的时候，我们都会认为自己未来的职业需要通过拼死努力才能保持高标准，我们都不敢在他面前犯错误。我后来发现，他之所以能够导致这种情绪，是因为他预先记下了要与我们正式交谈的内容，然后似乎很自然地表述出来。第四个理由是因为我们中很少有人在学校里学到过接受批评并且从中获益的方法——或者把错误和批评看成学习机会的方法。下面的练习试图纠正这些强有力的早期经历。

练习1. 监测过度的迷恋。

这是最基本的一步，而且它的运用似乎简单得难以置信。在课堂内外的停顿中，观察自己未能与极端的自我中心主义保持距离的迹象。这里提供了一些线索：

- 不愿减速或停下来，因为你的备课或教学似乎太精彩了，从而不能被打断。
- 对干扰感到愤怒，哪怕是并非人为因素导致的噪音或者路过的飞机。
- 早就感到你的工作会比大多数教师的工作做得好，因而它必须是完美的、毫无瑕疵的、杰出的。
- 高兴地预见到你的讲述将会如此深刻和复杂，以至于只有最聪明的学生才能理解。
- 降低工作的乐趣和幽默（例如，注意你和学生是否眉头紧锁或者疏远、冷漠）。
- 急于匆忙地完成所有计划的内容（例如，更多地注意结果而非过程）。

这些感觉并不总是不合适的。我们所有人都拥有过极其完美和聪明睿智的时刻。但是当工作中的完美主义和自我孤立变得过于强烈,以至于我们开始过分迷恋自己的所有教学活动时,就会出现问题。解决的办法是谦虚地承认我们并不需要让每一次的讲授都如此完美,以至于我们不希望在下一个回合中作出改进,而且也不需要让每一分钟的讲授都有吸引力。根据我的研究,要想使学生更好地做笔记和理解,就必须有节奏地变换——时而平静,时而兴奋,时而单调。为了克服过度的迷恋,我们需要容忍对我们的批评,以便从中受益。

练习2. 实行早期评估。

就像前面的那些做法一样,这个大胆的做法取决于尽早运用,实际上就是要尽早鼓励学生作出有意义的评估。不幸的是,这种做法在我所研究过的那些拼命挣扎的新教师当中是最为罕见的。这些新教师明显地对学生的评估表现出了消极和悲观的态度。他们在课后等着学生来批评自己,却没有意识到这并不是学生表达看法的典型方式——其中有太多的内容是来自抱怨者和奉承者。尽管有些新教师几乎令人难以置信地要求学生在课堂上发牢骚、提建议,但在这种情况下,尤其是在要报名字的情况下,大多数学生都会过于腼腆,而且不愿说出实质性的问题。与此类似,这些新教师主要还是依靠正规的学生评估——通常在学期末进行,而且在几个月后反馈回来——来了解需要改变什么,但事情早就过去了,而且其中也没有具体的内容来说明怎样才能有所改变。

要注意到在对正式评估的消极等待中存在着以下四种低效率:

1. 教师在等待期末反馈的时候会表现得最不耐烦,因为他们几乎看不到学生有满意的迹象,而且几乎不知道如何获得学生的肯定("为什么他们不能更敏感一些?我实在搞不懂。")。
2. 在我所研究过的许多大学中,正式的教学评价一般都埋在系里的文件堆中,教师看不到,也不知道去索要(尽管系里在日后考虑他们的任期时会用到这些评价)。
3. 标准化的学生评估常常给新教师留下他们的支持率和宽容度反映在分数上的印象,这也许是因为反馈结果并没有说明需要改变什么(例如,放缓讲授的速度)。
4. 通过把正式评估作为检验自己的教学效果的唯一标准,拼命挣扎的新教师们失去了向他们自己和他们的管理者提供更有用的——常常是更值得庆贺的——信息的机会。

在这方面,模范的新教师又一次展示了有用的替代方法。他们在一个学期的课程间歇期里利用自己的方法组织评估。这些评估显示了他们在自己重视的领域里取得的进步和展露的才能(例如,教师在确立科研问题方面的批判性思维——这些东西在正式的评估中是难以反映出来的)。如果为了保持可信性而让其他人来组织评估和给自己打分,并且不去征求个别学生的意见的话,这些评估还有一个特殊的好处,那就是在通常情况下,只有在学期末进行的一系列评估才会被提交上去,并且作为续聘和留任委员会所要考虑的信息。在我个人的经历中,从来没有一个评估委员会为了把新教师赶出大门而故意找他们的茬;相反,他们会在有条不紊的工作中寻找他们的进步以及学生对他们认可的证据。要想使这些评估胜过传统的、缺乏思想的、依赖期末评价的评估,你就必须去主动搜集可靠而有效的信息。管理者几乎总是需要接受信息的。

在我本人为新教师制定的培训方案中,下面这种有用的评估方式被证明能够最有效地显示出哪些地方需要加以改变和改进。它也可以最有效地使管理者们了解到新教师出色地完成了哪些意义重大的工作:

早期的、非正式的教学评估

日期＿＿＿＿＿＿＿＿＿＿

A. 请以你今天的课堂体验为基础,就下列问题提供具体的书面信息:

    1. 什么事情应该有所改变或改进(请具体说明):

    2. 什么事情做得不错(请具体说明):

B. 请依据下列标准来评估你对今天的教学成效的满意度的级别

（共分 1～10 级，10 级最高）：
1. 教师所讲解的材料的清晰性和可理解性_____
2. 教师在今天所讲解的材料的实用性_____
3. 从你能够记好笔记和提问的角度评价讲解材料的速度_____
4. 预习和复习课程内容的价值_____
5. 教师所表现出的热情和关心_____
6. 教师在答复学生提问时表现出的耐心和助益_____
7. 今天的课堂氛围（例如，学生是否喧哗以及你是否因此而分心）_____
8. 你把这门课推荐给一位密友的可能性_____

　　这份调查表仅仅是一个建议，它所着重衡量的是那些把拼命挣扎的新教师同模范教师区别开来的结果。B 部分的三个条目（1、2、8）表现了几种在传统的期末调查表中常常被证明有用的问题。你或许还希望加上一些来自你所在的大学的期末调查表中的条目。但不论是什么条目，都要把它们的总数保持在十个以内。注意其中有哪些条目有助于你发现需要改进之处以及改进的办法。如果你在刚开始的时候感到非常不安，那么就只利用前两个条目来构成你最初的调查表（或许学生更习惯于一张边长比例为 3∶5 的卡片）。

　　你可能实际上只想要那些能够反映你是否很好地阐明了某个特定的要点的条目。然而更好的做法是，要求学生只用一两段话来简短地复述今天所讲授的内容——而且让学生知道他们的回答不会被记入成绩。你或许已经注意到，这就是你以前看到过的"一分钟作文"的模式。或者你还可以加上一些能够体现你在及时停止、微笑和眼神接触等方面取得进步的条目。你甚至可以向学生询问他们为今天的课程所做的准备的细节。而且你无须经过我的允许就可以使用、更改、打印、分发或者贬低我的调查表。

　　你应该多早开始以及以什么样的频率组织这样的评估呢？从第一周开始，而且每隔三周重复一次。你怎样操作这种看似繁重的对评估进行打分和总结的工作呢？很简单，你可以选择一小组与你相对陌生的学生一起工作，在下次上课之前汇总那些最普遍、最有用的书面评论,并提供关于你的总体评价的平均分数(如果你的学生有能力的话,甚至还可以算出平均的标准误差)。怎样促使学生最积极地回应这样的请求呢?让他们感到光荣并且认真地执行这项任务。怎样澄清学生对你的评价和评级的真实意义呢?不仅公布你的最新评估结果,而且请求班上的学生猜想其他人为什么会作出这样的评价,此外还要给出自己的解释,并且注意观察学生的反应。怎样在紧张的课堂上找到时间完成所有这一切呢?让你选择的那组学生在课前把他们的分析写在黑板上,然后再去讨论它们,但只能花几分钟,否则的话,某些重要得令你无法打断的事情就会接踵而至。

如果你有理由地担心这样的报告会让你丢面子怎么办?第一,要认识到大多数令你感到痛苦的批评早就已经被学生看在眼里了:你的过快的节奏,你的难以捉摸,你对问题表现出的漠视。第二,要知道最后出现的批评往往少于教师原来的预料。第三,要使用"奥林匹克评分标准"来指导负责统计的学生去掉各种极端的评价,当然,也要去掉最高分和最低分。第四,要预见到一种让大多数学生畅所欲言的开放氛围将有助于安抚那些过激的批评者,他们大都会惊讶地发现并非所有人都像他们一样对你评价得如此之低。第五,要预料到这种恳求和分享反馈意见的活动本身就足以让你赢得学生的支持和参与,部分原因是由于他们将看到你在关心他们并且在加以改进。第六,告诉自己尽管接受这种反馈在短期内是令人痛苦的,但它却是让你获得做教师的才华和快乐的一条极佳的办法。

练习3. 鼓励批评。

与那些善于教学的同事相比,拼命挣扎的新教师尤其容易独自做准备,而从不与同事或毕业生讨论他们的计划和想法。他们很少邀请同事去听他们的课。因而他们的学生后来大都成了无名的匆匆过客。多少年后,这些拼命挣扎的教师将难以对你介绍个别学生的情况;反过来,他们的学生也只能想起他们对这门课的最坦诚的看法("我只记得他打扮得很时髦。")。为什么?因为这些教师不愿积极地获取诸如具体的批评和赞扬之类的早期反馈,从而对改变其教学风格的最佳途径知道得太少和太晚。

有效率的、有影响的和有示范性的学习教学的策略都是公开的和开放的。模范的新教师们（如果你不会对我再次提到他们感到不耐烦的话）会刻意地去搜集那些关于如何才能得到认可和理解的信息。更为突出的是,他们总是耐心地对待批评甚至鼓励批评——只要它是文明的和积极的。正如你可能预见到的,这种对待批评者的耐心和宽容在短期内几乎是令人难以忍受的。下面这些策略可以帮助你在那些最困难的环节上逐步取得进展:

- 首先,提前请求那些坐在你的课堂上的批评者把他们的意见限制在少数几件让你想知道的事情上(例如:"我是否有足够的停顿和等待来用于鼓励学生的提问和回答?"),要问一些你知道自己不会被他们的回答所深深刺痛的问题。有了这样的实践之后,再去问一些有点风险的问题(例如:"我在课堂上的复习是否原本可以做得更好?")。就像任何其他的恐惧一样,对批评的恐惧也可以通过心理学家们所说的揭露疗法来加以根治(例如,为了习惯于在桥上行走,你可以先通过一步步地向前推进的方法来逐渐忍受这种恐惧,从而越来越发现这样的担心是多么没有必要)。如果你或你的批评者对他或她要在那里坐上整整一节课的时间感到担心,就专门利用5～10分钟的时间来做你所希望做的评估。
- 要求批评者具体说明你应该通过哪些做法来改进你的备课和讲解。这意味着不要接受模糊的评价(例如"还不错"或者"你的讲解让人糊涂"),意味着心平气和地询问更多的细节("好的,请告诉我应该怎样使它更清楚。")。而且随着你变得越来越勇敢,它还意味着要求批评者首先对你做得很出色的至少一件事作出具体而积极的评价(尽管在学术界有着只理会批评的光荣传统)。实际上,很少有批评者会拒绝这个要求或者甚至将其视为强迫,他们可能只是不习惯这种做法。
- 在倾听或者阅读批评意见时要保持相对的平静,并且不作回应。如果你预料到自己会作出强烈的回应,不妨通过一位能够以缓慢而老练的方式编辑、重述批评者的看法或者书面评价的中间人来了解它们。通过这种方式,你可以使自己更缓慢和更宽容地暴露在批评意见的面前。随后,当你做好了直接倾听或者阅读批评意见的准备时,要通过认真记录那些需要改进的地方来继续保持你的平静和开放的心态。如果有必要的话,可以平静地打断你的批评者,以便加以解释。这种做法有助于避免在其他情况下可能造成的紧张局势。
- 练习接受批评的方法,或者至少练习它的某些方面。首先要意识到一个关于教学效果的基本事实:所有的批评者,哪怕是最尖锐或者最恶毒的批评者都有一些有价值的东西可以告诉我们。如果批评者甚至没有认真地倾听,那么就找出令他不愿意更认真、更耐心地倾听的原因。如果批评者误解了你的意思,那么就调查一下什么地方出现了混淆。如果你的读者或者听众受到了冒犯,那么就询问他们受到的刺激:它可能是某个你不曾注意到的东西,例如过快的节奏;它也可能是某个重大的问题,比如一种大男子主义的风格。

从批评中找到一些可以让你诚恳地接受的东西(例如,我可以理解一些人为什么没有发现这很有趣,但是……)。要对你的批评者付出的努力表示感谢,发表意见的人很少得到好处或者适当的理解。然后,要求他们说明哪些方面需要得到改变或者改进。到那时,你的紧张和防御心理将减弱,而对有用信息的理解将增强。

对你有帮助的事情还有:坚持这些练习,直至你到达最困难的一步:

- 提前并且经常寻求批评者——在备课期间和上课之初。

利用更长的时间去准备应对批评者——愤怒地朝你走来的学生所造成的各种麻烦。放任他人发泄怒气并且因此承担你可能以牙还牙的风险是有害的,而且通常是没有成效的。相反,要学会心平气和地对他们说:你在生气(或许是真的)的时候从来不会回答批评或者提问,你愿意在当天晚些时候再次与他见面,就是当你们两人都平静下来之后。如果你的批评者似乎还是无法平静下来,就让他或她以书面形式表达怨气或者提交问题,这样你可以认真地、深思熟虑地作出答复。通常情况下,批评者在以书面形式表达意见时不会像往常那么刻薄。如果不是这样,你就设法在他们不在场的时候再去读它。

最后,要记住这一点:即使在接受批评的时候,最好的方式还是适度。你的教师身份并没有要求你容忍无端的辱骂。事实上,根据我的观察,那些对学生的过激情绪加以容忍的大学青年教师最有可能重新选择其他非学术性的职业。那些一开始就有了这种倾向的新教师该如何去改变呢?不妨实践一下刚才所列举的策略。

其他缓解你对批评意见的抵触情绪的方法将出现在后面的几条规则或章节中。由于这个关口在我们的整个探索之路中是最容易令人气馁的,因此我敦促你坚持越过这个以批评为中心的不可回避的关口。随着我们继续前进,这条道路将越来越光明。

第 六 章
缓解消极的思想和强烈的情绪

当你已经缓解了对自己的教学内容的过度迷恋,并且减轻了对他人的批评意见的过度抵触(第五节)之后,接下来该做些什么呢?要去缓解通常存在于自我批评中的各种甚至更难缓解的自责——以及对它们的迷恋。过度的自我批评既浪费精力又令人颓废,它甚至有麻痹作用。当我们对自己所做的事情表现出极大的怀疑和自责的时候,我们不仅仅会厌恶我们的工作和我们本身,而且会犹豫不决,会遇到障碍。最奇怪的是,自我批评会渐渐变成我们不可或缺的一部分,以至于我们不情愿抛弃它。

过度的自我批评往往导致消沉和悲观,它们是大学青年教师身上最常见的通病。反过来,消沉之中的无所作为和优柔寡断又常常迫使人们为了完成重要的工作而走向新的过度:近乎疯狂地追赶最后期限的冲动。伴随着忙乱而至的极端情绪则会引起又一轮介于消沉与狂热之间的恶性循环。

没有东西能够比消极的伤感与狂热的忙碌之间的相互转换更加戏剧性地表现出那些拼命挣扎的新教师的特征。然而,这个问题却几乎从未得到过新教师的关注或理解。那些事业蒸蒸日上的新教师们为此提供了一个解决办法:与那些受制于繁忙和失望的新教师相反,他们常常持之以恒地、适度地工作,而且常常保持着适度的快乐和对首要任务的坚持不懈。亚当·斯密可能已经预言了这一点。

这里有一些需要我们面对的相关事实:第一,消沉与狂热之间的循环是大多数大学青年教师的通病——可能在他们的生活中是前所未有的。第二,尽管这种循环的频率尚未达到需要接受治疗的极端程度,它还是会必然损害到乐观、创造力、社交能力和幸福。换言之,它妨碍了我们向着优秀教学的目标前进。第三,可以用来纠正这种行为方式背后的消极思想和急躁的那些已被证实的方法是简单的和易于接受的。

但正是在这里,我的培训方案的参与者们常常惊惶失措地溃逃了。现在看来,我似乎也成了一个无节制的人。新教师们告诉我,他们没有预料到我的教学培训中居然会涉及一些个人性的东西["我来这里是为了学习教学。如果我需要得到这方面(消沉—近似狂热)的帮助,我会去请教我的心理医生。"]。他们怀疑我是否因为对心理健康的关注而变得过于"心理学"了("直到现在,我才感到和你打交道很舒服,但这让我有点犹豫,我不敢肯定我喜欢心理学。")。他们有时候猜想我错怪了他们,因为他们的困难并不是真正的祸根,真正的祸根是糟糕的学生和苛刻的上司。但最常见的情况是,他们怀疑我是否已经完全超出了改善教学的真正范围,就像一个没有重点或者贪心不足的教师一样偏离了轨道。

为了解决这些可以理解的疑惑,我首先要提醒他们和你们注意到四件相关的事情。第一,几乎所有同本书中的恰到好处的方法有关的东西都是不寻常的,因为它们所关注的常常是受到忽视和隐藏的东西。第二,因为它在收集有助于大学青年教师的证据方面,以及在吸引那些厌恶平均主义的入场仪式的批评者方面都是没有先例可循的。第三,恰到好处的方法所强调的是对消沉/近似狂热状态的摆脱,并且由此冲击了那种认为才华和创造性来自苦难和疯狂的浪漫主义观点。第四,这些同消沉和狂热有关的问题是如此容易解决,因而忽视它们将是一种浪费。

为了让你熟悉这种不寻常的视角,我首先要概括过度的自我批评对教学构成影响的方式,然后再去解决与持续性的强烈情绪有关的问题。

非理性的消极思想

当我们的思想过于消极和过于自我批判的时候,我们就会使自己陷入没有必要的焦虑之中。(而在通常情况下,焦虑首先是因为感到匆忙和压力过大而造成的一个结果。)焦虑不仅仅像我们所熟知的那样会导致思维僵化和疏远社会,而且会导致过度的谨慎小心和拖延耽搁。它诱使我们放弃准备,而不是去勇敢面对有可能招致失败或挫折的工作。而且一旦陷入了焦虑和自我批评的情绪之中,我们就很可能把教学看成困难的和不值得的事情——不必奇怪,我们不也曾经向自己抱怨过教学可能给我们带来的不适吗?然后,如果任由焦虑的自言自语来拖延我们的教学工作,那么我们最终必定要进行匆忙的准备和授课,从而为甚至更大的焦虑及其消极思想提供了舞台。这是一环套一环的。

举个例子,试想你有把自己视为一名躲藏在良好的信用、赞美和伪装下面的骗子的倾向(打个比方而已,你并不是我们当中唯一有如此感觉的人,沉住气),那么当你为了教学而拼搏的时候,这个永远带着不适度的批评的内在的声音就会促使你预见到不可饶恕的错误与不可饶恕的学生。这个内在的批评家甚至会鼓励你通过准备事实上正确而且需要概念推导的讲义来寻求庇护,因为无论如何,它是不会因为非学术性的原因出错的。

最容易预见到的是,消极思想必然会招致匆忙和痛苦。如果你心中的批评家告诉了你你是一个多么卑贱和可耻的人,你也许会试图通过快速的工作来逃避它的声音。如果是这样,你将一定会发现工作是疲劳的,而且本来就难以令人满意。最终,自我否定的悲观主义又带来了一种无能为力的意识,这种意识将繁殖出更多的消沉以及在工作中的无所作为/优柔寡断。而且在它所导致的对当前的必要工作的逃避之中存在着的消极和不适度还会引起其他相关的过度,其中包括即将变成激怒的焦躁以及吹毛求疵的敏感。同时,这个内在的批评家在我们心中产生的过度的自我关注(例如,"我怀疑自己是否脸红了?""他们是否看见了我的手实际上在发抖?")会使我们陷入羞涩和孤立、明显的难以接近和冷淡、不能找到或接受社会的支持或同情。消极思想的冲动性及其所根植的急躁和焦虑使我们自己和我们的学生都更加难以获得耐心。我们变得越冲动,越容易选择迅速、简单、直接的解脱。在这样的消极状态中,我们甚至可能通过一个污辱性的回答来"盖过"一个看似傲慢的学生。

你如何知道你的思想正在妨碍你的教学

首先要注意你的思想在何时滑向了将来的或者过去的事件,从而让你为了可能发生的事情焦虑，并且为了已经发生的事情悔恨。你可能会发现自己花费了大量的时间去回味过去或者控制未来——而没有察觉到你对当前的生活和学习投入的精力是如此之少。当你基本上没有活在当前的时候，你就会招来左思右想、仓促和责难。

然后再看看这种脱离了现在的思想使你感到泄气，并且使你希望做教学之外的其他事情的时候。注意它的痛苦的消极倾向和它的引起过度的能力，包括急躁、烦躁、悲观和无助。然后，尝试下面所概述的策略，并将其作为不寻常的训练经历。毕竟，模范教师常常把他们的倾向运用到对他们自己的实验中去。

规则6(第一部分)：缓解消极的思想。

规则6(第一部分)的练习

用于缓解消极的思想的练习会随着不断的运用而变得容易，即使你认为自己不适合心理学的训练。详细的策略出现在各式各样的帮助读者进行自我心理治疗的畅销书中[例如，塞利格曼(Seligman)的《学到的乐观主义》；艾利斯(Ellis)和肯奥斯(Knaus)的《克服拖延》]。但在我的教师培训方案中，效果最好的策略是它们当中最简单的策略。

练习1. 习惯性地监测你在工作时的思想。

最初，这个练习将比它听起来的困难得多，因为我们大多数人并不习惯于下意识地、认真地倾听在我们的思想深处几乎持续不断地进行着的自言自语。尽管有那么多的自言自语常常在意识本身都没有听到的情况下流走了，但是它比任何东西都更能损害恰到好处的理想，因为它的倾向就是急躁和冲动、易怒和与世隔绝、害羞和偏激，以及我们在前五节中讨论教学时提到的所有其他问题。一个懒惰的、冷漠的心灵倾向于变成一个消极的、排斥创造力的心灵。

成为一名能够有效地发现消极思想的观察者的关键词是我们所熟悉的——耐心和忍耐：对观察和聆听的耐心，即便是好像什么也没有发生的时候；对聆听我们经常偷偷告诉自己的那些异常消极、悲观和荒唐的事情的忍耐。

首先注意（观察）你在一个关键时刻的自我对话，在你准备课程材料的那段时间之前的短短几分钟，或者在你走向课堂的途中。例如，注意你是否发现自己对需要做的其他事情的担心超过了对手头的工作的担心（例如，你今天需要去市政厅交纳违章停车的罚款），然后又抑郁地想到自己有太多的事情要做？或者不是在思考你的教程——手头的工作，而是在恼怒一件不公平的事情（例如，在一个小时前的教师会议上，有个同事对你给单位提出的一个建议作出了鲁莽的评价："这个提议看起来还不成熟。"）？或者你正在左思右想你课堂上的那个一贯的麻烦制造者甚至可能会蔑视你最好的努力（"那些坐在后排的粗脖子的反戴帽子的家伙……"一位参与者在我们踱到他的课堂上的时候一边大声谈论他的看法一边如此描述他们）？或者你正在担心能不能把你的课程准备得风趣无比（例如，"我应该变得更加幽默、更加机智，但是我好像不能……你是知道的，我的确想成为他们曾经遇到过的最迷人的教师。"）？如果是这样，那么你就没有有效地或者人道地使用你的时间和心力。如果是这样，那么你就正在陷入过于消极或者非理性的思想。

有多少大学青年教师能够完全避免消极的思想呢？在我所研究过的几百个青年教师中连一个都没有。真正重要的是他们在多大程度上缓解了这种思想。模范青年教师和他们的效法者把消极的思想控制在了不会对教学的轻松和享受构成重大干扰的限度。这些适度工作的青年大学教师有一个共同的习惯，那就是留心他们的自我对话，尤其是其中非理性的方面。当消极的自我对话受到了密切监测之后，下面这个步骤就会自然而然地出现。

练习2. 质疑消极的思想。

第二个步骤同样需要有规律的、适度的练习来达到最佳的效果。它意味着通过下意识地倾听一种思想在你重复它并且缓慢而冷静地思考它的时候是否合乎理性的方法来注意和质疑那种常见的过于消极的思想。例如，如果你想象到你的教学肯定会受到批评、拒绝或者得不到认可，那么就想一想：反思将暴露出你关于你的所有课堂评价都将带有侮辱性或误解性的预想的不合理性。它也将提醒你那种关于你的所有教学都会受到拥戴而且你的所有建议都将得到采纳的指望也是不合理的。发现非理性的思想有助于你避免对它们的过度关注,并且摆脱它们常常导致的痛苦和分心。注意一个内在的批评家或悲观者并且随后拒绝它的诀窍并没有你想象的那么困难:

> 乐观的思考的主要技能是质疑。这项技能每个人都具有,但是我们只有在受到别人的错误指责的时候才能正常地将其发挥出来……通过一些训练,你将学会如何变成一个对消极思想的坚强抵御者……一旦你熟练地掌握了它,它将使你的感觉马上好起来。
>
> ——马丁·塞利格曼

练习 3. 用建设性的、乐观的思想取代消极的思想。

一旦你质疑或者打消了非理性的思想——或者至少缓解了它的刻薄和喧嚣——就将你的思想转向当前的时刻,以便继续从事你计划要完成的首要任务。模范青年教师所报告的一种自我指导的方式是:"一旦我开始教学,我就享受它;我最好还是去做它并且享受它;它只会占用 80 分钟。"有时候这种提示更加简练("去做吧"!)。

预见到更深层的变化。练习这些适度的教师不仅发现了悲观主义的无效和乐观主义的有效,他们还学会了以更加积极的目光重新解释事物。例如,他们更加经常地宣称,他们预见到了失败与其说反映了天生的个人缺陷或者不公平的工作条件,倒不如说反映了如此匆忙是一个需要改进的问题。

另一个通常的变化也是有用的:当你发现你自己以及你的班级有消极反应的时候,你会更倾向于停顿一下并且关注正在进行的过程——特别是这种消极反应的可能根源。例如,你的讲述方式可能令学生感到困惑与迷惑。如果你看到大多数学生的脸上都带着困惑,就停顿一下并且问一问学生们在想些什么。例如,你或许会注意到,你对几个不安分的学生感到气愤,并且让你对他们的消极思想影响到了你对所有人的态度。你甚至可能看到,完全与这节课没有关系的你自己的消极思想已经慢慢控制并且恶化了你的情绪。

但是这种情绪上的过度只是问题的一个方面。另一个不大为人所知的方面是情绪的持续高亢。

过于高亢的情绪

我们在教学时通常不能抵制高亢的情绪的原因是显而易见的。第一,情绪过低的备课和授课会导致乏味的经历、薄弱的动机和沟通的障碍。第二,标准的教学评估机制通常把兴奋视为必要的事情,并且明显地暗示它越多越好。第三,有时候高亢情绪的突然爆发会重新抓住学生的注意力。第四,传统在鼓吹许多关于那些在工作中永远全力拼搏的教师的趣闻轶事。在这些"楷模"中,最有影响力和最具误导性的便是那些始终滔滔不绝的教师,以及那些在为迟到的学生开门时仍然说个不停的教师("多好的课呀,他从来不会漏掉一个节拍。"一位学生在谈到他所崇拜的疯狂教师时如是说)。

但事实上,过高的情绪会对教学和学习构成干扰,哪怕它们是积极的情绪。如果新教师试图效仿他们自认为理想的那种快嘴加打趣的教学风格,他们就倾向于讲得过快并且妨碍学生做笔记;他们几乎每次下课之后都筋疲力尽。过度依靠兴奋来吸引学生的新教师有变成肤浅的喜剧演员的风险,而他们的学生在离开课堂时虽然还有点着迷,但充其量只记得几个没有意义的观念和主题。实际上,根据在课堂里接受过情绪高亢的教学的学生的反映,他们不能跟上这么快的节奏,他们需要更多的停顿来进行反思和提问,而且他们在离开教室时感到筋疲力尽。

要练习调节教学中的情绪,最有效的方法是从练习教前准备中的策略做起,即如何把发现的兴奋与耐心的反思融为一体。在这里,我们将再次受益于持续性的但又适度的停顿、减速和停止的活动——并且发现积极的情绪在达到多大程度时将导致教学出现问题。

为了认识情绪高亢的问题而注意它们常见的根源

轻度躁狂是接近狂热的状态,而且它是病态的(美国精神治疗协会,1994年)。轻度躁狂通常根源于长时间的匆忙和兴奋。它所带来的好处在短期内是具有诱惑力的、令人上瘾的,例如维持注意力和陶醉,但是从长期来看是得不偿失的。的确,教学中的仓促和忙乱也会带来一种表面上的创造力、陶醉和魅力。但是伴随着轻度躁狂而来的问题将不会限于它所经常导致的工作/语言的肤浅和混乱,甚至不会限于那种使得一个小时或一天后的工作很难开始的疲劳。轻度躁狂最终将因为它的过度而使我们陷入筋疲力尽和失望。它会引起疲累和烦躁不安,以及惰性和消极的自我对话——就像极端膨胀的狂热一样,它将给那些需要得到职业帮助的人带来危险的消沉以及随之而来的更加狂热。

考虑一下为什么这种循环实际上将使我们陷入缺乏适度和耐性的冗长工作,尽管在轻度这个修饰语中表达了某种相对的适度。如果我们最后一个回合的工作是一阵令人疲惫的忙乱,那么我们的情绪可能会就此转入"低落"。当我们打破消沉及其消极思想时——因为我们必须投入工作——我们容易进入一种肯定会导致与轻度躁狂的经验相对立的经验的情绪状态。为什么?一旦最后期限逼近,消沉之中的被动和焦急的等待就要依靠忙乱及其引发的陶醉来重新恢复难以对付的工作。然后,当我们再次被忙乱中的冲动搞得筋疲力尽时,我们又会面临着另一轮轻度躁狂的风险。为什么?冲动的行为,特别是忙乱很少能够让人长期感觉良好;它们的极端过度和肤浅,以及它们想要做得太多、太快、轻率的企图将会导致绝望的、不假思索的努力。但更糟糕的是,轻度躁狂/忙乱以及在最后期限的压力下进行的工作的最终结果是导致一种常见的繁忙的工作方式。对不堪重负和伴随着繁忙而来的时间不够的长期感受将诱发更加严重的消沉,等等。

轻度躁狂还必然会导致影响日常生活的情绪波动。实际上,轻度躁狂会产生:

- 可测量的抑郁加剧的复发(例如,通过诸如"贝克抑郁量表"之类的自我报告技术测量到的指数,详见本书的中编)。
- 可观察的教学质量的下滑(通过受过训练的裁判作出的评估)。
- 更少得到学生的理解(通过检查他们的课堂笔记发现的迹象)。
- 教师对他们在及时停顿和停止方面遇到的困难的更多报告。

轻度躁狂甚至可能会损害健康和教师的社会交往。当我们不是得意/浮夸就是消沉/悲观的时候,我们就会压迫和鼓励自己。根据我对大学青年教师的研究,苦苦挣扎的新教师不仅表现出最容易陷入轻度躁狂和抑郁之间的循环的倾向,而且表明了他们发作流行病和社交危机的几率最高。

尽管如此，轻度躁狂也在有效率、有成效的教学中占有一席之地

即使适度也需要适度。在参加我的培训方案的教师中，那些在外部评价的流畅性和自己报告的满意度方面最为领先的人最有可能把他们的工作情绪保持在一个中等水平。尽管如此，他们仍然关心偶尔改变他们的教学节奏的价值。有时候，他们利用工作热情的爆发来绕开内心中的检察官，或者把恰当的声音输送进他们的备课和讲述之中。另一些时候，他们没有激情地备课，只要能够表达出观点就行，因为他们知道还需要等待更多的灵感来改进它们。在从事他们和别人认为他们做得最好的工作时，他们表现出了一种建立在适度快乐之上的节奏，并且不时被情绪的波动所打断。这些模范人物和他们的追随者喜欢这样提及他们所特有的适度的目标：不要停留在那种会妨碍你回到适度快乐的基本水平的高涨情绪之中。他们是如何学会发现这个限度的呢？实践！实践！实践！

规则6（第二部分）：调节情绪。

在我的培训方案的这一阶段，教师将变成他们的情绪的密切观察者，以便注意到是什么在阻碍或者驱使他们工作。在这一阶段，教师将变成耐心的实验者，他们会把自己在轻度躁狂状态下的工作效果与在适度状态下的工作效果相比较。一位教师说道："很奇怪，不是么，我居然如此愿意思考关于我的研究方法的实验，而不是关于我的教学的实验。"

练习1. 监测并且记录备课时的情绪的幅度和类型。

首先要在一个完整的幅度序列中判断你的工作情绪，其中的一端是高度的神经紧张，另一端则是平静的信心。情绪的幅度可以被标记为焦虑—松弛。练习在工作中注意像愉快之类的简单的情绪状态（我们中的大多数人都没有受过这方面的训练）。一旦你这么做了，更多的复杂情绪就会变得显而易见，例如欣快、生气、害怕或者焦虑。这么做的目的是为了逐渐发现所有这些情绪是如何影响写作、讲话和交流

的，以及是如何与你的内心活动相联系的。对于那些正在试图度过一生中最艰难的时期的繁忙的新教师来说，这样的练习是否要求过高呢？不高，我的培训方案的参与者们认为，他们发现温和的情绪将使教学工作变得更加简单，而且压力更小。

根据我的经验，只有花费几个月的实践进行常规的练习，才能使教师变成他们的工作情绪的优秀观察者。同时，尽管所要做的仅仅是去注意情绪的过程，但是这种活动却带来显著的、补救性的效果。

练习2. 为情绪控制设立合理的目标。

至少要运用你已经知道的平静的节奏。然后再把适度愉快的情绪加诸其上。为什么？因为平静和愉快这两种状态都对解决各种与备课和授课有着实质性联系的问题持乐观态度。它们都会使教学变得更加有趣和有益。

你如何才能说出你是否是平静的和适度愉快的呢？要停止并且观察。把你现在的感觉和表现与你的确处在平静和适度愉快的状态时的感觉和表现加以比较（例如，对于我来说，那个时刻就是我聆听树蛙的叫声和呼吸傍晚潮湿空气的时候）。

你如何才能在没有这些适度的状态的时候引起它们呢？监测和质疑消极的思想并且用积极的思想取而代之——但是更好的办法是不慌不忙地从事一项首要的工作。要把淡淡的微笑挂在你的脸上（这也会随着练习而变得更加容易），但不是出现在选美比赛或者政治舞台上的那种僵化的表情。利用这个时刻回想一段愉快的经历，例如坐在瀑布边的绿荫芬芳的地方享受阳光。而且要通过练习来发现这种愉快情绪的要素，例如欢乐：

> 欢乐的感觉是愉快的、渴望的，感到舒适、安宁、放松，甚至有趣……活动轻快的，伴随其后的是力量、活力、开放、接受和创造。
> ——卡罗尔·伊萨德（Carroll Izard）

这种带着平静和开放的安宁使得下一步变得更加容易。现在，我希望你能够事先察觉即将走向过度的烦躁和急躁，尽管这两者是如此的相似。你将逐渐能够更好地控制自己，从而使你不仅可以远离急躁的冲动，而且可以摆脱过度的欣快，因为这样的欣快并不适合长期的思考和交流的工作。

至少在开始的时候,要预见到你会在缺乏通常的压力的条件下苦苦挣扎。你可能会误认为自己工作得不够努力(或者承受得太多)。与此相反,模范教师不仅仅会带着适度的情绪工作,而且会通过节奏的变化保持他们的进度。

最后,还有什么东西会妨碍你跃入这种陌生的适度状态之中呢?部分障碍可能是对工作得不够努力或者不够迅速的怨气。还有一部分可能是害怕失去那种似乎给你带来了灵感的欣快的轻度躁狂。实际上,正如我们将很快看到的——在关于模范教师的写作方法的第二章的建议部分,最好的、最有创造性的工作经历大都出现在持之以恒和适度之中。它听起来是枯燥而乏味的,但实际上不是。乏味根源于急躁,而不是适度。

你可能首先必须充分地体验到持之以恒和适度给一位作者带来的好处,在你作为一名教师充分体验到这些好处之前。不必担心,我们将很快通过恰到好处的方法投入到学术创作之中;同时,你在这里完成的几乎每一件同教师有关的事情,都会在那里有所帮助。

现在,我鼓励你去思考另一个从"敏捷的起跑者"和他们的追随者那里汲取的关于教学的规则/章节,然后再思考最后一节中所介绍的如何运用这些恰到好处的规则来解决课堂上的不文明行为这个最棘手的问题。耐心,耐心,耐心!

第七章
合　作

　　这条关于放松控制的规则可能是所有规则中最违背直觉的一条了。但事实上,那些最有能力和效率最高的教师之所以杰出,往往是因为他们让别人分担了一些工作。与大多数教师相比,他们更擅长通过在课堂上分享讲述工作的方式来进行合作。而且他们更鼓励对他们工作的观察和批评,甚至早在计划和准备的过程中就是如此。当读者/听众/学习者指出受到忽视的原始资料与造成混淆的内容转换时,他们就为我们分担了一些工作。如果这些值得关注的毫无困难的活动既能节省时间又能改进教学,为什么它们得不到更多的普及呢?

传统的错误信念

　　教师们之所以经常拒绝规则 7,是因为他们尊重一个未经证明的传统观念:具有特殊天赋的艺术家、发明家、作家和教师似乎是独自工作的、无需帮助的人。更具体地说,我们珍爱那些关于有的教师显然能够在没有任何准备或者笔记的情况下通过一次才华的闪现来完成毫无瑕疵的工作的神话。

　　另一方面,我们易于相信那些被提前分享的观点和材料将在我们的读者和听众心中造成不可逆转的负面印象,尽管它们仍然是不完善的。我们猜想请求别人帮助教学是迫不得已的做法。同时,为了成全这一大堆常见的错误信念,我们一致承认优秀的教学必须是完全原创性的、独一无二的。

　　我们也容易认为,让别人分担一些工作的做法无异于承认自己的无能或者受人操纵。一个新手对我说:"如果它不全是我一个人的工作,为什么还来烦我?"另一个则说:"你肯定理解我对自主性的珍视胜过其他任何东西。我决不会去请求帮助。"还有一个说："我不能把工作强加给忙碌的成功人士。"（尽管她同时接受了让她欢迎来自其他教师的反馈的要求）。

思考一下与这些传统的断言和信念相反的论点：

1. 最有能力和效率的教师会分派一些任务，就像优秀的管理者那样。他们也乐于承认大多数的教学都是在借鉴和重述旧的观点。事实上，"敏捷的起跑者"都喜欢为了赢得合作与帮助而分享教学的荣誉。正如你可能还记得的，他们也赢得了学生最高的评价和最多的回应/理解。模范的新教师知道借用他人的观点但又将其加以重新阐述并且放入不同语境的做法并不算剽窃（尤其当注明了出处时）。他们知道为了有所改进而尽早寻求评论和建议的做法并不构成逃避（甚至在要求按照惯例不得把尚未完成或完善的学期论文和学位论文向别人展示的学术背景之下）。他们特别擅长通过研究其他作者和教师的工作方法并且接受其中的可资借鉴之处来获得好处，例如借鉴组织和强调的模式。
2. 我所研究过的最优秀的教师们意识到了那种认为在成为一名教师的过程中不应该向别人学习的信念的逻辑缺陷。他们中的一位对我说："如果教学包括分享信息以及应用信息的方法，那么学习教学为什么不能包括同样的东西呢？"

规则7：让别人分担一些工作。

规则7的练习

在让别人卷入自己的工作时，需要放弃某些控制和荣誉。奇妙的是，让别人——甚至让爱挑剔的人——看看你如何工作与如何改进也有助于教学的公开化。最惊人的是，它将使教学得到更多人的接受。随着你的良好的动机越来越明显，越来越迎合听众的要求，你所获得的支持也越来越多。接受帮助的活动是新教师们最难掌握的社交技能之一，它也是新教师们最容易忽视和误解的建议之一。在这里，模范教师又一次表明了掌握这些技能的练习方法：

练习1. 达成社交约定。

我们第一次看到这个练习是在规则3的内容中,当时我们通过确立"视情而定"的事情来强制推行在短暂而有规律的时间中从事教学工作的习惯。而在此处的规则7中,它得到了进一步的拓展,即要求你找到一个长期的伙伴来听取你为一门课程所做的笔记和图解——而且你也要为他或她做同样的事。这样做有什么帮助呢?意识到你必须对你的伙伴大声讲出你事先写好的东西,将促使你为会面所作的准备更加重点分明、清楚明了。这种真实地聆听自己的观点并且同时注意到你的听众的反应的做法,不仅预示了学生将会作出的反应,而且有助于早在开始上课之前就产生一种对分享观点和发现的适度的兴奋。根据我的观察,有了这种尽早的、及时的反馈的帮助,教师们将更有可能作出改进。而且有了关于听众会在哪些地方作出不好的反应的反复预示,教师们将逐渐对他们即将面临的批评和反对作出更加习惯性的、更加客观的回应。

练习2. 至少偶尔地在课堂教学中进行合作。

的确,有些彼此合作的教师因为没能很好地交流和配合而感到了失望。但大多数的合作都能缓和你的负担,为一个漫长的学期增添新奇的事物,并且提供别处无法获得的教育经验。那么,你如何才能找到好的合作教师/演讲嘉宾呢?

- 询问同事们能否让你旁听他们的课,以便得到一些关于你自己的课的想法。如果他们拒绝你的加盟,那就是告诉你其中有些值得你了解的事情;如果他们的课冗长乏味,他们的学生骚乱喧扰,那是告诉你该去别处看看。
- 寻找能够补充和指导你的潜在的合作教师/演讲嘉宾。
- 不要将可能的合作教师的范围限定在大学校园的同事之中,从你所在的社区之中邀请一些专家(首先,至少要有个小小的定额)。
- 不要对你的合作教师的讲述听其自然,哪怕他们很有经验。找到一个短暂的时间来排练一下你们双方要在课堂上做的事情。这个课前准备有助于确保你所做的事情与其他演讲者将要做的事情具有某些连贯性。它也可以增加你参与嘉宾工作的可能性,首先是作为一个即席的评论者,然后是作为对话者。毕竟,学生和教师在报告中都对交互性的合作教学的价值给予了特别高的评价。

在这种不寻常的合作行为中还具有很多其他的优点。计划/准备的分享为你发现其他教师的思维方式和工作方式提供了一个机会。课堂上的合作(例如,轮流讲述)能够带来丰富多彩的风格和思想,而这是任何一个单独的教师都难以企及的。合作减少了各种有害于公众接受力的疏忽与误解。而且它甚至能够在远远少于单独工作所需要的时间内完成一次备课和讲授。

练习3. 观察并且(善意地)批评同事的讲课。

当你分析同事的教学时,你能学到很多让你在自己的课堂上成为一个更好的教师的东西。你可能发现需要避免和值得效法的东西。你几乎总会听取你周围的学生的看法。而且最有用的是,你将练习在思考教学时不再仅仅执著于内容,而是注意到过程的方法,例如思考教师和学生的无声的行为,甚至思考教室本身在照明、声音、通风等方面造成的感受。

你如何在不冒犯或者不威胁到你的同事的前提下安排这样的访问呢?第一,当然要请求得到旁听他们的课程的允许。第二,让他们推荐他们所重视的一节课或者其中的一部分。第三,弄清楚你的主要目的是看看他们在什么地方做得好,在什么地方值得借鉴。第四,要坚持提出具体的表扬,而不是一般的印象(例如,"我喜欢你为了强调而停顿的方法,那正是我需要去做的事情。")。

最后,你当然应该邀请他们回访。这将没有你想象的那么困难,特别是当你采纳了我们在上一节中提出的容忍和接受批评的策略的时候。

- 在课前与你的观测者/批评者短暂地会面(5~10分钟),并且与他或她一起分享你当天的教学计划(例如,浏览你的笔记并且提出批评)。

- 在初期的会面中，请求你的观测者/批评者以具体明确的方式评定你在课堂上的表现，并且对你做得不错以及有待提高的地方作出开放性的评价，或许可以通过数字来对你在讲课速度、停顿、目光接触和回顾复习等方面的表现打分。
- 除非你在面对批评的时候能够比我更坚强，否则就让你的观测者将这些初始的记录/分数发到你的邮箱里。然后，在当天打电话或者亲自去要求澄清——要简短而冷静。
- 感谢你的同事/批评者/指导者。

练习 4. 在课堂上介绍你自己的情况。

另一种分享的活动可能会使你感到惊异，因为它似乎完全不同于我们在本节开头所提出的那种活动：我所观测过的最好的教师会让学生了解自己，通常是通过偶然谈起有助于强调教学过程中的某个问题的趣闻轶事（例如，学生们特别喜欢听到关于你的研究是如何进行的，以及你的兴趣是什么这样的叙述）。这种运用得当的开放性与我们将在下一节中看到的社会的即时性需要有关。只要你对学生故弄玄虚，你就将显得难以接近。

这种分享活动还有两个有助于使教学更加容易的原因。一方面，一件偶然的趣闻轶事会带来一次受到欢迎的节奏变换。另一方面，分享你自己的相关经历会鼓励学生作出同样的回应。在某种意义上，这样的相互分享首先是一种从你自身之中、从课外的那个真实的我那里获得帮助的方式，其次也是另一种让学生分担一些工作的方式。

练习 5. 加入一场更大范围的交谈。

此前的四个练习都要让别人分担一些工作——以便使我们远离孤独、隐居和自主这些为传统的教师所热衷的东西。那就是说，所有这些练习都将使得教学工作更加社会化。长此以往的效果将不仅仅是在备课时的分享和排练，也不仅仅是教学中的合作，甚至不仅仅是鼓励/容忍学生的讨论。它还意味着结交其他与你讲授类似课程的教师。它也意味着认识到当你在某个地方教书时，你就变成了其他教室和其他校园里的同事所发起和进行的会谈中的一分子。正如在任何一次社交性会谈中一样，如果你只顾在那个群体中发表言论而不管别人在讲些什么,你将会显得很幼稚。但是如果你能听听别人是如何提出问题的,那么当你确信有一些相对新颖和有趣的东西需要添加的时候,你就可能重新打造你的发言。

你如何才能进行这样的会谈呢?参加和你的课程相关的内部讨论并且出席某个专门学科的教师年会。在这些论坛中得到的有用观点的价值将给你留下深刻印象。在它们中得到的社会支持也是如此。

只要你从这样的会谈中学到了东西(例如,如何陈述问题,如何进行有效的争论,如何鼓励讨论,如何理解文本,如何形成创造性的观点,如何进行有效的测试),你就让别人分担了一些工作。只要你允许其他教师在课内和课外帮助你,你就将变得更加开放和有效率。成功的教学不单是一个学习如何提供好的教学素材的问题,更是一种从别人甚至是从竞争者和批评者那里获得帮助的技巧。事实上,在我所研究过的模范教师中,一个惊人的发现就是他们常常比一般教师与更多的支持者和批评者进行互动。显然,模范教师的这种大胆举动意味着他们会遇到更多的赞扬和更多的批评——这正是他们获得帮助和进行学习的最佳方法,只要他们是有心人。

在即将讲完这些教学规则时的最后一个忠告

如果你的反应类似那些对本书的初稿作出过回应的读者,那么你就可能对这种恰到好处的方法持有保留意见。我的一些早期读者在推进这些规则时远比其他人来得更加缓慢和更加迟疑。还有一些在尝试新的策略时更加小心翼翼或心存疑虑。但猜猜看,是什么东西使那些最乐意参与进来并且获得了最客观的好处的早期读者与众不同的?依然是那对老习惯:耐心与容忍。

那些最乐意"试试看"的读者(而且他们看到了对于教师而言的最大的成效和认可)是按照这二种与众不同的方式行动的:

1. 他们下意识地并且不断地告诉自己,他们在教学时的那种普遍而传统的自我依赖的开始方式是如何不尽如人意或缺少成效——以至于他们需要为了获得其他方式的益处而作出下意识的改变。他们中间的一位这样说道:"深入下去,我知道我总是必须说服自己在那件事情上作出改变。"另一位对这一点加以了补充:"我在哪里陷入了骄傲,问题就出在哪里,我需要极其具体和直截了当地正视自己,而不是依靠含糊不清的意愿来看待自己。"
2. 他们付诸特别的努力来实践我曾经不厌其烦地提到的两个最核心的方法:持之以恒和适度(持之以恒地在有规律的预定时间里运用这些练习;适度地在可以因为疲惫和其他必要事情的干扰而立即终止的短暂时间里运用它们)。
3. 他们展示了一种包含着我所未曾提及的健康和幽默的适度的风格。一些通过这些规则而获得了最大成功的教师可能会自发地加上这样一个评价:

参与者越糟糕,他对这些规则的迷恋就越大。

最后,这些最乐于参与进来的新教师还承认他们做了另外一些至关重要的事情。他们下意识地让我把我所学到的关于教学工作的良好开端的经验拿出来与他们分享——尽管有时候我的方法是令人恼火和令人厌烦的。这些如此迅速而全面地获得了益处的早期读者最为与众不同之处,与其说是他们自己艰苦地工作,倒不如说是他们让别人——包括我——代替他们做艰苦的工作。他们指出,那正是他们所做的最艰难的工作之一。

第八章
减少课堂上的不文明行为

本章标志着一个视野上的转换。前面七章集中讨论了恰到好处的过程,例如,稍微有点不依赖于环境的短暂而有规律的工作。第八章则设立了一个现实生活的背景,在这里,大学青年教师会遇到运用持之以恒和适度的实际需要。

在我所观察过的大学青年教师中,没有任何经历会像遇到不守规矩的、缺乏参与性的学生那样带来如此大的戏剧性和伤害——尤其是在主要针对新生的大型导论课上。没有任何其他地方会让他们觉得如此缺乏克服困难的准备和训练。在大学青年教师的经历中,没有任何其他事情占用过他们如此多的时间和精力,而且没有任何其他时刻会让这些新来者对他们的职业选择感到如此失望。坦率地讲,最初的课堂经历常常造就或者打碎了我们的教师之梦。

我们已经看到了那些预示着最初的课堂上的困难的迹象:

1. 初上大学讲台的人会准备大量的材料并且随后以过快的速度和高难的水准讲授它们,从而不利于学生的参与和理解。在这样的匆忙之中,新教师阻碍了提问和讨论。
2. 新教师没有设立有用的上下文来解释基本原理和为他们的讲述提供相关事例。脱离了学生的经验的讲述可能会导致学生分心。
3. 我们在读研期间获得的经验不过是研讨会上的发言和偶尔的几次授课,而在这样的任务中,我们几乎了解不到与听众保持联系的价值。
4. 传统观念暗示我们:只要我们知道一个主题,我们就可以传授它。因此我们更多地注意结果/内容,而不是从事教学的过程。因此我们更加关心传授,而不是学习。

除了以上所列举的因素之外，还有一个我以前未曾提及的因素：

5. 我们中很少有人在开始教学时带着一幅真实的关于普通学生的图像。在我们的学生时代，我们普遍地表现优异，不仅仅是在考试和论文方面，而且是在作为听课者时集中注意力、记笔记，甚至对着我们的老师微笑和点头。直到我们作为一名正式的教师站在了讲台上，我们才开始注意到更多的普通学生的行为。他们并不老是来上课，而且即使来了也可能不会集中注意力。而且他们常常或明或暗地拒绝我们激发刻苦的工作或者概念性的思考的企图。如果我们不理会这个现实，我们就只能教育我们自己和极少数像我们一样的人——前辈们称之为"对皈依者的布道"。

但是即便我们知道了体验学生难处的必要性，我们可能还是没有真正了解我们到底将会面对什么。初次上课的新教师常常对学生的缺乏兴趣、心不在焉和蔑视挑衅感到非常震惊和难以置信。与学生之间的不愉快的关系一旦形成了，就会影响到大学教师的经历，而且这种影响会远远地超出课堂之外。

接下来，我希望你明白当我把持之以恒和适度的规则投入到现实生活的背景之中时，我为什么要选择大学青年教师在这方面的经历。为了强调课堂上的不文明行为的严重性，我以一种大学教学的模式介绍了我的调查结果和干预方式。它首先概述了课堂上的不文明行为（Classroom Incivility/Incivilities），并且强调了关于课堂上的不文明是什么，它为什么重要，以及如何通过持之以恒和适度的练习来减少它的研究。在这里，恰到好处仍然是最基本的原则。

对课堂上的不文明行为的介绍

如此粗俗的一件事情似乎离我们这些生活在象牙塔里的人十分遥远。通常情况下，我们是从那些关于针对高校教师的暴力事件的新闻报道中读到这样的不良行为的。但是根据我本人对学院和大学校园的研究，课堂上的不文明行为充斥着许多课堂，而且它在第一堂课上的出现与否被证明有力地预示了未来的教学事业的进展,甚至预示了新教师成功地通过续聘程序的可能性。在我所记录的新教师的初期经历中,是否出现课堂上的不文明行为是第一位的和最明显的成功或者失败的标志。实际上,是否出现课堂上的不文明行为被证明是如此重要,以至于我要分享几个出自那些关于它的零散且常常晦涩的文献中的感想,但是不太多(如果你是一个酷爱信息的人,请参阅关于这项研究的原始资料,见博伊斯,1996a)。

关于课堂上的不文明行为的传统文献鸟瞰

我在自己的探索中首先感到不解的是,为什么课堂上的不文明行为在中级以上的人员中受到了如此普遍的忽视。你可能已经知道了一个原因:只有那些在大学里被称为匆匆过客的学生目击了发生在我们大多数课堂里的情况;我们习惯性地阻挠来自同事的访问,尤其是来自有经验的评估者的访问。另一个潜在的因素是由于社会不赞同我们去注意社交中的失败,包括我们的同事在履行教师职责时的失败。社会心理学家解释了我们为什么不能坚持质疑人们的弱点——或者他们的借口——以及我们为什么难以承认自己的失误,不管它们是多么显而易见。这两者对于我们自身来说是一种障碍,而在涉及他人的时候则是一种不当的社交。

针对中小学教师的课堂不文明行为得到了更多的报道

我们越来越多地听说了小学和中学里的那些无礼、冷漠甚至杀人的学生,以及用来预防暴力的计划。属于这些级别的学生抱怨老师精神猥琐、令人厌烦,而且他们声称要以牙还牙。反过来,他们的老师描绘学生们越来越有可能去强求进入大学所必需的好成绩,然而却对他们的工作不感兴趣。这种敌对性的文化不仅使教师意志消沉、疲惫不堪,而且把越来越多的问题学生送进了大学。从新闻媒体的报道上看,你或许只能想到大学里的不良行为通常只是限于学生的酗酒和淫乱,或者是教师对学生的折磨。

高等教育研究者对课堂不文明行为的研究

研究大学教学的专家反对通过经验评估来发现那些影响教师在

各个方面的成败的因素,包括课堂上的不文明行为(威莫与伦兹,1991),这也许是因为他们不想让一些教授感到难堪,或者是因为他们认为教师是天生的,而不是人为的。当大多数研究大学教学的权威人士都在忙于应付课堂上的问题时,他们也糊里糊涂地跟着做。他们提到了传统的师生关系的破裂,但是却很少谈到它的实质以及它如何会使教师遭受挫折。他们指责允许不合格的学生进入大学的平民化倾向,但是却忽视了越来越拥挤的课堂这个迫在眉睫的问题。最重要的是,他们尊重教授的课堂不容侵犯的信念,但是却没有清楚地意识到他们的这种做法给新教师和他们的学生带来的伤害。

阿玛达(Amada,1992)是最早把课堂不文明行为论证为心理健康问题的学者之一。他认为,精神分裂、躁狂—抑郁和人格紊乱都正在大学校园里得到滋长。因此,他提倡通过心理健康中心或者法律行动来对付大学校园里的课堂不文明行为。他还回避了对教授们的课堂的讨论。由于把注意力集中在极端精神分裂或者精神错乱的学生身上,阿玛达忽视了各种更加普通的、需要教师本人在课堂上或者在类似课堂的地方加以处理的课堂不文明行为。

在关于课堂不文明行为的其他研究中,有很多被证明是显而易见的,并且是以调查研究为基础的。学生们表示他们常常逃避他们不喜欢的课。他们所指的不仅仅是旷课,还有作弊,即一种与讨厌上课有关的课堂不文明行为的形式,尤其是当他们认为课程与他们的学业无关时。教师和学生都表示他们不喜欢对方上课迟到。学生抱怨那些拖堂的教师;教师憎恨听课的学生早退。而且他们都抱怨对方缺课或者取消课程。

在关于课堂不文明行为的传统描述中往往没有具体说明教师本身在其中的角色。我本人对大型公立大学的基础课程的抽样调查显示:三分之一的大学教师以明显粗野和傲慢的态度对待学生,超过85%的大学教师没有以足够的热心和平易近人来优化学生的参与和学习。在几起个案中,他们对强迫他们回答问题或者提供帮助的学生进行了身体攻击(博伊斯,1986,1993b),这可能就像学生攻击教师一样平常。在更多的事例中,教授利用教学的时机恐吓和威逼学生。

关于课堂不文明行为的全面研究是最近的事情,而且它们取得的突破在于显示了学生和教师是产生课堂不文明行为的合伙人。例如,在一个30人的课堂里,有5名或者6名学生抵制了教师希望他们做的事,而只要1名这样的学生就足以毁掉整个课堂。根据这些研究,学生的课堂不文明行为典型地包括缺课、作弊、拒绝参与、不作预习以及干扰教师和其他同学。在首先使这些事实为人所知的研究者中,科尔尼和普莱克斯(Kearney and Plax,1992)发现:有几种学生(和教师)的抵制可以称为建设性的——在提出了实质性的问题时——尽管大多数教师会把任何形式的顶撞都看作成问题的东西加以抵制。科尔尼和普莱克斯还证明了教师本人的社交方式在他们引起课堂不文明行为的时候可能表现得最为明显。至少在模拟实验中,学生是否决定采取抵制和无礼行为要取决于教师的两种行为导向,特别是在这样的情况下:

  在第一个序列中,教师们倾向于社交性的激发因素(比如"你能理解吗?"和"你可以做得更好!")或者非社交性的激发因素,比如威胁和引起内疚。

  在第二个批评性的序列中,教师们被称为"亲近的"(因为有声的或者无声的热心、友善和喜爱的迹象)或者"冷漠的"。

在这些模拟实验中,那些表现了积极、亲近的激发因素的教师似乎减少了学生对课堂不文明行为的倾向。那些没有表现出亲近性和社交性的激发因素的教师则被他们的学生看作冷淡的、漠不关心的、不胜任的,并且理应作为不文明行为的靶子。因此,根据科尔尼和普莱克斯的研究(1992),课堂上的能力是相互制约的。如果教师拥有这些技能,他们就有能力去运用激发因素和亲近关系去减少课堂不文明行为。学生们也有能力去有效地干扰那些显得不关心他们的教师,这种能力将远远超出大多数教师的预料。

  为什么这项研究对于大学青年教师而言是重要的?因为它指出了那些在传统的、推测性的指导书中几乎没有被注意到的良好教学的简单属性。而且它增强了传授和学习那些有效率的教师所做的最基本的事情的可能性,比如微笑和前倾。

关于课堂上的不文明行为在开始阶段的
重要影响的现场研究

当我着手理解课堂上的不文明行为时,我知道我无法在真实的校园里找到关于它们的记录,所以我只能自己进行研究。我小心翼翼地在实践中摸索,就像我曾经作为一名生态学者去观察乌龟和蟾蜍的社会动力学一样(它们的确具有重要性)。我的期望不高,因而我记录了几乎所有的事情,并且寻求规范的行为模式。

在掌握了一个关于课堂不文明行为的工作分类法之后,我感到做好了着手第一项正式研究的准备(你可以找到详细得有点过度的介绍,参看博伊斯,1996a)。

我通常在大型的导论课上坐在教室的后排,以便可以悄悄地进出。而且我在每次访问时都悄悄地移动位置,以便我可以见到最多的学生。我利用每次移动来观察四个左右的记笔记的学生。当我作出自己的记录和阶段性评价时,我会在课后随意地找到学生进行访问。我对教师的访问通常发生在稍晚的时候,即在他们的办公室里或者在电话里,因为他们在刚刚下课的时候常常被学生围着提问题,即使学生评价较低的那些教师也会赶着去做其他事情。后者会使我想起疯狂的人。在教师们与我会谈时,他们会回答问题,回忆体验,并且作出评论。

课堂不文明行为的一般模式

对课堂不文明行为的通常感受

我所记录的一些课堂上的不文明行为类似于那些基于教师的事后回忆的传统文献所描述的类型(例如,学生和教师都会厌恶迟到、拖堂,以及彼此之间的逃课或者缺课)。但是这些事情既不是最常见的,也不是最重要的。新教师和他们的学生都认为另外三种类型的课堂不文明行为是最具干扰性的:

1. 学生交谈的声音太大,以至于讲课者和讨论者的声音不能被其他人听见。

2. 学生以讽刺性的评价或者不满意的嘟囔来顶撞教师(例如,有一位学生评价道:"你在开玩笑吧!"接着是嘲笑和猛地合上笔记本的噪音)。
3. 一位"课堂恐怖分子"的难以预料的、情绪高亢的爆发使得整个课堂紧张起来,这种爆发通常表现为侮辱性的抱怨或者令人生畏的争吵。

在列举了这三种最具干扰性的课堂上的不文明行为之后,学生和教师在排列那些仅次于它们的课堂不文明行为的顺序时发生了分歧。学生偶然提到的课堂不文明行为事件要比他们的教师提到的多出一半。这些就是学生提到的下一级别的课堂不文明行为的典型顺序(第4～7位):

4. 教师让他们感到疏远、冷淡和缺乏关心(即缺乏亲切)。
5. 教师利用他们没有准备的考试项目或者他们始料未及的分数来震惊他们。
6. 教师上课时迟到5分钟以上,或者没有提前通知就取消上课。
7. 学生嘲弄或者蔑视同班同学,而教师却无动于衷。

另一方面,教师在前三种课堂不文明行为之后又提供了这样的级别顺序:

4. 学生不愿回答和提出问题,或者没有显示出兴趣。
5. 学生不为上课做准备。
6. 学生要求补考或者延长课程任务的截止日期。
7. 学生迟到或者早退,破坏了课堂纪律。

简单回顾一下第二个级别的顺序就会揭示出学生和教师对课堂不文明行为的感受有何不同。学生更少像教师那样注意或者关心学生是否没有用心听课。但是双方都希望对方能够明显地关心与配合自己,并且在对方未能做到时单方面地谴责他们的不足。

我本人所评定的最具破坏性和最为常见的课堂不文明行为是对

刚才所列举的各种类型的混合。它们在特征上令人愉快地符合了科尔尼和普莱克斯(1992)等人的研究,尽管我是在收集完大部分的资料之后才看到这些出版物的。

1. 教师以负面的评价和不亲切的态度疏远学生,比如严厉地板着脸孔,一言不发。
2. 教师以快速的、拒绝参与的讲述方式漠视学生。
3. 学生交谈的声音太大,以至于讲课者和讨论者的声音无法听清楚。
4. 学生冒失地迟到和早退。
5. 学生做出讽刺性的评价和手势。
6. 教师用考试和分数吓唬学生。
7. 一个课堂恐怖分子所带来的威胁和分心。

我似乎比教师或者学生更加清楚地看到了课堂上的不文明行为在一个学期中的形成过程。课堂不文明行为通常是在开课的头几天里开始形成的。但是直到教师的负面言行加强了学生的怀疑态度之后,不文明行为才会变得突出和成问题。

上述三种关于课堂不文明行为的感受似乎都是有用的。但是只有当我们在第二个学期里运用它们的独特视角时——当教师再次考虑课堂不文明行为时——对它们的理解才能转化成新的课堂实践。在稍后,我会更多地提到这样的干预活动中有何作用,但是在这里,我只需要强调苦苦挣扎的新教师在转变之前需要理解什么:他们几乎都表示他们想更多地理解课堂不文明行为的本质、它在其他教师中的普遍性、它的负面代价,以及学生对它的体验。他们需要一个背景来理解课堂不文明行为,而且他们需要把自己的背景置于一个更大的背景之下。

共享我课后的访问笔记的摘录似乎特别有助于这些教师。以下是来自学生的典型评价,他们的教师在头一两次课上疏远了他们:

"我感到他并不真正喜欢学生,不喜欢像我这样的学生……我对他绝望并且决定松懈下来。我合上了笔记本。"

"他这是在戏弄谁？他根本不想教我们。他一上来就声称他不会在课外搭理我们，只有他的助教才会。他声称他的讲课与考试无关。为什么这么烦人？"

"我告诉你什么令我感到厌烦。他是个傲慢的人。因为他上过哈佛。就为这？如果他比我们优秀那么多，为什么还要在这里为我们浪费时间？"

接下来的是那些看似最冷漠的教师在课后和返回办公室的路上作出的回应：

"我真的无法告诉你那么多（耸耸肩并且走得更快）。我很紧张而且只想赶快结束它。"

"谁知道？我是说，肯定有些学生会不喜欢我，或者这门课，或者更多。那可能是这些差生的通病。"

"真的吗？谁在乎？这（即教学）不是问题所在。我的系主任告诉我不要太在意这些，只管把它上完就行了。"

这种关于课堂不文明行为的对话也有助于我把事情看得更清楚。我总能看到一些教师更少受到课堂不文明行为的影响并且更少卷入课堂不文明行为，他们几乎都是在标准的学生评价机制中被提前评为优秀教师的人。而且在学生评价更高的课堂上，我所看到的那些在其他课堂上表现出了课堂不文明行为的学生会变得更加文明和更加投入。

课堂上的不文明行为的显著模式

我开始个别筛选那些见证了最多或者最少的课堂不文明行为的教师。我更加细心地留意时间安排和教学经验在其中的作用。我更加系统地测定课堂不文明行为的级别与其他关于教师的传统评价的联系。

一些大学青年教师以惊人的速度表现出了明显频繁的和难以适应的课堂不文明行为模式；那些以公开的鄙视和明显的漠视来对付他们的本科生的人遇到了我所看见的最为糟糕的课堂不文明行为——甚至可以与某些有着最差的学生评估记录并且遭到学生最公开的不尊重的老教师相比。但是即便这些受干扰最大的新教师所遭受的课堂不文明行为的严重性也赶不上那些苦苦挣扎的老教师所遭受的。新教师的学生在接受我的访问时道出了其中的原因：他们可以更普遍和更轻易地侮辱新教师（但是却不能如此容易地为新教师提供一个更有促进作用的开始）。

在课堂不文明行为系列的另一端的情形则完全不同。模范的新教师经历了最低级别的课堂不文明行为。正如你所预料的那样，他们还是我所看到的最充分地运用积极的促进和亲密的交往的新教师。尽管如此，与那些获得了学生的高度评价和教学奖励的资深教师相比，这些"敏捷的起跑者"还有继续改进的空间。与模范的新教师相比，模范的老教师确实展现了种类更多的积极促进（例如，在指导学生更好地回答课堂提问的方法上）和更加高超的体现亲切关系的技能（例如，自如地巡视教室并且以眼神和不同的学生交流）。显然，在熟练掌握教学这样的复杂技能之前，需要花费多年的时间进行定期的和下意识的实践，或许需要 10 年左右（西蒙顿，1994）。

我按照 1～10 的分值评估了（其可靠性得到了一个受过训练的研究助手的证实）这些群体的教师所表现的亲近的程度，比如眼神交流和微笑，这项评估暗示了经验与学生的认可之间的一种类似的互动作用：老练的模范教师在联系紧密上的平均得分为 7.6，模范的新教师为 6.2，表现糟糕的老教师为 3.2，同样糟糕的初始者则为 3.7。他们在这方面的差异性是有统计依据的，并且是准确无误的。尽管如此，那些遭受了更加严重的课堂不文明行为的教师至少在熟悉教材的程度上并不比其他群体的教师逊色。

学生对于这些表现在课堂不文明行为上的差异性起到了什么作用？答案之一依赖于我们对课堂不文明行为在学期中的发展过程的分析。

时间因素如何影响课堂不文明行为

想想在这项研究中,新教师的课程通常是如何开始的。一般情况下,学生是带着谨慎、尊重和乐观进入新学期的——这是他们在上第一堂课时告诉我的。不错,他们在聚集一堂的时候有可能是活泼的和任性的,那常常是因为他们在向朋友致意或者在以嬉戏的方式试探课堂的纪律。但是在头一两次课上,他们普遍地对级别较低的课堂不文明行为表现出了克制。学生显然是在等着教师迈出第一步,就像他们在与我的初次交谈中所预言的那样。

在上课的头几天里,如果教师明显地表现出了积极的促进因素和稳固的亲密联系,课堂上的不文明行为就会下降到较低的级别,并且在该学期的剩余时间一直停留在那里。相反,如果教师在上课的头几天里表现出了高级别的课堂不文明行为,学生的课堂不文明行为级别就会迅速升高,并且很难在以后降下来。

因而正如我在前面所指出的那样,关于课堂不文明行为的初始体验可能会形成持久的模式,而且常常是在教师们意识到正在发生什么之前。以下事实说明了糟糕的开始者与其他人的差别:

- 取得良好开始的新教师所表现出的属于明显的课堂不文明行为的事例少于三个(例如,诱发强烈的内疚),一般而言,他们在头三次课上表现出的这种事例只有糟糕的开始者的一半。
- 根据学生的判断和报告,糟糕的开始者的失礼行为远远多于良好的开始者,也许是因为他们显得更加冷漠和傲慢(例如,"是的,是的,现在我们都知道他上过一所更好的大学,因而他必须被称为'博士',并且无须尊重我们。")。
- 随着时间的过去,针对良好开始者的课堂不文明行为数量会减少,然而针对糟糕开始者的则会增加。

其他的转折点

在我所观察的大部分课程中,课堂上的不文明行为还有可能以强烈的、插曲的方式出现在学期中的其他时刻。例如,学生容易在第一和第二次考试的前后表现出课堂上的不文明行为。另一方面,当教师利用近似手段帮助学生准备考试和课程任务时,比如利用模拟考试或者完成初步任务的截止日期时,学生的反应将是乐观和平静的。

另一种互动也被证明是重要的:当学生以友好而亲密的方式与教师进行课外交谈时,课堂不文明行为的级别会降低。学生是这样解释的:"当你了解他之后,你会发现他是个不错的家伙。并没有那么可怕……当他要求我在课堂上好好表现时,我意识到他是关心学生的。不,现在我不想给他找麻烦。"它表明,最模范的新教师会最早安排与学生的会谈,他们中的许多人会让学生把访问他们的办公室变成一项严格但又融洽的课程任务。

各种极具伤害性的课堂上的不文明行为

最令人心烦的课堂不文明行为是最不容易被一个课堂观察者所发现的,也最不容易得到那些受到观察的教师的承认。我是在与新教师(以及老教师)进行了多次交谈之后才开始意识到它们的。下面就是那些可以带来持续性的干扰和伤害的课堂不文明行为:

- 学生在期末的正式评估中作出的不利于教师的个人评价(例如,"她的衣着不得体。"),即使当大部分学生都作出了积极的评价的时候。
- 在课堂上表现出了敌对态度的学生("你注意到他了吗?他就坐在那里,抱着胳膊,瞪着我,摇着他的头。")。
- 向系里的领导告状的学生,尤其当教师觉得系领导在得到相反的证据之前可能会猜想他们的过错的时候。

按照我的经验,所有这三个难题都可以借助新老模范教师们所自发地展示的方法来加以减轻——就仿佛是为了阐明恰到好处的方法而付出的代价。学生的评估可以通过中立的第三方来加以筛选,以便排除或者修订伤害个人的、非建设性的评价。教师可以提醒自己,即使最优秀的教师也不可能取悦或者满足所有的人,而且系领导可能知道如何按照这种程序来处理学生的抱怨:第一,邀请学生们讨论关于教师们的情况;第二,以不会把"被告人"推上被告席的方式谈及他或者她(例如,"你们能否帮助我思考怎样让这个学生在我们的课堂上感到更快乐,从而更少地向我发牢骚?")。模范新教师的令人惊奇的特征之一就是他们乐于去猜想资深的同事,尤其是系里的领导需要接受关于如何提供偶然的、娴熟的、难以觉察的帮助的信息。

舞弊的学生也会让新教师遭受巨大的挫折,特别是当那些明显的舞弊者作出了保护性的和愤怒的反应时。这样的紧张对抗会让新教师无心工作,并且恶化他们的健康。模范新教师处理这些问题的方式值得一提:有时候,新教师会让他的学生来承担一些解决这种困境的责任。他把自己当时所说的话直接告诉了我:"请注意,我需要你们的帮助来应付这个令人不快的局面。你们中有两个人交上了完全雷同的试卷。我们怎样才能知道发生了什么情况和怎样去处理它?"随后,会谈的重点转向了解决问题,而不是检举,而且它为舞弊者留下了在保全面子的前提下找到合理解决办法的机会。

课堂上的不文明行为如何与教师和学生的其他行为有关

教学评估

在我对课堂上的不文明行为的初始研究中(博伊斯,1996a),学生的教学评估与课堂不文明行为的级别负相关。课堂不文明行为级别最低的教师在各方面获得的学生评估都远远高于课堂不文明行为级别最高的教师,包括当天的教学价值、教师的语速是否适合学生记笔记和理解、教师的清晰性与条理性,以及学生自己的课堂参与性。

在迄今尚未发表的第二项研究中,我利用另一种比较方法证明了课堂不文明行为对那些在学生评估中获得相反结果的教师的作用。我的意图是为了比较课堂上的不文明行为在新手和行家这两个教师群体中的级别和影响。据报告,通过对事业有成的教师和苦苦挣扎的教师的直接观察所发现的技能上的差异很少与大学的环境有关。

参与者

第一个研究群体由14位正在寻求终身教职的新教师组成,他们处在从事教学的第二或第三个学期,没有任何一位在进校前主讲过自己的课程。所有这14位新教师都在上学期的全校范围内的学生评估中被列为四等中的最低等；他们都被自己的主任与/或院长视为问题教师；他们都被系里的同事鼓励去寻求帮助。第二个研究群体的14位参与者是从至少留校5年以上的正式教师中筛选出来的，而且他们都获得过系一级的或者更高级别的教学奖励。所有这14位"行家"都在上学期的校级的正式学生评估中被列为四等中的最高等。所有这28位参与者都是自愿的。

在下述研究中，这两个群体还有另一个重要的共同之处：它们的所有成员都是定期在容纳50名以上学生的大教室里讲授本科导论课程的教师。我使新任教师和模范教师的比例相匹配，不仅是在社会科学或者自然科学的内部，而且顾及了他们讲授的课程的类型（例如，数学/统计学、导论/概论、演讲/讨论，或者实验室指导）。

方法

在整整一个学期中，我分10次悄悄地访问了参与者的课堂，包括他们最初的三次课。在每次访问中，我都会在一节课上分四次作出评价，并且运用一个我在其他地方详细地描述过的评分系统（博伊斯，1996a）。当我把观察结果放到第二项研究中时，这些课堂上的不文明行为的类别会变得更加清楚。

图8.1描述了苦苦挣扎的新任教师所遇到的课堂不文明行为在级别上的明显不同，与内行的教师相比，他们在我所说的"亲近性"上遭到了四个方面的失败：(1) 教师传达给学生的负面信息（例如，威胁）；(2) 教师以无声的方式表达出来的不亲近（例如，呆板的、不友好的姿态）；(3) 学生的扰乱（例如，迟到和早退，吵闹）；(4) 学生的严重的不文明行为（例如，尖叫）。

在对图8.1的数据的多重差异分析（MANOVA*）中，可以看见在苦苦挣扎的新手和内行的老手之间的这种普遍差异的可靠性：$F(5,22)=188.69, p<.001$。在这里和在其他场合，我都通过一个第二观察者核查了我的评估的可靠性（在27次课堂访问中，我们在各个方面的评价级别的符合率都超过了81%，而且在平均符合率上常常超

---

* "MANOVA"是"multiple analysis of variance"的英文缩写，该术语亦可译为"多重差异分析"。——译者注

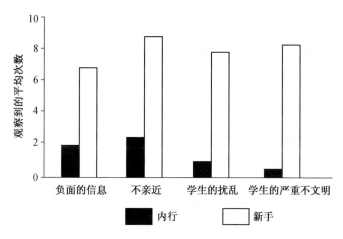

图 8.1　对课堂上的不文明行为的观察

过 90%），这些评估都是很容易鉴别的条目。

因此，经验丰富、评价较高的教师的课堂是相对安静的，而且他们的学生似乎会更加积极地参与。在这些模范教师的课堂上，学生制造喧哗和其他干扰行为的可能性要小得多，因而学生的参与不会像在其他课程——那些苦苦挣扎的新教师的课程——上那么困难。

图 8.2 有助于回答这个问题：在苦苦挣扎的新教师的课堂上的高级别的不文明行为是否真的影响了学生？这个图中的结果指出了在

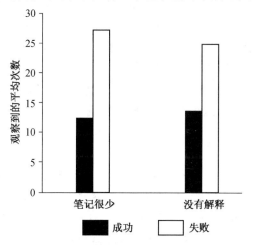

图 8.2　两种教师的学生

学生记笔记(描述为"笔记很少"的观察实例)和学生解释核心概念的能力(学生无法解释或没有解释的观察实例)方面的可预测的差异。

为了收集这些关于成功的(内行)教师与失败的(新手)教师的学生的资料,我在每次课上都观察了四名不同的学生,并且在10次课的每次课后个别地观察/询问他们。我比较了未能做出最低限度的笔记的学生与能够背诵和解释课堂上强调的一半以上核心概念的学生。

在苦苦挣扎的新手教师的课堂上,学生很少能够做出有用的笔记或者理解在刚刚结束的课上列举的核心概念。相反,在内行教师的课堂上(这种课堂上的不文明行为更加稀少,而且教师的亲近更加普遍),学生在做笔记和理解上的表现要好得多。(在五起个案中,我得以比较了同一个学生在两个不同教师的课堂上所做的笔记,一个课堂有着高级别的不文明行为,另一个则有着低级别的不文明行为。在后一种情况下,学生的笔记总是做得更好。)

对图8.2所描述的学生的两种遭遇的多重差异分析确认了这个差异的可靠性: $F(2,25)=45.03, p<.001$。

近似课堂上的不文明行为的情况是可以容忍的,甚至是有益的

课堂上的不文明行为在适当的条件下可以发挥有用的功能,这个事实出乎了我的意料。受到好评的、更加"亲切的"教师同样会经历到一些有可能发展成扰乱性的课堂不文明行为的偶然事件。但是在更多情况下,当模范教师注意到作为不文明行为的插话时,他们不会作出同样的回应。模范教师常常通过认真聆听来作出谦虚的回应,就仿佛插话是出于善意的评价。下文是我所记录的这些互动的典型摘录:

坐在第五排的一名学生打了个大大的哈欠并且蜷缩在他的椅子上。教师说道:"哦,不要(微笑着),我让你疲倦了,让你厌倦了这一切。我有时会那么做。唉……谢谢你提醒了我。你怎么想?如果我停下来,并且重新对你解释一遍怎么样?"

一名学生唐突地打断并且质疑教师刚刚提出的一个观点："我知道那是错的。"教师愉快地聆听并且答道："好的,你可能是正确的。我总是能够接受纠正,我可以经受得起。你能否来一趟我的办公室,并且和我一起分享研究资料?"

教师说道:"我看见有些人在打哈欠并且停止做笔记。对不起,我失去了你们的注意。让我们站起来并且舒展一分钟,那样我们将恢复一点精神。"

这些摘录暗示了教师在面临那些有可能变成但尚未变成真正的课堂不文明行为的事件时可以用来维持亲近和类似亲近的乐观的方法。

规则8:努力减少教师在课堂上的不文明行为。

让教师去观察和评价课堂不文明行为的要求本身就是一种帮助。参与这些课堂不文明行为研究的教师常常在我们的第一次讨论中问起课堂不文明行为在他们同事的课堂上发生的频率,我的回答让他们感到了安慰。许多人把他们自己的经历想象成了独一无二的经历("你从来没有听人提到过这样的事情")。当我提到他们在自己的课堂上从未看到过的事情时,他们会更加努力地注意和了解课堂不文明行为。而且最终,当他们问起模范的同事是如何应付课堂不文明行为时,他们一般都会想到要亲自去效仿我所总结的策略。

注意:在参与我的研究方案的教师中,大多数有过严重的课堂不文明行为经历的人都试图马上使它得到控制,而且当他们运用积极的促进和亲近的努力遭受了挫折时,他们会恢复以往的方式。尽管如此,所有这些教师都有兴趣在以后的学期中再次尝试新的策略。

一项正式的指导性的干预研究

计划和参与者

这个研究群体由10位新教师组成,他们是从刚才概述的那项研究的14位参与者中抽取出来的。当我对他们的课堂不文明行为的第一个学期的观察和讨论结束之后，他们自愿参与了第二个学期的研究，在此期间，我通过经验丰富的教师所展示的各种保持亲近的技能指导了他们。他们还同意参与第三个学期的研究，在此期间，我再次在他们讲授的 10 次大型的本科教学课上用图表记录了课堂上的不文明行为和他们的学生所带来的损害或帮助。这个方案为我提供了他们在接受指导前的学期中的起点测量和在接受指导后的学期中的效果测量。

另一个参与这项实验的群体是一个接受测控的群体，它由 14 位有着同样糟糕的教学评估的新教师组成。这些测控对象没有受到关于亲近技能的正式指导。然而，他们获得了与那些实验对象同样多的关注和鼓励，只不过是以更普通的方式，比如鼓励他们去减少课堂不文明行为，却没有提供具体的说明和练习。每个测控对象都被按照一级学科和授课方式与另一个实验对象相对照。每个测控对象都得到了尽可能长的追踪调查，只要与之配对的实验对象仍然没有退出这项研究。

方法

这项关于课堂访问和评估的计划实质上与我以前的研究是一致的，只有两点不同需要指出：我把对学生做笔记和对学生理解的测量结合了起来（因为在以前的研究中，那些在一个方面做得不好的学生在另一个方面一般也做得不好）。而且在这里，我综合性地测量了学生在课堂上的不文明行为，该测量包括了图 8.2 中所概括的各种类型。

这项指导计划包括 10 个单独的课前时段，它们都分布在参与者加入该计划的第二个学期，而且一般长达 10 分钟左右。在每个时段里，我都会根据我在每位参与者的前一节课上观察到的不同情况来示范两个用来保持亲切的简单技巧（例如，通过身体前倾和对着学生微笑来显示开放的姿态；在答复那些带着潜在的骚扰性质的学生提问时作出正面的评价）。在我做出示范后，被指导者又练习了这些姿态和运动，并且复述了这些口头答复，直到我们双方都感到满意为止。在随后的上课期间，我评估了被指导者在实施这些练习方面取得的成功，并且在课后与之交换了信息——总会提到他们在哪些地方做得好，并且建议他们如何更加有效地保持亲近。尽管这些保持亲近的练习在课前是简单而轻松的，但是它们在课堂的应用上是难以迅速掌握的,而且常常在面临压力的时候出现倒退。直到第一个学期的练习结束之后,大多数被指导者和我本人才对他们的进步感到满意。

结果

在这项干预研究的最后一个(第三个)学期,我终止了指导的时段,并且恢复了第一个学期的课堂访问方式,以便评价我的干预效果的持续性。通过对照实验对象群体和测控对象群体所发现的平均效果被记录在图 8.3 之中:与没有得到指导的同辈们相比,得到指导或辅导的新教师显示了更少的负面信息和不亲切,比如令人不快的无声表达。此外,在得到指导的新教师的课堂上,出现成问题的喧闹程度的场合也更少。得到指导的教师的学生更经常地记笔记(在图中,相反的观察被标为不充分的笔记),更经常地在课后证明对要点的理解,更经常地表现更强的参与性——明显地探究、注意、聆听和回答问题,并且进行讨论。在图 8.3 中,我还再次显示了相反的观察,比如"学生的缺乏参与"。

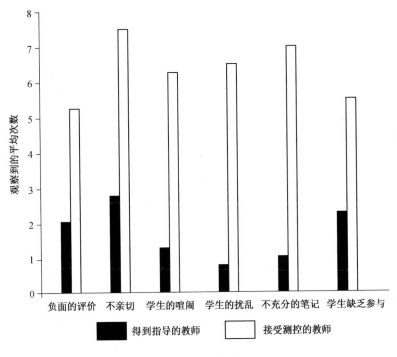

图 8.3 指导的效果

这些效果表明：在得到一个学期的关于如何保持亲切的简单指导之后，新教师的课堂上的成问题行为的级别降低了，而他们以前曾经遭受过高级别的负面影响和干扰性事件。

对图8.3所显示的数据的多重差异分析暗示了指导的可靠效果：$F(6,13)=38.53$，$p>.001$。

指导后的学生评估

在学生按照全校通行的标准对两组——得到指导的和缺乏指导的——课程进行的评估和评判中，得到指导的新教师在亲切程度上的得分远远高于那些得到测控的新教师：得到指导的新教师得分为 $\bar{x}=1.98$（标准偏差$=.50$），没有指导的新教师得分为 $\bar{x}=3.58$（标准偏差$=.57$）。该分值已按校际差别作出了调整，其中 $1=$ 优秀，$5=$ 糟糕，而且每位教师都有一个总体得分（依据的条目是"把这门课推荐给一位密友的可能性"）。进行差异分析的结果是：$F(1,18)=44.31$，$p<.001$。

关于课堂上的不文明行为的结论

总体上看，课堂上的不文明行为在我所观察的所有新教师的课堂上都是常见的，而不是不常见的，它破坏性地和令人沮丧地出现在了我所追踪调查的新教师的三分之二的课堂上。在大型的导论性的课程中，大约有一半的课堂显示了长期的、令人烦恼的课堂不文明行为模式；在更小型的课堂上出现的课堂不文明行为也更少。

在一切有着高级别的课堂不文明行为的课程中，学生和教师都常常报告他们遭受了干扰和挫折。但是无论在什么情况下，苦苦挣扎的新教师所注意到的课堂不文明行为都少于他们的学生所注意到的。

普通大学教师对课堂上的不文明行为的察觉

具有讽刺意味的是，对课堂不文明行为的本质和倾向有着最敏锐的意识的大学教师遭受它的可能性反而最小。他们是我所观察过的四门课程的新教师，在这些课程中，课堂不文明行为几乎不存在，而其他的属于模范教学的指数——例如热情、节奏和条理清楚——却得分最高。此外，模范教师很可能通过保持亲切感和社交性的激励来预防课堂不文明行为,也可能通过把课堂不文明行为的开始转化成解释、新起点与善意的幽默的机会来预防它。

另一方面,为什么苦苦挣扎的大学新教师常常忽视课堂不文明行为?有时候,他们因为太紧张和太自我中心而没有发现它。而且他们常常过分地执著于教学的内容,而不是过程。当他们感受到课堂不文明行为时,他们的常见态度令人回想起了医生们在遭到病人的抵制时的普遍反应:教师所提供的东西是绝对有价值的,而当学生阻挠教师时,受害的只能是学生们自己。实际上,课堂不文明行为级别很高的新教师和老教师都经常作出像专科医生和心理分析师一样的反应,即认为学生的抵制仅仅证明了他们难以理解正在讨论的材料。尽管有了这种托词,这些大学教师本人的理解也常常好不到哪里去。我们中很少有人曾经被告知课堂不文明行为的本质或者它的预防措施,我所追踪调查的大多数新教师在刚开始上课时都会被课堂上的喧闹所困扰(一个典型的评价是:"这些学生肯定不是与过去的我一样的学生。")。

课堂上的不文明行为的危害

在这些直接的观察研究中得到的另一个发现是课堂不文明行为的深远影响。存在大量的课堂不文明行为的课堂和没有课堂不文明行为的课堂之间的差别是惊人的。有了持续不断的课堂不文明行为,学生会普遍变得越来越缺乏参与性、充满敌意和争强好斗。与此同时,他们的教师会发现自己看似无辜的评价和手势(常常是无意识地产生的)逐渐演化成了与学生之间的争执。即使当这种课堂不文明行为仅仅限于某个被教师和学生视为课堂破坏者的单独的学生时,教师也会惊奇地发现教学将因此变得多么的困难——而且其他学生认为教师应该对没有压制住这个破坏者负责。

在我所密切观察过的数百位大学新教师中,关于无法处理和无法平息的课堂不文明行为的经历都构成了一个有可能毁掉他们的教师事业的转折点(博伊斯,1993a)。为什么?因为大学新教师在最初的两三个学期里常常把大部分的时间用于备课(即使在研究型大学里),而一旦他们在教学上失败了,他们就会失去自信,从而无法面对科研/学术和同事关系/工作交往中的挑战。一旦被课堂不文明行为所压倒,有前途的新教师就常常决定放弃大学教师的事业,尤其是女性和那些一开始就感到自己被边缘化了的新教师。一件具有讽刺意味的事情是,学术圈之外的人会想象出版发表的压力才是我们唯一真正的困难。另一件具有讽刺意味的事情则是,我们这些住在象牙塔里的人会习惯性地想象课堂不文明行为要么是一个不适合讨论的话题,要么是一个关于越来越糟糕的学生的不可避免的征兆。

大学教师在课堂上的不文明行为中的角色

在这项研究中,最重要也是最容易被忽视的一点是:教师是课堂上的不文明行为的首要激发者。而且在通常情况下,他们最明显的激发活动出现在开课的头几天里,就是当每个人都最容易留下关于他的印象的时候。顺便提一句,在以困难著称的课程里,这些激发性的课堂不文明行为并不是更为多见,学生的反对也不是更长。

在我刚才提到的干预性研究中,教师只要向学生展示了一点点的亲切感,他们的课堂上的不文明行为的级别就会出现明显的、稳定的下降,而且各种学生对他们的教学评估也会出现同样稳定的上升。

课堂上的不文明行为与你有什么关系

在最理想的环境中,或许是在最独一无二的大学里,你可能只会遇到最文明、最容忍的学生。或许在一个没有人讨厌你或者妨碍你的课堂上,你会感到非常有趣、敏锐和愉快。即便如此,你仍然有理由练习这些减少课堂上的不文明行为的方法。如果你展示了亲切感和积极的促进因素,证据将显示你的学生学习得更好。而且事实将证明你工作得更加舒适和更加成功,哪怕你没有遇到那些试探你的忍耐极限的学生。新的挑战每天都在产生。

本编概要与恰到好处教学法的推广

首先回顾一下,在本编的前八章里所介绍的八条适度的规则:

1. 等待、反思和学习,而不是仓促、急躁和冲动。
2. 尽早开始真正重要的工作,在感到准备充分之前。

3. 利用短暂的、效率高的时间工作。
4. 及时停止，在效率递减的转折点到来之前。
5. 缓解对你准备或讲述的内容的过度迷恋，以及对批评意见的过度抵触。
6. 调节消极的思想和强烈的情绪。
7. 让别人——甚至让你的批评者——分担一些工作。
8. 带着同情进行教学，带着亲切和理解进行交流，并且由此减少学生（和教师）的不文明行为。

在其他地方（例如，博伊斯，1996b），我曾把这些准则称之为"头等原则"（First-Order Principle），因为它们具有首要的特性。在学习如何教学的过程中，这些头等原则是如此基本的方法，以至于那些未能实行它们的教师常常付出不必要和不情愿的辛劳。你已经看到了缺乏头等原则的帮助给教学带来危害的普遍方式：仓促的讲述、令人不快的备课过度、对学生的困惑和挫折的急躁反应、精疲力竭和灰心丧气。

有件奇怪的事情同这些简单的过失有关，那就是大学教师很少接触到它们的纠正措施。我猜想，这是因为大学当局更愿意相信头等原则仅仅适用于那些所谓的教学专家，而这样的人早就学会了如何以最佳的速度、有效的移动和平稳的情绪进行教学。

在以前的作品中（例如，博伊斯，1996b），我指出了头等原则怎样有助于新教师做好各种更加复杂的教学改进的准备，关于它们的建议经常出现在针对大学教师的指导书中（麦柯基，1994；魏玛，1990），其中包括让大学教师用讨论取代大部分讲述的劝告。

参与这个教学研究方案的大多数研究生都自发地阅读了各种关于教学改进的书籍和文章，并且利用可供选择的建议进行了实验（详见下编）。他们常常（但不是全体的）在不久后转向基于讨论的教学就是一个例子。通过对头等原则的沉思而促成的更高级别的转变在教学中同样被判定为必要和出色的转变，至少是对于那些长期参与该方案的人而言。

把头等原则推广到教学之外的活动

头等原则的最有价值的延伸是富有成效的和舒适的学术写作的方法。其中的原因可能会让你感到惊讶:一旦头等原则被同时体现在了教学和写作的背景之中,写作对教学的重新阐明将使它变得更加简单和更有教益。

在向你介绍这一点时,我似乎说得有点多了。但是这个指出教学可以如何促进写作的机会可能会让你潜心读完本书的另外一章。读者如果把这些重要的头等原则同时运用到教学和学术创作之中,那么与仅仅注重一个方面或者另一个方面的参与者相比,他们在两个方面的进展都可能会更好。这是事实。

来自模范教师的证据

我怎样才能宣称同样类型的头等原则(例如,耐心)可以同时促进教学和写作呢?部分是通过广泛的访问和观察模范教师(此外还有那些在工作时带着最显而易见的轻松的新教师,以及引起了学生的认可和学习的新教师)。他们几乎都能回忆和证明他们如何依靠这些头等原则履行了教师和写作者的职责:

- 注意到:从长远看,教学和写作都会因为急躁的冲动及其疲劳而进展缓慢。
- 两者都会因为避免狂热及其高亢情绪并且赞同短暂而有规律的工作时间而获益。
- 对两者的早期准备都带来了更多的快乐和思索。
- 短暂而有规律的工作时间在两者中都带来了更多的思索、修正和清晰。
- 两者都需要强烈的、敏锐的听众意识来减少曲解和冒犯。

上文所暗示的另一个关于模范教师的事实是特别有意义的。在到校后的头六年里,这些"敏捷的起跑者"不仅在教学上获得了高度的评价和理解,而且在写作/出版上也最有成效、最为成功。尽管如此,关于一个领域的技能可以推广到另一个领域的证据还是更多地依赖于我的研究方案的结果,在我的研究中,其他的新教师也展示出了教学的头等原则并且随即把它们运用到了写作之中(当然,还要对比那些完全没有参与该方案的对照组,甚至对比那些把恰到好处的方法仅仅运用在一个领域或者另一个领域之中的新教师)。

来自参与者的普遍证据

在一个长时间的相关研究中,我指导 20 位苦苦挣扎的新教师在教学和学术写作中同时运用了这些头等重要的原则(博伊斯,1995a)。他们中的一半人在第一年里把头等原则运用到了教学之中,并且在第二年里把同样的头等原则运用到了写作之中。我还指导过另外 20 位新教师(在长达 10 年的收集主题的过程中),其中 10 位把两年的时间完全用在了写作上,还有 10 位把后面的两年用在了教学上。

与那些在第二年里继续进行第一种模式的练习的同辈相比,练习了第二种工作模式(教学或写作)的参与者显然要更加投入、适度和满意。在对学生的理解力的评估中,得分最高的是把第一年用在写作上的教师。在对写作的产量和质量的评估中,得分最高的是首先练习教学的头等原则的写作者。甚至在学生的正式教学评估中,成绩最好的还是那些已经运用了恰到好处的写作方式的教师。

这些结果为我们提出一个更普遍的问题创造了条件:认为优秀的教学和优秀的科研势不两立的传统观念是不是错误的?对它的回答很简单:毫无疑问。

针对写作者的头等原则就在后面的中编里。你已经知道我为什么鼓励你至少浏览一下它的原则,哪怕你已经计划留在一个似乎不关心你是否发表作品的校园。在真正的实践中,你将发现你越是更加清晰和轻松地思考和写作,你就越会更加清晰和轻松地思考和教学。

中编　不再为写作学术论文挣扎

专注*写作法的基本原理

为什么针对大学青年教师的建议常常不包括写作呢？传统认为大学教师已经知道怎样承担写作者的工作，毕竟，几乎所有的大学青年教师都写过论文或者学位论文。因此，习惯把大多数针对大学青年教师的建议都限制在了教学方面，因为在研究生阶段，教学看起来比写作更不容易把握（或者检验）。学术界通过声称写作水平的提高必然会牺牲教学（反之亦然）而进一步加强了这种狭隘的观点，它甚至设想关于教学和写作的建议依赖于迥然不同的和相反的专门知识。另一个事实也加强了这种观点：大多数针对大学青年教师的指导书都出自那些重视教学胜过重视科研的学者，而这种习惯性的强调是可以理解的。

这种习惯性的、片面的观点——利于教学而不利于写作——对大多数大学青年教师有何影响呢？通过对众多大学里的数百位新教师的研究，我发现结果是灾难性的。按照定期归入院系档案的工作记

---

* "专注"一词是西方心理学家使用的一个术语——"mindfulness"的意译，该词在国内心理学界常被译为"用心"，但综观该词在本书中的语境，还是译为"专注"更合适。——译者注

录,大多数大学青年教师都在勉强从事着学术作家的工作。在到任后的第一和第二年,有超过三分之二的人实际上未能创作出任何"有价值"的东西,尽管他们在为这段关键时期制定的早期计划中列入了可观的创作量(博伊斯,1992)。对于大多数新来者,尤其是对于那些为事业所困的人而言,这种在写作方面的沉默常常会持续到第三或第四年,有时还不止。同时(正如第八章所描述的),大多数新任大学教师在执教方面也有着一个笨拙的、浪费时间的开始,甚至是那些阅读过传统的指导书的教师。

根据我的研究,大多数大学青年教师为了写作而挣扎的原因在于

1. **他们在研究生阶段没有学会怎样进行流畅、持续的写作。**相反,大多数人在撰写各种方案和学位论文时都是无规律的、痛苦的,并且常常把写作的时间拖延得比自己想象的还长。在大多数学科中,完成学位论文的平均时间——从课程和资格考试被通过,研究方案被接受,资料被收集和分析开始——目前需要持续4年左右,这个年限取决于学科的差异,而且还在继续增长之中。大量惭愧的研究生停留在除博士论文之外全部完成(ABD*)阶段长达10年甚至20年之久。许多非主流社会的研究生始终未能结束这个阶段。

2. **他们大都学会了孤立工作。**根据我对那些处在学位论文写作阶段的研究生的直接调查,导致他们在写作时出现痛苦和拖延的一个首要原因是:按照传统,撰写学位论文的研究生会被留在那里独自工作,而很少得到及时的指导,并且可以预见到他们不会把自己写出的材料提交给委员会,除非它已经基本上完成和完善了。不管结果是好是坏,这种独自进行写作的模式及其对完善性的过高要求将很容易延续到大学教师的职业生涯之中。

3. **写作在本质上似乎更加困难。**它的预定计划在学术界常常是没有最后期限的,而且很少有短期的明确要求和截止日期(在撰写博士论文的情况下,连长期的也没有)。相对教学而言,

---

* "ABD"是英文"all but dissertation"的缩写,亦可译为"准博士",但我们采用了直译法。——译者注

写作不仅更容易被推迟,而且往往因为其中带有不确定的因素和痛苦而受到拖延。写作——至少在刚开始的时候——不能迅速使人们从做得不够的感觉中解脱出来,而教学则有可能。

4. **写作常常是神秘的。**实际上,我们中很少有人的研究能够有助于理解写作所带来的奇特的挑战。只有少数学者(例如,威斯曼,1993)曾经有效地解释过这些困难的根源,例如:(1)一种显然来自充满灵感的诗歌时代的期望,即等待缪斯和机遇来为我们创造一次独特的、才华横溢的写作;(2)大脑机械论,即主张通过非语言的意象来推动写作过程,并且通过强烈的情感或者深邃的冷静(在理想的时候,还要加上某些思想提纲或者写在纸上和屏幕上的构思)来把这些意象化为正式的文字。在缺乏了解的情况下,我们太容易想象写作是以神奇的方式进行的,而且没有明确的规则和理解。

5. **我们大多数人都对那些关于写作本质的错误观点印象深刻,这大概是在我们的学生时代形成的。**其中居主导地位的一种错误观点认为,最好的写作是在不受干扰的大块时间里完成的,在那时,作者才终于有了冲动和灵感,而且他们写出的作品才是自发的和杰出的。问题在于,盼望这种理想状态的作者可能要等上很长的时间。第二种流行的错误观点认为,好的写作不需要提纲或者其他的认真准备,它最好出现在一次单独的和自发性的活动之中。

6. **大学青年教师在从事写作时常常带着要么不干、要么干完的想法。**在最初的几年里,当我们处于忙碌之中和压力之下时,我们太容易相信我们只能要么掌握教学,要么搞好学术写作,但不能两者兼顾。因而一些指导书(例如,莱茵歌德,1994)奉劝大学青年教师推迟写作,直到学会了教学。但由于缺乏有效的教学实践,这种等待会持续太长的时间。

7. **在未能完成他们为工作的头三年制定的写作计划时,大学青年教师有着一个如此现成和诚挚的托词,以至于他们看不到其他可供选择的解释。**他们几乎总是说他们忙碌得无法进行写作。在大多数情况下,他们感到教学的负担过重——准备课程资料、批改试卷和测验、保证办公时间——以致无法进行适当的写作。他们抱怨持续不断的教学要求和委员会的工作几乎没有给他们留下不受干扰的大块时间来进行他们所认为的那种适当的写作,或者声称当他们整天忙于其他事情时,他们没有剩余的精力和兴趣来进行写作。

8. **大学青年教师常常把简单有效的写作方式视为违反直觉的甚至侮辱性的东西而加以拒绝。** 也就是说,他们更愿意做他们想象中的天才作家所做的事情:挣扎并且痛苦,但依然在不受规则约束的情况下完成了最好的作品。尽管事实上,与不受规则约束的自发性相比,持之以恒和适度具有产生更大的创造力和更好的作品的功效。我已经在前面的章节中提供了关于这种功效的实例。

当写作者避开这些功效时会发生什么情况呢?他们会因为自己无法形成和传达令人兴奋的观点而感到失望,并且会因为自己丧失了事业的前途和机会而绝望(即便是在教学型的大学中)。当写作受到拖延并且随后受到最后期限的驱使时,压力也会随之而来。而且最终,当我们在不得已的情况下进行写作并且没有时间进行思考和准备时,对写作的厌恶便产生了。(想象一下处在类似情况下的性欲。)

在我所观察研究过的大学青年教师中,有多少人在完全依靠无意识的自发性的方式进行写作时看到了持久的、创造性的成果呢?没有。有多少人在要求有可供出版的写作手稿和有资金支持的研究方案的大学里通过了终身聘用/续聘的程序呢?几乎没有。难怪我们中真正为了出版而写作的人数是那些希望和打算这么做的人数的平方根(博伊斯,1993c)。

正如在关于教学的第一章中一样,模范的大学青年教师展示出了更好的写作方法:他们通过学习在短暂的日常时间里工作而进行了写作,而这样的写作最初看起来似乎不可能是短暂的。他们学习简化和澄清写作的方法,甚至去享受它。他们的持之以恒和适度不仅产生了更多的手稿,而且增加了它们在出版后赢得好评和销路的可能性。

另一个让那些事业兴旺的大学青年教师不同于他们的苦苦挣扎的同事的原因是,这些敏捷的起跑者工作得更有效率,他们工作的方式甚至比我们在本书中所讨论的还要深入。模范教师们对他们的写作工作是"专注"的。

专注与写作有何关系

在你的第一反应中,专注与写作似乎属于不同的世界。专注意味着对当前时刻的冷静注意。它的基础——在此地、此时,有着清晰的观察和同情——通常是在一种沉思的状态中实行的,而且专注的实行常常以脱离思想和外在行为的意识为目标:

> 在进行沉思时,我们不是在试图实现某种理想——恰恰相反。我们是在陪伴我们的经验,不管它是什么……是在注意正在发生的事情——这便是关于当下的意识的教导。
> ——佩马·乔均(Pema Chodrin)

> 专注的实行意味着我们每时每刻都要充分地委身于当下。没有"表演"。只有现在。我们不是在试图升入或者前往任何其他地方……(而是)在静止中沉思和在没有反应和判断中观察。
> ——琼·卡巴特芝恩(Jon Kabat-Zinn)

另一方面,写作常常被描述为压迫理智和刺激情感的苦差事。甚至一些大名鼎鼎的作家也会在写作的过程中拼命挣扎和遭受痛苦:

> 它并非一个迅速而轻松的过程,而且在查尔斯·狄更斯的整个写作生涯中,一篇新小说的初创阶段的征兆都是一样的。"强烈的不安以及对故事情节将会进展到哪里的茫然……"狄更斯变得焦躁、孤独、出神。……在每本书的完成时期,他几乎和开始一样焦躁,而且他将再一次陷入"忧伤的情绪"。
> ——彼得·艾克罗伊德(Peter Ackroyd)

当情节进展不是很顺利,人物角色还未形成的时候,约瑟夫·康拉德开始受到神经衰弱的折磨,这削弱了他写作的企图:"我的神经错乱折磨着我,使我心情恶劣,并且麻痹了我的行为、思想和一切东西！我问自己为什么要存在。这是一种恐怖的状态。甚至在间歇的时候，当我本以为我会好起来的时候，我也生活在害怕回答这种痛苦症状的恐惧之中……在这种完全泄气的消沉中，笔从我手中滑落了。"

——迈耶斯（J. Meyers）

甚至那些不太精明或不太出名的作家也不希望他们的写作方式成为专注之中的平静和耐心。为什么？因为他们像我们一样，学会了一种在缺乏专注的忙乱中写作的方式，而在那种情况下，我们的疯狂将暂时盖过我们的恐惧和怀疑，而且因为我们中的大多数人都认为写作是与截止日期、精疲力竭及批评意见相联系的。

为什么我们中没有更多的人找到有吸引力的、创造性的写作方法来取代这些缺乏专注的、没有乐趣的方法呢？因为用来进行专注的写作的方法还没有显而易见。但到那时，两者都不会有专注的生活方式。因而我们中有太多的人在按照我们写作的方式生活：生活在持续不断的繁忙、焦虑和心力交瘁之中。专注的方式更简单、更健康，也更值得提倡。

你可能已经在练习耐心的、善于思考的和注重交往的教学方式的时候（上编）初步地了解到了专注的工作方式。你如何才能了解到专注的方式的其他方面，特别是与写作有关的方面呢？作为第一步，要看看那些异常流畅的作家是怎样让专注成为他们工作的中心的，然后再看看那些有魅力的冷静的作家是怎样解释专注的方法的。

特殊作家所暗示的专注实践

关于专注有助于作家写作的暗示绝不是什么新东西，只是不普遍和通常不为人所知而已。一个关于专注的洞察早就被那些在他们的工作中同时取得了成效和健康的作家们所亨用，那就是我们在这本书的开头所看到的亚当·斯密的一个发现：持之以恒和适度会带来最多的成果和长期的健康。受此影响，他认为所有的工作者，包括作家在内，都会通过在他们的工作中保持当下意识和耐心，并且通过不带强烈的情绪的有规律和有乐趣的工作而获益。

作家的通常体验则是完全不同的，一位名叫斯坦利·卡尔诺

(Stanley Karnow)的作家的评价非常典型地表达了这种体验,他的评价出现在一个专门介绍杰出的作家的电视节目《读书札记》(兰布,1997)之中:

> 我从未听说过有视写作为乐的作家。

事实上,在民间传说中充满了那些关于把写作比喻成打开矿脉、接受拷问或者与魔鬼订立契约等更加困难的恐怖笑话。

在运用了持之以恒和适度的那些多产而健康的作家中,有一位叫安东尼·特罗洛普(Anthony Trollope, 1883)。他不仅在承担创新性的、全日制的邮政工作(他发明了街头邮筒)的同时找到了写作的时间,他的持之以恒和平静的风格还使得他的写作变得轻松、新颖和多产。

甚至一些不能在自己的工作中找到冷静和清醒的作家也会利用写作来改变和改善自己。例如,按照怀特(E. B. White)的推测,如果我们把专注的写作当成一种刻画我们的"人物"的手段,就会比在写作前提高自己的做法起到更好的效果(埃里杰,1984)。其他的作家,如特迪·罗斯福(Teddy Roosevelt)则会在沮丧的时候通过写作来消除自己心中的悲观思想和不良情绪(莫里斯,1979)。曾经是弗洛伊德(Freud)信徒的奥托·兰克(Otto Rank)会首先通过写作来寻找解决神经官能症的方法,然后再通过放弃公开的写作来把这种创造力用于排他性的服务,即简化自己的个性(李伯曼,1993)。

当代作家所暗示的专注

安妮·拉莫特(Anne Lamott)在她最畅销的小说《比翼双飞》中描述了她的父亲怎样通过每天进行写作训练的方式来学会"注意"(即专注),并且对他自己的生活负责。专注的写作方式不仅教会了她父亲(可能也包括她)怎样完成任务,而且使他看到了写作会怎样震惊、激励和教育作者。她的读者究竟怎样才能达到类似的效果呢?有些线索,但并不具体——例如,拉莫特的令人愉悦的幽默感和自我反抗意识可能就是她使自己通过专注来避免过于严肃和过于个人化的写作的结果。

娜塔莉·歌德堡(Natalie Goldberg,1994)的小说《又长又静的公路》甚至更加贴切地解释了适合于作家的专注方式。她认为沉思和写作是互补的,因为二者都依赖于我们的自我"释放",并且都扎根于我们的内心之中。从她的经验来看,写作会把我们与我们真实的感觉和思想联系起来。耐心和持之以恒地保持这种联系可能变成我们每天练习专注的方式——用来代替那些没有外在活动的专注练习,例如沉思。

还有更多的线索。思考一下几本出自研究专注的专家的畅销书。在对专注与写作的相互作用的初步考察中,我吸收了三本受到欢迎的畅销书的大部分内容:希尔维亚·布尔斯坦(Sylvia Boorstein)的《不要只顾做事,坐下来》;佩马·乔均的《当事情弄得一团糟时:记住对困难时刻的忠告》;琼·卡巴特芝恩的《你到了哪里,你就在哪里》。此外,我还参考了更多的科学著作,例如,心理学家艾伦·兰格(Ellen Langer)的《专注》。经过选择,我将专注的类型限定在了七种相对简单和符合常规的实践方法之中。在每一点上,我都大胆地发挥了这些作家所建议的将专注运用到写作之中的方法:

1. **作为清醒的专注**:清醒的经验始于一个基本的活动,即停下来注意你对当前经验的习惯性反应。清醒会提醒我们在何时陷入了盲目的思想或者冲动的行为,从而不知道我们为什么要做我们所正在做的事情。一旦清醒了,我们就会变得更加清醒和关注。我们甚至开始意识到我们常常利用盲目的忙碌来逃避和避免有风险的工作,例如为了公开发表而进行的写作。

2. **清楚的看见(clear-seeing)**:我们越是停留在对此时此刻的清醒状态中,我们的看见就越是清楚和客观。有了清楚的看见,我们就开始注意到我们往常的挣扎如何导致了痛苦。关于天才们在某个单独的时刻创造出了杰作的完美神话就是一个很好的例子,只要我们能够注意到这些错误的信念如何导致了不必要的压力和复杂的工作。清楚地看见我们工作中的重要部分有助于我们抛弃那种依靠加速、完美主义,以及作为它们的近亲的拖延和障碍来获得短暂的情感放松的陋习。

3. **平静的功效**:伴随着清醒及其清楚的发现而来的是一种无须受到严格约束的功效。只要注意我们在何时何地做到了专注,我们就会体验到更大的自由、更多的创造性和更强的决心。通过停留在当下和注意到我们所体验的功效,我们就学会了把更少的精力花费在不必要的挣扎以及它的同样无效的对立面——冲动上。当我们把自己的心灵用来发现需要做什么和能够做什么的时候,我们就会更少陷入恐慌、疑虑、冲突或者茫然的不关注的行为之中。通过平静地接受此时此刻的启示,我们就会促使写作之类的工作变得更有思想和创造性。

重申一下,工作中的专注等同于对一个过程的追求——其对立面则是对一个成果的追求,在后一种追求中,我们的工作的主要原因是写作量、公众的认可以及外在的报酬。注重过程的工作方式所关注的是在此时此刻、在我们能够有效地工作的这一刻的停留与学习。过程意识及其在此时此刻的平静和思考会加强决心,并且减少对情绪和环境的依赖。它的功效中还包括一种惊奇的对时机的真实感受(例如,意识到像写作这样重要的工作应该开始于现在,而非未来的某个不确定的时刻,例如我们所盼望的某个有着更好的环境和更多的自由时间的时刻)。

4. **摆脱过度的情绪与忙碌**:专心致志地慢慢回到此时此刻会以一种适度的节奏来使我们平静下来。它的清楚的看见鼓励了抉择和行动中的思考与耐心,否则的话,它们就可能是不得已的、盲目的和疲惫不堪的。而且当我们注意到匆忙和忙乱在写作之类的工作中造成的长期损害时,我们就会戒除旧的积习,例如仓促行事,以及老是希望只要我们工作得更卖力、更迅速,就会有一个更好的环境或者自我躺在我们的前面。没有了工作中(例如,写作中)的盲目与忙碌,我们就能用友善来取代对自己甚至对批评者的急躁。

对长期的极端情绪、无休止的厌烦及其幻觉的摆脱意味着工作中更加从容和更加愉快。它意味着更少地依赖于近似疯狂的情绪化的冲动,更少地遭受令人衰弱的沮丧以及伴随着不适度的忙乱的悲观。更明确地说,它意味着一种去做重要的和有价值的工作,而无须抵抗情绪的干扰和讨厌的自我怀疑的自由。情绪反应的适度也有效地杜绝了对批评的恐惧。具有讽刺意味的是,这种与恐惧保持距离的态度有助于我们与自己、读者和批评者的联系。我们的恐惧越小,对我们的所见所闻就越耐心和越容忍。

5. **沟通和同情**:当清楚地发现别人也会像我们一样沉迷于心不在焉的行为之中时,我们就会对他们的缺点和批评表现出更多的耐心和理解。而且当我们感到沟通更多时,我们就能抛开孤独所带来的悲观情绪,并且避免心不在焉和写作障碍所导致的最常见的牺牲。沟通有助于我们更加同情地对待拒绝和批评,因为当我们的交流未能马上达成一致时,我们很少愿意指责别人。我们沟通得越多,就会越早发现我们有可能受到误解的地方。

6. **抛开(letting go)**:在专注活动中获得的清楚看见和同情有助于放松我们。它们鼓励抛开对自我的盲目服从,并且鼓励对过程的注重——对作家来说绝非小事,包括我在内。抛开自我意味着要抛开它为了使我们获得普遍的尊重和喜爱而提出的争强好胜的要求。当我们停止抓住自我所要求的确定性和预见性不放的时候,我们在此时此刻的工作就会更加轻松和更加满足。不再企图重现过去或者把握未来使我们在一种追求过程的工作方式中获得了解放。反过来,这种解放又为我们带来了更大的信心、更多的乐趣和关注、更强的冒险精神和创造力、更加热爱工作、更持久的流畅性。最终,所有这一切都教会了我们为了工作本身的缘故而享受工作,而这正是健康的勤勉工作的根源。

7. **自我训练**:我们刚刚看到的建议是通过专注的方式来产生出平静、耐心、清楚的发现、有效的活动、沟通和容忍。在这些过程中,包含着一种通过自我克制来使我们从缺乏专注的匆忙或者精神错乱的压抑中清醒过来的训练。它们所包含的意志和体恤就是去停顿和反思、留驻在此时此刻,甚至在效率降低、疲劳侵袭以及有其他更重要的事情可做时及时停止工作。因此,当我们耐心地留驻在此时此刻,没有其他意愿,而只想体验当时发生的事情并且注意何种活动可以达到或者改变目的时,这种训练就完成了。它的结果之一就是一种注重过程的工作方式，这种方式有助于我们忘记那些迫使我们匆忙、忙乱和过于迷恋的强制性的冲动。

　　幸运的是，这些训练并不需要传统训练所热衷的那些折磨人的方法（例如，把自己锁在一间寒冷的屋子里，光着身子，直到完成了当天的写作要求）。这种针对专注的自我训练是更加温和的。总体上看，它所依靠的方法是通过留驻在当下来告诫自己离开盲目的思考、希望的丧失、冲动的行为，或者对结果的执著。正如所有的自我训练一样，专注需要通过有规律的实践才能变得有效果和更容易。写作也一样。

　　我们怎样使我们的自我训练符合专注训练的标准呢？准备好在我们注意到自己陷入了缺乏专注的状态时马上恢复清醒。还要持之以恒地以一种注重过程的方式来工作与生活（并且因此为了工作和此刻本身的缘故而享受它们）。

　　在这里所列举的七种专注的方法中有没有什么遗漏呢？我们迄今尚未看到更多关于如何掌握这些方法的暗示。到目前为止，我只是申明了这些专注的方法可以帮助写作者找到流畅和舒适。在开始为它们提供具体的说明和证据的时候，我要对那些使我意识到了专注的写作方式的观察加以归纳。

专注的写作者做了哪些与众不同的事情

　　当我在大约 30 年前刚开始帮助大学青年教师进行写作时，我并不清楚他们在多大范围和多大程度上被这项工作所困扰。我曾经在书本上读到过写作障碍的戏剧性影响，而且我知道写作中的问题有时会导致事业和生活的失败。但直到我研究了那些未曾向我求助的大学青年教师之后，我才意识到了写作中存在的普遍低效和痛苦。似乎赢得了成功和明显的欢呼的写作者在写作时遇到的苦恼常常不比那些有着巨大的写作障碍的写作者少。

　　我惊奇地发现我所研究过的几百位作家几乎都认为自己在写作时遭受了痛苦。更惊奇的是，他们中的许多人都认为痛苦对于良好的、创造性的写作来说是必要的。（在中编的后面，我将说明这种常常被称为"创造性的疯狂"的合理性。）但让我感到宽慰的是，我发现他们中大约有 3%～5% 的人已经开始舒适而有成效地工作了。我很快得出了他们成功的关键在于专注的结论。至少是在他们的工作方法上，看看你是否同意：

1. 模范的写作者（教师）**耐心地工作**。作为写作者，他们不会冲动地仓促投入写作，相反，他们冷静地准备和重新安排前期材料，直到思想的积累使写作成为必然。结果，他们比一般大学青年教师产生了更多健康的动机和有用的想象。
2. 模范们**有规律地和持之以恒地进行写作**，但又带着适度。他们花费的时间和精力在总体上少于那些在巨大的忙乱和最后期限的压力下工作的一般写作者。从长远看，他们也比其他写作者创作出了更多更好的作品。
3. 模范们的**情绪在写作时趋向于温和与稳定**，不时被平和的"不做了"与适度的欣快的偶然交替所打断。他们的作品产量也是同样稳定的，尽管他们所采用的追求过程的写作方式很少产生对写作成果的焦虑。
4. 与其他写作者相比，这些专注的写作者**在写作时遭受了更少的不确定性和更小的痛苦**。事实上，模范们乐于注意他们在写作中得到的快乐、发现和技能。
5. 这些"敏捷的起跑者"在**欢迎批评方面是相当出色的**。他们甚至让别的读者、写作者，特别是批评者分担艰苦的写作工作，即让这些人具体指出有哪些地方没有得到完全的、轻松的和能引起共鸣的表达。
6. 最为突出的是，这些模范们**把注意力集中在各个可以被称为专注的功效的方面**。例如，及时地展开工作，以及在更少的时间内完成更多更好的工作。尽管专注的写作者展示出了一种超然于他们的写作之外的很好的幽默感，但他们还是努力进行朴素的、不浮夸的写作。为什么？显然是因为他们渴望熟练的写作所带来的享受。

我没有完全意识到这些模范们的写作风格，直到我把它们与专注的写作方式中的类似信息加以了比较。当我把这两组信息并列在一起时——第一组是专注的实践练习，第二组是模范们的写作习惯——

你可能像我一样开始看到这种相似性。

七种简单的专注实践

- 保持清醒并且停留在此刻。
- 清楚地看见需要做什么和能够做什么。
- 保持平静的功效,包括时机。
- 摆脱毁灭性的情绪。
- 与自己和他人的沟通和同情。
- 抛开。
- 温和的自我训练。

重申模范的写作风格

- 意识到在仓促形成文字之前需要做好准备。
- 及时停止的耐心(反过来,还有及时开始的耐心)。
- 看见需要做什么并且持之以恒、适度地去做它。
- 平静的情绪和更小的痛苦。
- 更加同情自己和批评者。
- 针对令人愉快的功效的自我训练。

在中编的以下几节中,我把专注的写作方式翻译成简单易记的规则和练习。我为什么要解释这种常常不言而喻的写作知识——我的一些批评者认为它们对于我们中那些"天生的写作者"来说是不证自明的(我们中很少有人有值得一说的东西,这个观点是我所喜爱的一位批评者在她担任美国心理学会主席的时候提出的)？第一,因为我发现有太多存在着我所说的问题的写作者,尤其是那些非传统性的大学青年教师在通过痛苦的试错法来学习写作——如果从总体上看。第二,因为我一直注意到很少有从事写作的教师阐明过如何进行舒适而流畅的写作的方法。第三,因为我了解到几乎所有的大学青年教师,甚至是那些有优势的人在充当写作者时能够利用专注来找到多得超出他们想象的轻松、快乐和产量。

十种专注的写作方法

中编的 10 章(第九章～第十八章)概述了我从模范的写作者那里学到的并且运用了的知识。在每一章里,我都提出了某些专注的写作方式,例如,通过平静和放慢节奏来保持清醒。我还描绘了一般作者在沿着这条道路前进的过程中所要经历的拼搏与成功。在上文中,我总结了我为什么把这些简单而有效的方法称为专注的方法的几点原因;在下文中,我将通过诉诸经验性和实验性结果的方法来把专注与健康而有效的写作方法联系起来。其中的好处包括没有繁忙、没有匆忙,以及从来不会被完全困住的生活与工作。根据我的经验,这些正是大学青年教师最需要的。

第九章
等　　待

　　我们中的大多数人已经知道怎样进行写作者的等待，就像我们在等待教学水平提高时所做的那样——消极地，缺乏专注地。我们在等待缪斯和盼望奇迹的过程中推迟写作以指望出现更容易的事情。而且我们企图拖延写作的辛劳，直到精彩的想法和不可抑制的灵感涌现出来，并且使写作变成自发性的活动。有时候这样的奇迹的确会发生，但其出现的频率并不足以应验到大多数写作者的身上。在更多的时候，消极等待是误事的，并且会延误真正的写作。消极等待是心不在焉的孩子和拖延耽搁的父亲。

　　消极等待的作用是不可靠的，因为它的活动是盲目的，并且依赖于神秘的、非理性的、不可预测的力量，例如自发性。消极所带来的摆脱现实的短暂轻松感是误导性的，因为它终将使写作者感到绝望、无能为力和陷入困境。从长期的效果看，消极等待将使写作者暴露在两个残酷而无效的压迫之下——最后期限的压力与追悔莫及的不安。消极等待通过诱发太多糟糕的开始（例如，伴随着长期拖延而来的迫于最后期限的匆忙开始）和麻烦的结果（例如，受到痛苦和怀疑的阻碍和干扰的写作，因为事先设计的目标不清晰和不现实而停留在肤浅和未完成状态的写作）而妨害了写作。

是什么使得积极等待与众不同

　　乍一看，积极等待似乎与消极等待完全一致。积极等待同样意味着推迟写作，直到我们感到了必须开始和现在完成的压力。但积极等待并不是同样的逃避。它同时还在为预定的工作创造条件（就像那些容易入睡的人会在上床前使自己平静下来）。有了积极/专注的等待，写作和睡眠之类的事情就会变得不再痛苦,而且总是无须费力。

换句话说,心不在焉的等待常常导致一事无成,然而专注的等待则是不做(其外在表现就是不去忙碌)。因此,一位率先倡导专注的导师希尔维亚·布尔斯坦把她的书起名为《不要只顾做事,坐下来》。

积极等待需要耐心。这是积极等待与被动等待之间的另一个重要区别:积极等待似乎需要做更多的工作,至少在你习惯于它之前。首先,它涉及最困难的写作技巧:耐心。

当我们想做其他可以马上带来安慰的事情时(例如,先清理一下我们的办公室),耐心就是慢下来并且准备写作的必要条件。我们需要它来完成大量此时此刻的工作,来克制因为担心需要尽快完成而导致的紧张,来去除因为忘不掉过去的失望而导致的分心。

积极等待需要搁置怀疑。积极等待对于大多数写作者而言是一种新的、违反直觉的立场:"很难想象,如果我们通过某种等待来进行如此缓慢、耐心和周密的开始,我们就能最终完成更多的事情。这似乎不太可能。"因此,要想开始从中获益,你就可能要反思一下你往常的做事方式。我的培训方案的一位参与者带着这种情绪说道:"我的老办法用起来已经不太灵了,我最好还是试一下这个办法。"

积极等待意味着反思式的停顿。反思式的停顿所要反对的是冲动地作出最终决定或者写出正式文字。积极等待及其耐心通过拒绝急于出成果的压力而驯服了急躁。积极等待带来了一种明显的、清醒的当下意识,这种意识常常是有趣的,而与此同时,我们的写作也构思好了。它的清楚的发现有助于确保我们在正式的写作开始后去回答正确的问题,而且其耐心的体恤有助于写作者原谅自己那些不可避免的失误。最佳的写作首先是一个发现的过程,然后才是一种对发现的交流。最后,如果有必要的话,它还能展现一位写作者的才华。当我们把这个最后的目标放到第一位的时候,我们就会遭遇写作的困难。

更加有步骤、有计划的开始之所以被证明是令人愉悦的,是因为它们的平静、反思和投入的本质。它们还会带来一种在试图正式写作之前就已经胸有成竹的自信意识。换一种方式说,积极等待有助于使写作成为一种广义的自我教育。它被证明是如此有趣,以至于它把写作者钩在了写作上。此外,基于积极等待和它的耐心/准备的动力也比根植于冲动的急躁、不安的羞愧、最后期限的压力的动力更加可靠。这是事实。

关于等待的益处的实验证据

还有些东西可以使积极等待更有吸引力——对采用过它和没有采用过它的写作者的典型表现的考察。在我的研究中,最急躁的写作者不仅会仓促成文,他们还会把它变成试图同时做好几件事情的零碎工作。每一次,他们都努力去制定有意义的计划,去召唤动力,去进行流畅而连贯的写作。其结果却是所谓的"心力交瘁",而这正是令写作者们遭遇痛苦、拖延和障碍的一个普遍原因(海伊斯与弗劳尔,1986)。下面是我为了证明积极等待的价值而搜集的一些资料。

十位博士论文的写作者表现出了最大限度的急躁,首先表现在他们的评论中(例如,"我必须尽快启动,并且把事情做完;我非常忙,而且常常没有足够的时间写作。"),其次是体现在他们的行动中(例如,他们常常在自己坐在写字台前之后马上开始写作正式的文稿)。与十位最有耐心的博士论文的写作者相比,他们更有可能表现出在写作时的长期疑虑和遇到障碍的外在证据(也就是说,盯着屏幕或者稿纸长达15分钟以上而没有任何创作的时间,或者坐在写字台前长达一个小时而写不出一个句子)。这些最急躁的写作者也最有可能推迟预定的写作计划而去做某件更轻松的事情(例如,打电话或者回电子邮件),从而浪费了预定的写作时间。而且当别人问起他们打算多久之后恢复写作时,这些急躁的写作者最有可能把他们自己描述成障碍重重、处境悲惨的人。

更具体地说,与耐心的写作者相比,急躁的写作者在开始写作他们的博士论文之后的头三个月里遇到障碍/耽搁和遭受痛苦的可能性要比耐心的写作者多出五倍。相反,十位耐心的写作者在积极等待(即花时间耐心地构思写作,并且提前制作笔记/图表)和撰写初稿两个方面都几乎是极其出色的。也许正因为如此,同那些急躁的同伴相比,他们有:

- 几乎两倍以上的可能性去表达对他们即将承担的写作工作的

价值的信心。
- 超出三倍以上的可能性在开始写作后具体提出有用的创造性的观点。
- 大约三倍左右的可能性在撰写博士论文的头几周里提到快乐的、自我发现的经历。

为什么这样的实践经验没有得到普遍的介绍

我们已经知道部分原因：专注的写作方式没有在一个鼓励匆忙写作的文化氛围中得到关注和接受；传统认为最好和最聪明的写作者的工作是迅速的、自发性的、神奇的。认为天才是在一瞬间表现出来的，而无需大量的努力和准备，这只是一个可爱的浪漫想法，但它完全是虚假的（帕金斯，1981；西蒙顿，1994），在历史上出现的那些获得过灵感的诗人或许是例外（威斯曼，1993）。不管你喜欢不喜欢，事实总是把天才同持之以恒和适度联系在一起——还有本书中的那个老规则：恰到好处。

（我很抱歉，这些话听起来有点像狄更斯的小说《艰难时世》里那个"热爱事实"的托马斯·格瑞德格林德所说的，但是正如那个马戏团的小女孩曾经告诉你的一样，格瑞德格林德先生也很少对此作出解释或者表示忏悔。）

还有个东西会使我们难以放弃消极等待：许多作家，甚至包括我本人所景仰的那些成功作家是这样称赞它的：

> 作家的头等大事是——兴奋。他必须高度兴奋和充满激情。
> ——雷·布拉德布里（Ray Bradbury）

但是如果你这位信赖这些专家意见的写作者还没有准备好或者已经进入兴奋呢？你可能会去等待激情，却又不能肯定你除了通过忙乱之外还有没有其他招来激情的方式。如果等待灵感的时间似乎持续得太长，你也许觉得你缺乏写作的天赋。（如果是这样，你或许有助于确立一个你已经非常熟悉的、关于传统教给写作者的写作方式的事实：在那些能够写作和愿意写作的人中，只有"极少数"* 才能做到这种方式。）

---

* 原文为"square root"（平方根），意思是其中的极少一部分。——译者注

你最好再听听那些提倡更加积极和更加专注的写作方式的作家的意见，他们示范了如何在投入正式写作之前通过耐心的方式来激发自己的热情。这里有一个相当著名的关于这类建议的例子：

> 至于我的下一本书，我打算抑制自己去写作，直到我把它悬挂在我的心里：它在我的心里变得越来越重，就像一颗成熟的梨子，下垂、饱满，等着别人来摘，否则它便要掉下来。
>
> ——弗吉尼亚·沃尔夫（Virginia Woolf）

这里的关键在于抑制自己去进行现实的写作。它意味着在做好准备的过程中，你的外在表现必须是"不做"。这个活动是简单的，但不是普遍的，因为有同样一个老问题：急躁。

一个更好的学习积极等待的方法也许是观察模范们（按照我在导论和上编、中编中对他们下的定义）是怎样使自己与众不同的，并且去检验他们的哪些方法能够最容易和最有益地被其他更普通的写作者们所效法。这条途径是下文中和本书后面的章节中那些经过证实的练习的基础。

写作规则1：积极地等待。

写作规则1的非正式练习

第一个练习是通过用于平静和反思的停顿来开始几乎每一次写作。这意味着在开始时甚至有点武断的等待和"不做"（表面上），而不是匆忙地、冲动地进入正式的写作。它的用于清醒（专注的第一步，你或许还记得）的停顿是最简单的但又是最困难的练习之一。因为在这里，急躁再一次成了造成困难的被告。

正如你可能预料到的，我现在要提出一点关于积极等待的建议——在你进入下面的练习之前。试着花上整整一分钟的时间来专注地停留在眼前的这一刻，并且看看你会对暂缓行动作出什么反应。（我可以肯定地说——以我在担任心理治疗师时学到的那种排除负罪感的奇妙方式——你能够为了试验这个关于写作的新练习而花上仅仅一分钟的时间。对吗？）

你应该如何把它作为写作的一部分来运用？舒适地坐在你写作的地方，放松但又要保持清醒（即对存在于此时此刻的清醒，而不是要你去盲目地和急躁地思考未来）。就现在而言，需要关注的主要是你的呼气和吐气。让你的呼吸时间达到必要的长度。当心出现"喘气"的趋势时，它会妨碍呼吸达到完满的状态（而且在每次呼吸结束时要有一个非常短暂的停顿）。期待出现呼吸停止。并且问问自己，你对匆忙的需要是真实的还是想象的。（参阅法希，1996，以了解更多关于呼吸的瑜伽练习——很可能，你呼吸得好，你就能顺利地写作。）

然后注意让关注和注意的活动放慢和平静下来，并且释放你的思想，以便有一个清楚的发现。无论你是这项练习的初学者还是专家，你都将感受到专注所要求的和锻造出的耐心。有了这项针对清楚的发现的练习，你可能开始理解那种关于耐心、汇集思想、率先发现你想要做什么和实际上能够做什么的智慧。

> 为了找到路，我们需要把更多的注意力投向这一刻。它是我们用来生活、成长、感觉和转变……的唯一时间。它里面没有任何消极的成分。而且当你决定开始（在等待并且进入这一刻之后）的时候，它就是另一种不同的开始，因为你停止了。停止实际上会使开始更加生动、更加丰富和更有特色。
>
> ——琼·卡巴特芝恩

专注的练习在短期内似乎可能是困难的。像我一样，你可能被困在了来自一个几乎无法压服的自我的那种追求结果的急躁之中（"如果我像我认为的那么聪明，我就将轻易地完成这件事。"）。慢得足以停留在一种追求过程的方式之中——在此刻，没有对外在的结果或回报的直接关心——可能在刚开始时显得难以做到和难以接受。

学习专注的写作者常常怎样应付这个"开始"呢？他们把专注的沉思的活动与写作的活动融合了起来。一个典型的练习顺序是：

- 第一，专注的写作者在起床时停顿一下来计划当天的写作。心理学家称之为提前承诺（劳格，1994），而且它的内容不过是平静而明确地决定当天所要写的东西——还有关于怎样写与何时写的清晰的想象。专注的写作者会指出它的价值在于确保了他们在当天至少有某件值得去做的事情。他们也注意到这种习惯——清楚地发现需要做什么和能够做什么——常常会推广到当天的其他计划。一旦以追求过程的方式做了必要的事情,他们就会停止并且留下更多的时间做其他的事情,包括娱乐。我的爱犬威利——一条巴森基犬就喜欢这种活动。

- 第二,专注的写作者在写作时间的开始会停顿片刻以进行沉思,而且这种沉思正如许多人所喜欢称呼的那样,是祈祷式的。他们调节呼吸,他们摆出舒适而警觉的姿势,他们在就要进入工作的时候平静和放慢节奏。有的人甚至会请求一点神的指导。

- 第三,专注的写作者让这些专注的沉思的周期保持短暂——而且常常包括写作(及其准备)。最专注的写作者在短暂的日常时间里工作,这既不会让他们感到疲劳,也不会妨碍他参与其他重要的活动。而且当他们着手执行一个计划时,他们通常认为一天有 5 分钟的工作总比没有好。他们已经提前承诺了一个观点,即无论他们感到当天有多忙,他们都可以拿出至少 5 分钟的时间来进行一些专注的写作。当他们开始一个日常的工作时间时,他们常常通过做一些其他的事情来抛开压抑和惰性。他们平静地让自己对这些缓慢的、不完善的和有乐趣的准备活动至少满足一会儿。

还有,采取这种方式的写作者有时候会把这些开始看得令人震惊的微小。花上一两周或者更长一点的时间去进行每天5~10分钟的积极等待似乎正如他们中的一员所说的那样:"几乎像顺势疗法一样微不足道。"但是有了大量的实践和一定的指导之后,他们就会获得一种非常关键的洞察力。这种努力和它的耐心解决法正是第一个写作练习的实质。

变得专注的写作者在这种努力中发现了哪些最有帮助的东西呢?承认他们能够付得起一两周没有多少成果的时间(事实上,大多数人坦白说,他们在最近很多周内都没有取得成果和进步),并且发现积极等待的长期效果才是重要的。他们是怎样证实这种乐观思想的?通过在开始阶段遇到更少的阻碍和拖延;通过积累更多关于写作的想法、信心和主题;并且通过发现对专注的练习所耗费的时间和精力相对于它的益处来说是微小的。

> 利用呼吸来使我们回到这一刻不需要花一点时间,而只是一种注意力的转换。但如果你给自己一点时间去将清醒的时刻全部串在一起,就会有更大的奇遇在等待着你。
>
> ——琼·卡巴特芝恩

前面的那个针对写作者的更加正式的练习仅仅需要有规律的、短暂的训练。即使在这里,我也请求你在发起外在的活动之前等待一下。耐心,耐心,耐心!

在此刻,当你开始训练时,要做出一个专注的承诺去注意下面两件事情:

- 首先,要注意到积极等待与其说是一个处理时间的问题,还不如说是一个处理情绪的问题。这个练习对你的时间要求是微不足道的,在你使用这些时间时,你的情绪怎样变化才是个大问题。因此,与其认为你必须设定一个新的、综合性的日程安排来应付你的写作(那种为时间管理的专家们所珍爱的时间表),还不如转而求助简单的专注训练来使你在那段勉强挤出来的写作时间的开端放慢节奏和保持平静。而且要预见到你的阴暗面会继续对你说你实在太忙了、负担太重了,因而无法写作。愿力量与你同在!

  这些是你用来发现控制情绪的过程如何起作用的方法:通过放慢节奏和保持平静来获得更加可靠、更加舒适的写作日的开始(比较一下可能已经司空见惯了的忧郁和忙碌),并且抛开对急躁的匆忙所带来的短暂的控制感的需要。此外,专注与其说是对大量的写作时间的发现,倒不如说是更加耐心、平静和明智的工作。

- 其次,要注意你无须为了获得控制而紧张和匆忙。如果你学会了耐心地、积极地等待,你将获得更多的控制。(任何坐禅者都可以告诉你这一点——你可能原本就知道。)

写作规则1的正式训练

从现在开始,安排一两周的时间不去做任何不属于写作者的事情,但是**要停顿,要抑制自己去写作**。安排短暂的日程时间去进行这种积极的等待,或许每周不超过5～10分钟。更适宜在一个繁忙的早晨找到这块时间。记住,它仅仅需要5～10分钟——而不是你的日程表中的整整一个小时。在你的写作地点花掉这段时间,并将材料——例如笔记、参考书和旧手稿——放在手边。(写作地点只要能够连续使用,就可能是合适的地方。)

通过停留在此时此刻并且调节你的呼吸来开始一个沉思的专注的时刻。这段时间可能要持续一两分钟。然后利用剩下的时间去构思你打算写出的观点,不要匆忙和脱离现在。

推荐的目标
你或许可以下意识地、温和地(即专注地)追求下述目标:

- 耐心:让自己平静下来,以便越来越大地体验到写作计划的开始(日常的写作时间)以及对停留在此刻感到满足的耐心。按照我对专注的写作者的研究,这需要有几分钟的时间什么也不做,只与你的体验坐在一起,不作判断,不做任何特定的、与写作有关的事情——在此刻。而且它意味着频繁地"跌入"急躁和缺乏专注,包括担心写作的结果是否会足够好。它尤其意味着原谅自己在学习它们时的失足。

  这个时刻正是最好的老师。一般而言,我们认为任何形式的不适都是不好的……但感到类似失望、嫉妒、愤怒之类的不适的时刻实际上正是明白地告诉我们它就在我们对这些不适的抑制之中的时刻。

  ——佩马·乔均

- 放慢和清楚的发现:对自己变得更加耐心表示祝贺,无论你的进步多么小。停顿下来,去注意你对耐心等待的持之以恒的和有规律的练习（与盲目的、急躁的匆忙相反）如何开始促成了每天的写作准备。然后慎重地利用停顿去放慢节奏、保持平静，并且导致一个不致让人疲乏的工作节奏，一个从开始实施写作计划之初就保持下来的节奏。

你也许希望一些相关的东西现在就能出现：各种关于写作的明确计划和有趣的观点，而无需真正的磨难。这便是让写作的真正魔法表现出来的方式——依靠耐心的训练，而不是依靠缪斯或者天生的天才。

- 寻求综合：记住你已经（如果你首先阅读了第一章）实践了并且学会了与之类似的关于教学工作的方法，例如，保持耐心以及作为发现和准备的基础的反思。现在要重新思考我在第一章的结尾所提出的一个事实：在参与过我的培训方案的大学青年教师中，那些在教学和写作中综合运用了持之以恒/适度的人在这两方面都比那些只注重一方面的同辈进展得更好（博伊斯，1995）。为什么？把专注综合进一个新的结构之中，会揭示出更多基础性的东西，例如，以追求过程的方式在此时此刻工作。
- 对自己要有耐心：如果你在这一点上跟我们所知道的大多数写作者一样，那么你可能还是隐隐约约地感到没有做好写作的准备。我的培训方案的参与者们曾经这样说："是的，我正在放慢节奏。我可能有些关于写作的好想法。我不太确定。我相信我仍然感到没有充分做好写作的准备。下一步怎么办？"

我将在下一章指点他们，就像指点你一样。

第十章
尽早开始写作

　　第二条写作规则(尽早开始)是如何与第一条规则(等待)相适应的呢？规则1中的积极等待本身就是一个尽早开始工作的过程。
　　为了在这里尽早开始工作，需要考虑一下积极等待所提供的方法。首先，积极等待不仅要求写作者的耐心和专注，它还会放松诸如障碍之类的压抑感。其次，积极等待将其本身带入了日常的循环往复之中，因为它使你在意识到自己在工作之前就轻松地开始了工作。
　　这里的第二个步骤很自然地出自积极等待。你将看到你已经开始产生的观念和想象在写作开始时的意义。尽管到目前为止，写作活动仍然是极其不完善的和初步的，作文教师将其称为"预写"(默里，1995)。在写作之前倚重于它的写作者将比没有做多少准备就仓促投入写作的写作者有着好得多的进展(海伊斯和弗劳尔，1986)。我第一次欣赏到耐心的、有乐趣的准备活动的重要性是在为一家性功能诊所工作的时候，我所见到的大多数男病人都是对性交前的前戏没有耐心的人。
　　预写也是一种为了产生最好的结果而花费时间做准备活动的预备游戏。在写作中，它常常始于把你对写作计划的某些想法表达在语言上或者纸上的活动，这远远早于你把它看成最终的成果的时间。这个关键步骤是在你对自己的活动的价值感到完全有信心之前迈出的。
　　甚至一些著名的作家也信赖准备活动(但没有像我这样具体说明该如何把握它们)：

　　　　当灵感不来找我时，我就去半路上迎候它。
　　　　　　　　　　　　　　　　——西格蒙德·弗洛伊德

　　　　如果灵感在开始的时候尚不明显，工作将带来灵感。
　　　　　　　　　　　　　　——伊戈尔·斯特拉文斯基(Igor Stravinsky)

尽早可能是困难的，直到它成为一种习惯

尽早开始——远远早于你通常在做或想做的时间——需要持之以恒的、耐心的实践。它得益于那种让你停留在此刻、准备工作和提供观念的专注的沉思。但即便有了这些帮助，它的实践还需要信念的飞跃。只有信任才能使我们有足够的耐心去体验这些称为提前写作的准备活动。信任帮助我们等待并且发现提前写作在我们进行下述活动时产生的观念和契机：

1. 高声谈论我们也许要写的东西。
2. 高声朗读我们已经开始写的东西。
3. 记录我们可能要写的其他东西。
4. 开始更加全面地看待这个计划。

此外，信任（即，积极等待）提供了足够的忍耐去忍受尝试性、不完善并且似乎浪费时间地放慢准备工作的节奏。耐心产生忍耐，反之亦然。

关于信任的问题是如此普遍，以至于社会用了一大堆的标签来表示它们的各种缺乏关注的形式：

- **拖延**："我在许多其他紧迫的事情上落后了，而且我不可能付出时间去全面处理这个计划，直到最后期限迫使我去处理它。"
- **完美主义**："我不想染上这种写出大量的二流材料的习惯，甚至包括所谓的写作准备。我希望要么写好，要么干脆不写。"
- **精英主义**："我相信真正杰出的作家的写作是一挥而就的，没有那么多的辛劳或者计划。他们是天生的作家，而且我不相信他们会把大量的时间浪费在准备上。"
- **障碍**："想知道为什么尽早开始的规则对我不适用吗？我是那种在没有进入情绪之前完全不能写作的人，而一旦进入了情绪，我就会尽可能地多写，并且试图一次完成，因为我从来不会写第二遍。"

- **反对**:"我不喜欢规则。我需要成为我自己,无拘无束地成为一个好作家。规则是为机器人设立的。"

注意这些抵制尽早开始的意见之间的相似之处。各种苦苦挣扎的写作者都在盼望自发的、迅速的和轻易的结果。他们把希望的基础建立在能够帮助他们逃避此刻的真实性的盲目思考上(例如,通过猜想来自最后期限和忙乱的动力将足以维持到最后)。而且他们错误地将自由和才华等同于不受规则限制的工作方式。坚持这些信念和习惯的写作者所面临的典型结果是什么呢?他们不会尽早开始,如果有开始的话。他们消极等待。他们零零碎碎地工作。他们开始得很艰难,并且维持着这样的状况。他们始终把写作看成困难的事情,甚至看成只有少数天才的、刻苦的人才能掌握的事情。

一个类似的情况提供了另一种洞察写作者们为什么常常不愿尽早开始的方式。那些对催眠术表现出最大的抵制性的人也表现出了明显的共同特征。他们最不愿意听从建议、搁置怀疑和疑虑、信任自己和催眠者。这些"低可暗示性"的人在充当写作者时也是最艰难的。为什么?他们没有学会信任那些可以在正式写作之前被加到纸上或者屏幕上的笼统的想象和粗糙的措辞。与此相反,他们小心翼翼地工作,寻找完善的句子来开始,过快地听信内心中的编辑(那些发自权威人物的声音,他们用严格写作规则和标准来提醒我们),而且太容易陷入怀疑(希尔伽德,1977)。

相反,高度信任的、可接受建议的(而且可催眠的)写作者是更加顺利的。他们容忍模糊性,因为他们把模糊的想象作为有用的第一步来欢迎,因为他们最乐于欣赏尽早的和非正式的开始所带来的低压力,因为他们在长时间内创造出了更多更好的作品。此外,他们在工作中的压力较轻,因为他们通过尽早开始而把一些认识计划的负担排除出了他们的大脑。

> 我们的知识不在我们的头脑之中……而在容易理解的笔记之中,在知道如何利用参考书之中,在拥有一个可以征求建议的朋友之中。
>
> ——大卫·帕金斯(David Perkins)

写作规则2：尽早开始。

写作规则2的练习

提示：这些练习是本书中涉及面最广、要求最高的练习——也是效果最好的练习。它们比大多数练习更加鼓励你从日常生活中停顿下来进行训练。

像往常一样，要花点时间抑制自己的冲动以便通过回顾来进行预测（在关于教学的那些章节中，我将其称之为设置和重新设置环境）：

- 尽早开始意味着在没有完全想好你要说什么之前开始实施一个计划（很像在专注的教学准备中一样）。
- 尽早开始意味着通过实验和游戏来允许发生可能的事情，包括惊奇，而不是冲动地投入无休止的写作（或者讲授）。
- 尽早开始依赖于以过程为取向，它使你停留在此时此刻，专注地发现需要做的事情，并且把注意力集中于现在所能够做的事情（以结果为取向的方式则相反，它使你急躁地、吹毛求疵地把注意力集中于工作的最终结果）。
- 尽早开始意味着消除缺乏专注的压抑或者冲动，并且让平静的动机、灵感和观念来取代它们。根据我本人在按照这种专注的方式来培训写作者时的经验，这样的事情的确发生了，而且具有普遍性。

当它们被分门别类（而不是绑在一起）时，规则2中的专注练习会比你想象的更加容易。基本的习惯和态度已经或多或少地在规则1中找到了它们的位置——刚刚在上文中回顾过。我将借助我心目中一位英雄的话来给你一个更具体的提示：

不要急于进行下一次呼吸——下一次呼吸何时开始将取决于它自己的准备。有一种轻松感来自于呼吸的自由发生。

——希尔维亚·布尔斯坦

现在，在有了这个温和的提示之后，我们将重新从写作规则1的其他方面说起。

练习1. 稍稍扩展一下你的克制。

在用了一两周的时间进行规则1中的"等待练习"之后，要试着稍稍扩展一下你的专注（甚至你的写作量）。现在，或许在你感到准备好之前，要花上两周的时间补充进行一些相关的练习，以便帮助你在集中注意力的同时又不进行现实的写作（也就是预写）。我建议你在每个工作日至少为此划出10~15分钟的时段。如果迫不得已，可以通过把它分摊到每天的两个或者三个时段里的办法来找到时间。

在每个时段的开头都要有一两分钟的时间来思考你可能要写的东西。在几分钟的时间内做好开始写作的准备（即预写）。接着，在已经带着你的写作想法停留在了这一刻之后，大声说出你对写作活动的一些思考。要耐心地倾听，不要急于作出判断。要带着体恤去听，哪怕你是一位帮助别人找到他们必须说出的话语的导师。然后，如果你决定使用这些材料的话，要不慌不忙地用笔记或者图表来记录你可能要写的东西。需要注意的是：无论是否做好了准备，你都在进行写作。

在一般情况下，但并非所有情况下，这种记录性的写作是对你已经想象到或思考过的内容以及随后要说出的内容的一种修正。有时候这种最早期的预备写作可以起到压缩或者澄清的作用，有时候它则会起到拓展和联系的作用。

练习2. 尽早利用一个非正式的提纲来开始你的写作计划。

模范们为普通的写作者树立了另一个令他们恼火的榜样：模范们喜欢制作提纲。他们利用提纲——尽管在读书期间学到的制作提纲的方法是令人厌恶的——去组织和澄清他们对写作的想象和思考，并且去激发他们对需要补充或者省略的内容的想法。他们将其作为写作的热身运动，并且在写作时依靠它来获得指导。

在每个工作日，当他们谈到或者写出他们对写作的初步设想时，模范们总会把这个时段的最后一两分钟用在相关的任务上。在那一刻，在感到准备好之前，他们甚至常常把最具尝试性的想法组织成一个或者几个他们想运用到第二天的写作中的要点。

如果这个关于提纲的指导在短期内没有对你起到很好的作用,请不要诧异。它最终会起到这样的作用。模范们常常声称他们也艰苦地进行过这个简单的练习,但却在训练时遇到了一点困难,然而他们很快就注意到了其中的原因:急躁。

现在你自己试一试。务必!(你知道,格瑞德格林德先生从来不会提出令人愉快的请求。)在一段时间内,要把制作各种提纲作为你在这些时段里的主要任务。有个范例或许可以帮助你了解成功的参与者们是如何开始着手这项任务的:

来自现实生活的实例

剧情:一位社会学专业的大学教师正在危险地临近学校作出续聘决定的最后期限,因为需要提交一份新的手稿作为鉴定材料。

试想你也像这位大学教师一样,打算写出一篇关于女性在家庭暴力中角色相对于男性而言受到了忽视的论文,而你早在做博士论文之前就已经研究过这个主题。想象你也为了得以在你的新校园里顺利地实施这项新的写作,而同意去分析并且参与撰写同事们正在研究的、有资金赞助的同一个主题的研究方案。还有一样东西有助于设立这种背景:这位大学教师直到最近才更新了她在这方面的阅读,而且她在开始时试图掌握最新的书籍和论文的努力压得她喘不过气来,因为相关的材料太多,又不清楚她应该从中抽取哪些论文,而且不能肯定何时才能真正停止做笔记并开始写作。

然后,设想你站在这位大学教师的位置上,采取了一种在感到准备好之前尽早开始的态度,尽管当时你感到没有把握和孤立无援。想象你在开始时与她一样专注地聆听了你对来自你的阅读笔记和数据分析(两者现在都不必尽善尽美)的要点的回顾。要耐心和思考。拿出时间去考虑你所参与的大方案的主题。平静地反复自问你的数据的要点是什么,以及你如何才能最简明地勾勒出你的信息。

但是如果你这位大学教师在此刻开始感到恐慌,并且失去了专注,怎么办?通过停顿和调节呼吸来恢复它。甚至加上她所做的使呼吸平稳的瑜伽动作,就是站在那里并且舒展身体,直到你平静下来并且重新发现你现在需要做什么。

有了这种耐心的专注来停留在那一刻、高声谈论并且随后制定提纲,你就可以(像她一样)开始注意到一些吸引你的主要观点。那位社会学教师所注意到的情况:

1. 直到最近,对女性在家庭暴力中的角色的报告或者强调都是不够的。
2. 这种对女性施暴者的过低估计可以被归咎于一种认为只有男性才会以身体形式作出这些反应的大男子主义取向。
3. 更加客观的关于女性在家庭暴力中的角色的报告可能有助于为解决夫妻之间的暴力问题提供一个更加真实的依据。

如果你在开始时像她一样感到有障碍,那么你如何才能得出两三个主要的观点?想象你正在对一个像我这样的人说出那些在你回顾自己阅读和记录的内容时让你感到最有压力的事情。真正地把它对别人说出来(我就是那位社会学教师的对象)。容忍它最初的不完善(正如上面那段来自一个早期提纲的摘要),并且一遍又一遍地抄录它,直到它变得清楚而可靠。通过这些,当你逐渐对你所必须说出的东西有了更大的兴奋和信心时,你的提纲可能会促使你以类似于列表或者图解的形式写出更多的东西。

但是如果你像她一样想继续修正你的简要提纲以使其尽善尽美怎么办?运用专注的克制来防止这种企图走向极端。而且,如果你也发现了我对你要如何写作的不断唠叨是难以忍受的怎么办?运用忍耐并且去忍耐它。这么做将帮助你渡过开始阶段的一个最具挑战性的环节:响亮地阐明你所能说出的东西,在你写下它之前。

或者,如果你担心你在开始时没有完成学术资料的收集怎么办?告诉自己,制定早期提纲的目的是表明你需要到哪里去搜集某种更加具体的资料,而不是去搜集那些出现在大多数写作计划之前的综合性的但常常没有价值的资料。

然后像那位大学教师一样,利用下一个时段去补充每个要点的支撑资料,以便修正和扩充你的提纲。其中的一些补充可能已经被你高声地说出来了。当你停顿并且思考和记忆时,特别是当你谈起你可能是说过的东西时,它们可能是最清楚的。其他的补充可能是在熟读你的笔记时得到的暗示。如果你的笔记过于宽泛和繁琐,从而使后面的工作不易进行,就腾出短暂的时间来从中抽取适合你的写作计划的要素,也许是写在你笔记的空白处。当你开始把这些最值得记忆的辅助观点安排在你的主要观点的旁边(或者下面)时,要在叙述它们的同时写下它们,虽然是非正式的,但必须中肯。

当你把更多概念性的陈述放进你的提纲中时,要看看你的框架有没有一种逻辑上的连贯性,为此,要问自己这样一些问题:

- 从这一点开始是否讲得通?我是否在回答正确的问题?
- 下一个要点是否出自第一个要点,而且它们是否相互印证?它们是否说明了所有需要说明的东西?
- 我是否正在试图做太多的事情?我能否通过简化或者删除一些辅助性的观点来使我的实质性的信息凸显得更加清楚?
- 同样的辅助观点是否出现过两次以上?
- 一些实质性的辅助观点是否遗漏了,或者没有得到拓展?

在完成这些事情时要有耐心和忍耐,而不要急躁和过于追求完美。

但是假如你认为你最初的提纲不能涵盖你想说明的所有东西怎么办?恭喜你,这毕竟只是一个早期的、非正式的开始。在试图达到综合性之前,在担心遗漏了要点之前,在为你写在纸上或者屏幕上的东西已经被别人说过而烦恼之前,要等待。告诉自己,每个写作者都必然会复述一些曾经在某个地方、某个时间写过的东西;模范们所追求的目标与其说是标题的新颖,倒不如说是新的和更好的联系与陈述观点的方式。是的,我们知道有例外的情况,写作者想出了新的理论或者聪慧的证据,但他们仅仅是例外。而且要抛开习惯的阻碍,并且把注意力用来澄清当前的两个主要观点(或三四个,但可能不会更多)。

然后,当你在那一天和那一周里实施这个方案时,要带着有点愉悦的心情决定把你的工作限制在发挥你最初的观点上,而很少考虑其他东西。专注的写作者几乎总是注意简化/澄清他们在这里的工作,而不是在其他地方的工作——在一开始,当他们的计划有可能变得过于宏伟或者陷入混淆的时候。相反,爱拖延的和有障碍的写作者倾向于企图做得太多太快(博伊斯,1996c)。因此,当要求他们简单陈述一下他们的一份写作计划时,他们会非常吃力并且发出抱怨。

最后,不管你是否准备好了,都要设想你现在有了这样一种工作意识,具体地说,就是在你浏览的时候注意通过做记录来尽可能地拓展你的要点的意识。要通过停顿来确保你在提醒自己注意你的任务时做到高效和明确(例如,写下:"我只需要一个简单而有用的评论文章/理论基础,我将为其加上我所收集到的新材料,而不是另一部长篇大论。我要提出的观点是有价值的,而且我能够通过直接和简明的方式最好地提出它。")。

当你放开自己并且信任自己的时候,要再次注意把你的主要观点加入提纲时所要看的东西:你的笔记。同样重要的是,要开始去发现你可能在阅读时遗漏和忽略了什么。好的写作可以指出什么东西不需要说,什么东西需要说。正因为如此,它才需要如此清醒并且清楚地发现什么东西表达得最清楚、最有效——以及什么东西没有。

至少每5分钟停顿一次,以便看看你在写作规则2(尽早开始)的第二个练习中(形成与组织尝试性的观点/说明)正处于什么样的阶段。按照我的经验,写作者获得益处的方式是在此处停顿一会儿,继续修正他们的已经得到扩展和概念化的提纲,直到最终结果迫使他们把他们已经预先写出的东西变成正式的文稿。

在我所见到过的各种论文写作中,这条关于尽早开始的耐心的策略都会对早期的起步工作起到非常好的作用:简洁陈述博士论文的问题或者小说的故事线索;开始全面修改那些多次遭到拒绝的短篇小说或者其他作品;恢复已经打消了的申请基金资助的念头;当然还有以及时的、富于想象的方式进行学术创作。

练习3. 减速,驶入这一刻。

在结束这些称为提前写作的准备活动之后,要停顿一下喘口气。提醒自己去冷静、放松,下意识地放慢你的节奏,并且缓解你因为急于知道写作的结果而造成的紧张。还要注意到,就现在而言,没有带来非常明显的成果的艰苦写作也没有带来什么坏处。

许多参与过我的培训方案的写作者此时都正在写作或者改写仅仅一两页的内容,有的内容很快变成了文稿。其他内容只有当他们的思想提纲长得和手稿一样时才变成了正式的文稿。"我把它留给你们处理。"就像戴尔与格雷斯在他们的布鲁斯古典乐曲中所唱的那样。

还有些事情比衡量写作成果的传统标准对现在更重要：清楚地发现可能发生什么、相信它将会发生，以及重新回到第二天的写作工作中。

练习3的目标

- 利用短暂的停顿在你的工作更加艰难时安慰自己，让自己有信心。例如，专注地留意你是否能够坐下来工作，带着无需费力的优雅，而且没有太大的压力。这可能需要不时地从外部来反观你自己。努力养成在每个工作日里独自坐下来进行你的写作的"坐下来的习惯"（这是专注的沉思者们对它的称呼），不仅仅是在写作的开始，在写作中途的停顿期间也一样。这个既简单又困难的任务的完成将被证明与你为写作所做的任何其他事情一样重要——哪怕它仅仅是在接近理想的途中。

　　曾经在强制性的动机和无目的的行动中被挥霍掉的精力又通过正确的坐禅被储存和引入到了一个统一体之中。
　　　　　　　　　　　　　——菲利普·卡普伊鲁（Philip Kapleau）

- 利用预写在一个时间里做出一件事情并且把它做好——但目前不需要完美。
- 每天至少获得一些关于你能够/将要写在纸上的东西的想法。写点东西，不论是什么东西——甚至可能是认为你自己没有东西可写的想法。要通过高声谈论来形成可以被改写进预备写作里的材料，无论它开始显得多么傻。利用这个有用的预备写作的练习（即首先谈论，然后写出你必须说出的东西）来充当下一步的热身活动。

练习4. 扩展耐心的开始并且通过随笔写作来发现。

奇怪的是，这项看似自动的、无心的任务可以帮助你成为一名留心自己工作的专注的观察者。你将需要通过这种注意来掌握随笔写作的常见规程：

- 写下任何出现在心灵中的东西。但是更好的做法是，不加判断地写下任何出现在纸上或者屏幕上的东西。
- 不要更正或者编辑；忽略正在到来的和可以预见的批评。
- 带着耐心和忍耐向着不完善的写作推进——无须匆忙。
- 不要因为写作量而道歉，哪怕是对你自己。

随笔写作是轻松的、实实在在的，就如同那件你已经知道如何做的事情——随口谈论。（弗洛伊德先是让他的病人随笔写作，但后来发现随口谈论更容易诱导和维持。）

如果你发现那位急躁的、完美主义的自我正在要求你马上更正，或者催促你采取一个又快又有成果的节奏，就要提醒自己注意两个相关的真理，其中一个是你所熟悉的，另一个则不是。第一，你将在更晚的时候——在已经完成草稿后的修改阶段——去从事全面的修改和接近完善。第二，如果你容忍了预备写作阶段的少量错误，你的工作的痛苦就会同时减少。这意味着把缺陷留在纸上或者屏幕上，而不是让它们不断出现来骚扰现在的你，毕竟，这只是早期的、非正式的写作。

首先把随笔写作的任务分摊到你已经练习过的日常写作之中，以便把你能够说出的东西转变成近似写作的东西。

重返那个来自现实生活的实例

那位描写女性在家庭暴力中的角色的社会学家接着又试图通过下述方式在第一个要点的下面随笔写下两个辅助性的观点：

1. 直到最近，对女性在家庭暴力中的角色的报告或者强调都是不够的。
   a. 这里有一些可以得出这一观点的研究和评价。

不，等等，我不喜欢这样。太难以想象了。它曲解了我想要提出的观点。既然我注意到我刚刚写的东西在这个圈子里已经人人皆知，我也许真正需要在这儿说出的东西是：导致忽视的真正原因在于以前的研究因为受到了某种局限而未能提出有效的解决办法/调解办法。对现存的干预办法的糟糕效果的记录证实了我的观点。

因此，我打算修正关于这三个主要观点的提纲，像这样：

1. 对女性在家庭暴力中的角色的普遍忽视已经导致了无效的和单方面的解决来自配偶的暴力的办法。
    a. 对这些研究的非常简单的评论/提示，它们指出了这种忽视及其原因；我可能刚刚描述了其中三个最近的评论，首先是_____，它也许是最为人所知的，因为它有第一手的可靠数据可资利用……
    b. 文献中的正确发现的初期成果，其中一些是尚未发表的（例如，_____），它们说明了这种报告的不平衡如何损害了解决办法。我想在这里明确指出的一件事情是……
2. 关于对家庭暴力的更加平衡的了解将如何转变成更加有效的解决办法的现有理论。
    a. 常见的可疑现象，按照它们明显的作用加以排列，首先是_____。
    b. 我本人的出色的（哈！）理论以及它在我的实验研究中的依据。
    ——使我的研究方法与众不同的是（什么？）它对暴力行为出现在夫妻之间的典型方式的强调和追踪。其中的三个基本方式预示了一种调解办法，这种办法反映了存在于每一次矛盾升级中的基本的交往问题……

作者和我对上面所节选的这个内容更多的随笔写作得出了什么结论？它是相当不完善的，但具有指导性。它使最初的主要观点重新形成了一个更加紧密、容易处理、更有意义的计划。这种把核心的观点扩展为概念性的陈述的活动使她在进行更多的预写的时候可以停留在正确的轨道上。

在下一个工作时段，在通过再次浏览她的笔记（其中一些是新的）来澄清和简化它们之后，那些辅助性的观点将再次被随笔写作（重新随笔写作?)。我为什么不鼓励她迅速进入真正的写作？因为要不了多久,这些修正就将轻而易举地变成真正的写作。

想想一份长达 18 页的(打印的)报刊文章的作者是如何进行这样的预写作的：在进入更加全面的和近似正式写作的随笔写作之前,他们会花两三周的时间把那些简单的和随手记下的想法加入他们的提纲之中。而当他们完成了这种转变之后,他们会把提纲中的观点仅仅作为标题或者副标题。但是,只有等到开始写作第一个草稿的时候,他们才会在写作之后进行编辑(即使在那时,也是偶尔的)。他们把严格的编辑工作推迟到最后的修订阶段,那已经是相当晚的事情了。

下列关于这种典范的写作方式的事实尤其值得记在我们的脑海里：它使工作保持简单,为此,它常常通过要求写作者一次只做一件事情(例如,仅仅增添随手记下的想法),而不是更多事情(例如,试图在完善概念性的观点的同时编辑它们)。它使工作的痛苦减轻,其方法是通过耐心的修订,而每一次重新排序和重新改写都会变得更全面一点。通过这些方法,艰苦的写作工作在写作者尚未充分意识到它之前就已经完成了。我不断提到的英雄人物之一唐纳德·默里喜欢引用一个作家的事例,这个作家在做笔记时非常细致但又有重点,他坚持重新写作/重新安排这些笔记,以便使笔记的内容不断扩展,直到最后,手稿自动完成了,却没有什么辛劳。

练习 5. 把专注引入随笔写作。

随笔写作本身是容易操作的,但常常受到狭隘的限制并且陷入过度。传统的建议告诉随笔写作的人去仓促、忙乱地工作,而无须通过停顿来保持写作的正常进行。不受干扰的随笔写作甚至可能更加危险,因为它的疯狂会让写作者感到精疲力竭、焦虑不安,并且脱离当时需要做的工作(博伊斯和梅尔斯,1986)。

是什么东西使得随笔写作具有如此大的创造潜能但又未被利用呢？与一般写作相比,随笔写作更少地依赖于有意识的语言思维,而是更多地依赖于心灵中的意象。正因为如此,随笔作家喜欢说："在看到自己写出的东西之前,我如何知道自己的思想呢？"也正因为如此,随笔作家养成了一种对惊讶和模糊的惊人的忍耐力。

随笔写作具有呼唤出强大的意象的潜能——并且让保守的作家

感到震惊。它的意象是意识的一种转换形式,而且看起来是无法控制的。但依靠平静的心灵意象的帮助可以使随笔写作变得舒适和可以控制。你越是下意识地、深思熟虑地利用完整的意象来指导写作,你就越能更好地表现它们的情感暗示,你就越能感觉到有规律的写作的吸引力,你的写作的意象性就越强。

为什么受意象影响的随笔写作只有通过专注的沉思才能工作得最好?有规律的停顿导致了从写作的产生到对写作背后的意象原型的反思的不断转换,进而促成了作为清晰的写作的基础的清楚的发现。而清晰的写作又能帮助我们更清楚地认识意象。运用这些转换的大学青年教师——从写作的产生回到思想性的分析和对已经产生的东西的修正——展示出了令人难忘的结果,其中包括:

- 更加简练但又相互关联的写作,甚至是在随笔写作的阶段。
- 更加迅速地意识到需要说什么和不需要说什么。
- 更好/更快地完成预写和写作。
- 更加直接地把意象转化为写作,而无需大量的文字处理。

正如你所预料到的,那些不习惯利用对写作意象的意识的写作者在开始时会有困难。他们很少关注它们,也怀疑它们的价值。有种矫正的方法是你们所熟悉的:回忆一下我们在关于教学的那一编里练习过的停顿,并且注意一下在通常没有被听到的情况下进行的自我对话。在这里,在注意那些伴随着写作并且以想象的方式指导着写作的最初的微弱意象时,你可能需要增加一些更直接的练习,即想象一个东西并且完全通过意象来描写它。另一种矫正方法当然是通过练习专注的随笔写作来激发更多、更清晰的意象。

也许你会选择暂时不去发展你的想象,此时你只需要进行能够维持你在学术圈里的生存的写作。存在于这种拖延之中的一个问题是,写作意象的缺乏为你对自己说出其他的、常常是消极的假话留下了更多的机会。

模范们怎样体验专注的随笔写作。他们最终会采取我前面提到的步骤,但往往要等到他们在大学校园里的第六到十年才能熟练地掌握。而且当他们描述自己怎样掌握了这种更加复杂的随笔写作的方式时,模范们喜欢提到他们的两点体验：第一，专注的随笔写作减缓了写作的速度，从而得以最大限度地利用意象中的丰富材料。第二，通过放慢速度来清楚地发现沉思的工作方式，包括暂时把注意力转移到书法上，会带来意想不到的快乐。我所认识的一些最专注的作家会偶尔用一支书法笔来进行写作，以便保持他们工作的思想性、清晰度和吸引力。像詹姆斯·米切纳这样的作者只用两个指头来打字，以便保持工作的缓慢和专注。

更具体地说，模范们报告了下列两个时段之间的交替：让心灵意象来发现表达方式并且暂时不放到纸上或者屏幕上的时段与有意识关注已经写出的东西，一方面为了进一步在屏幕上或者纸上阐明它，一方面为了把更多的秩序和用途还给那些以最深层的方式指导写作的心灵意象的时段。

按照他们的体验，表现在写作之中的那些语言思考如何才能被还原为意象呢？自动地。视觉意象不仅仅可以预见、组织和指导外部行为，而且可以反应那些从正在进行的外部行为中得来的信息。

模范们在没有现成的、有用的意象时会怎么做呢？他们会再次诱发它，即通过高声谈论它来使它说得通，他们同样可以用隐含的方式谈论它，甚至开始想象它可能导致的行为。他们还耐心地工作。当意象和形成与反思和修正之间的这种循环过程带来了直接的好处时，他们所期望的在形成/澄清意象的能力上的进步就会变得越来越持久。

如果专注的随笔写作需要这么长的时间来掌握，为什么现在就提出它？因为参与过我的培训方案的大学青年教师曾经说过他们希望在精神上拥有一个长期的目标。也因为这种知识有助于缩短通往顺利的写作的道路。想象力可以提前投入使用。而且不需要多少额外的时间。事实上，你可能现在就在使用它，而且使用之多超出了你的意识。

练习6. 以怀特·米尔斯的方式来扩展预写。

这一步骤可能早就出现过了，正如本书中几乎所有其他步骤一样。练习6把我们送回了形成动机和想象的过程之中。我之所以把它放在这里，是因为它有助于培养初步的意象，而我们需要后者来进行流畅的、快乐的写作。

现在，为了有所转变，我借用了一位不是大学青年教师的人——怀特·米尔斯(1959)的想法，这位开拓性的社会心理学家是率先传播这种专注的写作方式的作家之一。我们曾经在上编里见到过他，就是在讨论如何通过收集和汇编关于教学的想法来引申和组织它们的内在意义的时候。因为那种关于收集和汇编的头等原则也同样可以用来发现灵感和组织写作，我将在这里复习它们：

- 重新安排材料来寻找普遍的主题，然后寻找相互联系。
- 保持一种愉快的态度，通过将你的观点归入范畴和类型来了解它们的意义。
- 考虑极端的和反面的重要观点。
- 通过再次浏览文献来寻找可供比较的事例。
- 通过安排可以公开陈述的材料来结束预写。

怀特·米尔斯的工作方法是预写的集中体现。它使你可以持之以恒地收集和整理日常生活中的想法，利用随笔写作来理清论题的线索，重新审视核心的观点来重新进行创造性的简洁的工作，并且在你着手撰写正式的文稿之前完成大多数艰苦的写作工作。它又一次让你在感到准备充分之前尽早开始。

一个用来准备结束的停顿

我相信你已经发现了预备写作的兴趣，但是我怀疑你是否相信它值得你去做。因而我在本章的末尾安排了一个简短的说明来介绍一项证明了预备写作的益处的研究。在如此长的一章即将结束的这一刻，这些数据可能成为一份饭后甜点或者一剂催眠药。

关于尽早开始写作的益处的实验证据

在这项研究所选出的14位即将努力完成他们在新校园里的第一份全新手稿的写作者中，有7位采用了写作规则1和写作规则2(在第九和第十节中)，包括米尔斯的方法。另外7位大学青年教师在他们自己的互助小组中工作，而且没有接触这些规则。到第一个月结束前,7位参与了这个方案的"预写者"每天花一两个小时来为他们的手稿进行预写。到第三个月结束时,这7位预写者中有6位已经创作了至少18页的新的思想提纲,其中还混杂着经过修正的随笔写作和按照怀特·米尔斯的方法进行的整理。这些预写者表示他们相信在这种提前进行的写作中包含着大量对他们曾经收集、整理和简化了的内容的改写。他们是正确的。所有这7位预写者都在第四个月内完成了可以提交检验的初稿。我亲自检验了这些成果,即审查已经完成的手稿的部分内容,并且查看来自编辑的用稿通知。

至于另外7位写作者,他们都想完全依靠每周与他人的会面来推动写作,他们都没有运用过他们所逃避的这个方案中的预写法。7个月之后,他们中没有一位完成了粗糙的初稿(一位几乎什么都没有做;两位仅仅完成了10页多一点的新笔记和尚未转变成文稿的分析;另外四位也都没有完成任何超过12页以上的写作)。相反,他们声称自己对花了很多时间在写作上感到泄气或者受挫,想等待更好的写作时间,再次到文献和数据中寻找新的方向和被忽略了的细节,或者试图通过写作或者改写手稿中一个单独的部分来重新开始走向完美。因此在某种意义上,他们也在试图进行预写,但仅仅是在最后冲刺阶段,并且只有在他们已经陷入了不成熟的文稿中之后。

预写者们不仅仅再一次做到了积极等待和在感到准备好之前开始,而且远比其他作者更加强调持之以恒的和适度的工作方式。而且预写者们像我所研究过的模范的/专注的写作者一样,预见到了下一个规则(在下一节中)。

第十一章
持之以恒地适度写作

除了预写之外,还有什么东西使那些最流畅和最成功的写作者不同于我们中的其他人呢?他们每天运用他们的技能。我所知道的最专注的写作教师唐纳德·默里用他一贯的、貌似简单的方式陈述了这个原理:

写作者进行写作。

我所知道的最专注的(和充满热情的)的作曲家杰里·雷波尔(Jerry Leiber)和迈克·斯托勒(Mike Stoller)则用更明确的方式指出了这一点:

你写得越多,你就写得越好。

对专长和伟大的最新研究证实了持之以恒的重要性。杰出的作家、科学家、艺术家都有规律地、日复一日地运用他们的技能——为了年复一年的长期实践。他们依靠培训者和社交网络(甚至批评家和诽谤者)来指导和磨炼他们各自的技能,而且学着把练习的时间限制得足够短暂,从而可以使疲劳减到最小。他们知道长时间的、精疲力竭的练习不仅会越过效益递减的转折点,而且这些过度的练习会把工作和表现与缺乏专注的匆忙和懒散懈怠的习惯联系起来(西蒙顿,1994)。

持之以恒的作家所创作的成果在总量上远远多于其他大多数人。他们还展示了这种巨大的创作潜力的明显好处:他们常常在工作中带着适度的完美主义。他们让自己面对风险、批评和发现。而且他们比低产的作家创造了更多有价值的作品。为什么?他们的失败告诉他们的信息并不亚于他们的成功,而且他们的成功使他们超越了过去的失败。

掌握了这种富有成果的方法的作家对其他写作者没有采取同样的做法感到惊讶：

> 我确信十分之九的写家有可能创作出更多的作品。我认为他们应该这样做，如果他们已经这样了，他们将发现自己工作的提高已经超出了他们自己、他们的代理人和他们的编辑的最高期望。
>
> ——约翰·克里西（John Creasy）

> 大多数学术作家都没有通过足够的写作来提高速度……他们不知道这种技能。
>
> ——唐纳德·默里

在这种丰富的创作量之中似乎存在着一个矛盾，那就是用来产生它的适度。正如我们所看到的，模范的写作者虽然写出了大量的成果，但几乎每一天，他们都只在短暂的日常时间里工作。思考一下他们自己对这种适度的解释：

- 当写作者每天都按照计划工作的时候——哪怕非常短暂——新鲜的想法就会在心中一天天地延续下来。因此，在开始第二天的工作之前所需要的热身时间就减少了。
- 短暂的日常时间为你在当天的其他时间进行"接近写作"的穿插性工作留出了时间和精力——用来注意那些与写作有关的东西，用来搜集和记录那些可以引起更多的想象和更清晰的结构的东西。
- 每天进行写作的习惯有助于使工作变得更受欢迎、更加轻松。
- 短暂的日常时间意味着更加短促的、更不疲劳的工作时间。
- 因为它们最终提供了一种对工作得足够多和进步得足够快的真实感觉，所以短暂的日常时间有助于减轻那种企图既迅速又完美地一气呵成的写作方式的压力。
- 短暂的日常时间帮助写作者学会了如何像真正的作家那样娴熟地写作，并且感到自己像真正的作家一样。

- 因为它们是短暂的,所以短暂的日常时间适合于已经十分繁忙的日程安排。
- 从长远看,短暂的日常时间比冲刺式的狂热写作更多产、更有创造力和更加成功。

简单地说,适度可以让人得到最大的恒心和快乐,还有更多的专注。

写作规则 3:持之以恒地适度写作。

写作规则 3 的练习

下面的练习是为了建立和保持短暂的日常时间,它们是新的练习,但是在关于教学的上编的最初几章里和关于写作的中编的开头两个规则中都有对它们的预示。

练习 1. 安排一个固定的写作时间并且在同一个适当的地点执行它。

最流畅和健康的写作者不仅每天工作,他们还普遍地非常看重在每天的同一个时间工作的价值。我所知道的最有效率的作家选择早上工作,那时他们最清醒。他们也在能够促进写作的环境中工作。他们留出一个房间或者地方专供写作之用(即附近几乎没有杂志或者电视之类的让人分心的东西,甚至常常连电话或电子邮件也没有)。他们会毫不愧疚和毫不客气地关上他们的办公室的门,并且在门口贴上一个标志来请求潜在的拜访者们如果没有急事就不要打扰。他们将告诉你这种做法不会冒犯大多数人,相反,它会把他们变成遵守神圣的写作时间的同盟者。(同样的情况也会发生在专门用于冥想/祈祷的时间。)

同样重要的是,模范的写作者会使自己的工作地点非常舒适和令人愉快。他们陈列自己喜欢的艺术品、装饰品和纪念品。他们在绝大多数情况下对着窗户工作——这使他们不仅可以不时地瞥见天空之类令人愉悦的东西,而且可以通过极目远眺来预防眼睛的压力。假如没有窗户的话,他们会在停顿的时候看一下令人愉悦的东西(例如,一个大的风景海报)。最令人吃惊的是,他们常常坐在可以为后背、颈项、手臂和大腿提供支撑的舒适的椅子上。是的,一边得心应手地在纸上或者键盘上进行写作，一边颓废地坐在一张古典躺椅上是有可能的！约翰·厄普代克（John Updike）就是这样做的人之一。

　　顺便提一句，我迄今尚未发现任何一位模范的写作者在有着背景音乐的情况下写出了大量作品。尽管没有一位模范强烈地感到必须把音乐逐出他们的写作地点，但是他们都认为音乐侵占了他们的非语言性的写作想象的空间和注意力。他们告诉我，关键的事情是尽可能地保持写作环境的简朴和宁静。

　　我所研究过的模范的大学青年教师在写作时也表现得最舒适。他们表现出的坐姿的变化最多，而且他们对身体僵硬和酸痛的抱怨最少。他们在解释自己为什么可以坐在一个舒适的椅子上，甚至斜躺在床上而不至于打瞌睡的时候说：专注的工作是舒适而平静的，但也是警觉的和专心的。它是清醒的和认识清晰的。在这种专注的状态下，打瞌睡是最不可能发生的事情。（顺便提一句，专注的冥想者也说过很多同样的事情：如果你在冥想的时候昏昏欲睡，就说明你没有专注地、清醒地进行冥想。）

练习2. 找时间进行定期的写作。

　　如果你对怎样去寻找和在哪里寻找一天一个小时的时间用于定期的写作感到烦恼，就请放弃这个如此贸然的要求。在繁忙的日子里，你可以在已经到手的间歇时间里进行小小的、灵活的开始。那些突然计划每天拿出整整一个小时用于写作的苦苦挣扎的写作者们常常发现，他们实在太忙了，以至于无法从本已十分繁忙的生活中挤出那么多的时间。于是他们转而猜想，他们必须等到某一天突然奇迹般出现整整一个小时的自由时间，或者等到某一天他们能够足够强壮地在早晨5点钟起床去忍受一番写作的折磨。

　　我所追踪过的每一个刚刚获得大学教职的人都能够在一天中找到至少5~10分钟的时间，不管他们看起来多么繁忙。我所培训过的每一个人都能够找到办法来逐渐地增加写作的时间，常常是通过利用工作日里的几个短暂的间歇时间。他们为什么还没有把这些5~10分钟的时间用来工作？因为他们认为这段时间的写作效果不好。

　　一些相关的事情可以帮助写作者找到写作的时间。他们注意到许多日常活动可以被缩短或者取消，而不会降低生活的品质或者减少为其他重要事情所做的工作。他们中的一位这样说道："当我注意到自己在醒来15分钟之后还躺在床上时，它就开始了。以前这种拖延似乎是必不可少的和不容商量的，直到我将其变得越来越少。我对这几分钟感到满意。接着，我注意到我花了20～30分钟来喝咖啡、读报纸。而且我经常在早晨上班的途中拿出时间去跑腿。我发现这些事情也占用了早上的写作时间。"当我问他这么做是否有困难时，这个人回答："真的没有。没有。我在刚开始时认为我失去了那么一点点舒适，但我很快就通过把那些时间花在有趣的写作上而得到了弥补，我感到自己在常见的问题出现之前就已经完成了当天最主要的工作。现在我改在晚上读报，那时我感到劳累，而且不适合做更多的事。"

另一位参与者则就此指出："这听起来有点自以为是，我知道，但我现在对自己能够在去校园之前把写作做完感觉不错。它让我一整天都处在轻快的情绪之中，我需要这样。"

这是主要的信息：如果你在短期内无法找到一个小时甚至5～10分钟连续的短暂的日常时间，不要放弃。安排一些类似的时间。试着在你认为你不能写作的时间进行写作，也许是在播放电视广告的时间，去做一些简单的预写，比如做笔记和汇集、整理它们。如果你让自己在看电视的时候分了心，又会有什么损失呢？当你把时间从不必要的事情中解放出来时，你就可以期望做些更值得做的事情——更多的家庭生活和更多的锻炼。

练习3. 强制推行在短暂的日常时间工作的新习惯，但时间不要太长。

为了使短暂的日常时间的工作成为一个经常性的习惯，试试一条已经得到了证实的、被心理学家称为"视情而定控制法"的策略。它意味着让你乐意去做的某件事情（例如，读报或者发电子邮件）的发生取决于你是否首先完成了当天的写作定额。说得更具可行性一点：没有进行当天的写作，就得不到回报，除非遇到了不寻常的情况。

当"视情而定"法迫使你进行了有规律的写作，而不管你当时的情绪如何时，你就会发现它的力度是足够的。当"视情而定"法总能迫使你进行写作并且让你感到厌恶的时候（例如，你必须光着身子坐在一个冰冷的房间里，直到你完成了当天的定额），你就知道它的力度过大了。写作者应该在多长的时间之内利用"视情而定"法的力量呢？只能在短期内，或许长达几个月，直到短暂的日常时间成为自觉的和受欢迎的习惯为止。为什么不能无限期地延长它的使用期限呢？因为从长远来看，写作者在没有外在压力的情况下工作得更好和更有效率。对"视情而定"法的僵化使用，例如把写作作为避免惩罚的前提或者不可逾越的底线，有可能导致你把被迫的和不愉快的工作与写作活动联系起来。

社交型的视情而定。一种与"视情而定"法有关的控制方法可能显得少一些强制，多一些舒适：找到一个人与你共同执行写作时间表，这个人要能与你在特定的地点和固定的时间碰面。一般情况下，你们应该在一起安静地工作，但又有着各自的计划。你可以通过电话或者电子邮件来与你的伙伴达成每天的约定。社交约定的作用在于，如果你未能去赴约或者打电话给你的同伴，它们就会使你产生负罪感。况且一旦我们看到我们的搭档已经在进行写作了，我们就更有可能进行写作。

其他类型的社交约定同样有帮助。如果你能向别人展示你正在进行的工作，那么即便这项工作还处于初级阶段，你也能够帮助自己以更加及时的方式进行写作。当你引起了别人对你正在做的事情的兴趣时，他们就有助于迫使你坚持工作，因为他们常常期望看到你的进步。而且当你向别人展示你正在进行的工作时，你就更不会在越过了效益递减的转折点后继续写作（或者预写）。为什么？因为读者或听众比你更有能力指出什么时候已经做得足够了。

练习 4. 开始无需灵感。

要知道即使短暂的时间也能产生出动力、动机和大量的成果。灵感和动机更多地来自工作之后，而不是来自工作之前。短暂的日常时间的原则适用于各种各样的写作者，包括文学类的写作者、学者和布道者：

像路易斯·厄姆尔这样的作家并不等待灵感……厄姆尔每天都写 5 页。对一个不是作家的人而言，这可能显得太少——但这种计算方法是简单的——它每四个月会增加到 600 页,每一年有两三本书。

——罗素·雅各比(Russell Jacoby)

还有什么原因使得短暂的日常时间如此有成效呢?我们已经看到了一些答案:短暂的日常时间有助于在心灵中保持计划的新鲜;它们减轻了常常伴随着写作的疲劳;它们确立了一条在任何情绪下都要进行有规律和有成效的工作的纪律。剩下的答案是至关重要的。短暂的日常时间帮助我们把大量的写作任务分解成一系列较小的、可把握的部分,并且由此减轻了超负荷的认知压力所造成的困难。当一个计划的所有前后相继的部分——最初的、最后的,甚至紧挨着最后的——都显得具有可行性的时候,我们就更有可能承担它和坚持它(瑞其林,1995)。

练习5. 用图表记录你的进步。

这个练习的必要性与它的简单性是同一级别的。它也没有得到普遍的实行,尽管它的价值已经得到了证实。按照我的经验,一个写作者越是苦苦挣扎,他或她就越是拒绝用柱形图或者曲线图来记录自己的进步。记录提供帮助的方式之一是提醒和指责:

> 我开始坚持绘制一份更详细的图表来显示我在每个工作日结束时写了多少页。我不能确定我为什么会开始作这样的记录。我怀疑那是因为我是一名完全独立的、没有雇主或者截止期限的自由作家,因而我想为自己制定一条纪律,一条让我在忽视它时产生负罪感的纪律。一份挂在墙上的图表为我充当了这样的纪律,它的数字会责怪我或者激励我。

——欧文·华莱士(Irving Wallace)

其他许多伟大作家也把他们的进步记录在墙上的图表里,海明威便是其中的一员。但他们是如何忍受这种对自由和自发性的侵害的呢?这种纪律是否回报了他们的努力呢?欧文·华莱士又说道:

一个作家怎么才能遵守如此严格的时间呢？很久之前，我曾经被导师、教授和一个古老的浪漫传说所欺骗，我相信一个作者只有在自己感到喜欢的时候，在被神秘的灵感所撞击的时候才能写作。但是后来，在研究了以前的小说家的工作习惯之后，我意识到最成功的作家是通过职业化的方式进行写作的……这些作家都无一例外地勤奋刻苦，而且一旦他们开始写作一本书，他们就会有规律地、日复一日地写下去。

图表和曲线图还反馈了我们在向着我们的目标前进时所取得的短期和长期的进步。有时候它们指出了向上或者向下调整我们自定的写作量的需要。如果我们公开把它们张贴出来，它们常常能引起别人的好奇心，而这些人随后会去监测和奖励我们的勤勉。根据我的经验，作家会逐渐看重他们的图表，并且将其视为成功的标志。访问他们办公室的人常常听到他们微笑着指着自己的图表说："看看这个！？"

图表和曲线图还与短暂的日常时间加在一起，共同促进了其他一些对专注的工作方法极为关键的东西：更强的时间意识和它的冷静控制。这种体验在任何时候都是极其新颖和有效的。

> 时间就像一种语言，如果没有对时间的生词和语法的掌握，就无法导致行为的转变。
>
> ——霍尔（E. T. Hall）

带着轻松的心情规划时间有助于使写作者保持专注，并且由此找到额外的计划进行工作和娱乐。如果他们在工作时带着对规划好的例行时间的意识、对这一刻的重视（而不是老想着错过的机会）、有效的安排和持之以恒，那么写作者就更有可能表现出更大的自我尊重、更好的健康状况、更多的乐观主义以及更有效的工作习惯。这是事实。

当他们没有学习处理时间的专注方法时，写作者就会匆忙行事并且面临消沉的风险。接着，他们会怀疑自己是否有足够的时间，并且产生心理上的忧愁、焦虑、神经质,以及"时间—病理"的生理症状(道尔西,1982)。

> 意志和动机都无助于那些不知道如何制定时间表的学生。
> ——琳达·弗劳尔(Linda Flower)

短暂的日常时间非常有效率!

为了雄心勃勃地试图通过资料来证明短暂的日常时间的功效,我连续六年测算了新雇用的大学教师的写作习惯和成果。我追踪了两组大学青年教师,每组16人。第一组自始至终都具有明显的忙乱写作的习惯。第二组自始至终都在短暂的日常时间中完成大部分的写作任务。图11.1显示了那些自称忙乱的写作者在整整六年中的表现:(1)更忙乱地在冗长、兴奋和疲劳的时段进行的写作;(2)更少的花在每周的写作上的平均时间;(3)更少的成品文章的总页数;(4)更少的被提交出版审查并且得到接受的成果的总量。

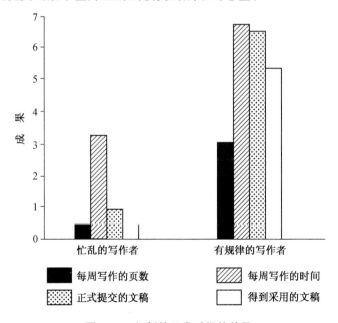

图 11.1 短暂的日常时间的效果

两种产量测算,即对学术论文的页数和写作时间的测量是按周进行的;两种成果测算,即对被提交的手稿和被接受的手稿的测算则反映了开头六年的所有成果。这两类写作者在这些产量上的区别具有重要的统计学意义——以及其他意义。所有16个忙乱的写作者都未能写出足够多的东西来获得续聘和留任;所有16个有规律的写作者都按期赢得了续聘和留任。因此,持之以恒和适度的短暂的日常时间是与学术创作的产量和成功联系在一起的,而自发和匆忙的写作则不是。短暂的日常时间也导致了更少的辛劳(可以观测的出现痛苦的拖延和障碍的次数),而且它的过程带来了更少的烦躁(例如,对写作期间的压力所造成的牺牲的抱怨)。

我从1981年以来就开始在一系列已经发表的研究成果中披露短暂的日常时间的这种功效。然而,没有参加我的培训方案的写作者显得不大愿意接受这种持之以恒和适度的方法,直到我把它与专注的写作方式结合了起来。没有什么能够比下一条规则更好地体现它的特征。

第十二章
停 止

停止甚至比开始更困难和更重要,正如大量有关冲动控制问题的文献极为充分地显示得那样(鲍姆埃斯特、海瑟顿和提斯,1994)。难以及时地停止的主要原因是这个社会很少教育人们去学习耐心和忍耐。

同样的忽视也存在于写作之中。只要写作者不能及时地克制和停止,他们就不会成为多产的、健康的工作者。为什么?果真如此吗?当写作者未能克制自己的匆忙和逃避时,他们很少会在效益递减的转折点出现之前停止写作,从而使工作变得讨厌,也使写作变得肤浅。只要他们把写作的时间拖得过长,其他的重要事情就会受到耽搁,并且会最终挤掉写作。

及时停止的失败加强了那个反对流畅和舒适的写作的自以为是的敌人:匆忙。当我们为了得到继续写作的短期回报而无法停止时,我们就会陷入忙乱。当我们陷入忙乱时,我们常常每天只完成一件主要的任务。这常常意味着后面的一两天必须被用来做其他事情,而不是写作,或许是必要的休息。

你可能意识到了这个问题更容易发生在我们以前看到的(上编)那些不知道及时停止的教师身上。他们等待得太久,一直拖到了动身上课的时间。然后,他们冲上讲台并且飞快地讲述,以至于让许多学生无法理解课程的内容。而且为了赶在铃声响起前匆忙讲完课程,他们使自己和听众都很累。他们事倍功半。

为什么在诸如教学和写作这样的工作中难以做到及时停止呢?当我们有了动力时(尤其当它难以在开始阶段被发现时),我们不愿打扰它。动力可以变成一种有着独特魅力的状态。当我们落后于时间表时,动力似乎为我们提供了最终赶上进度的机会。它诱使我们再把一两个涌现在大脑中的额外的观点补充进来。它带来了一种表面上的确定性和流畅性，而我们不舍得放弃。毕竟，我们也许会担心，如果这样的动力再也不来了该怎么办？

> 写作的一个定律是笔在不停地运转，就像牛顿第一定律中的物质，除非有外界强加的力量迫使它改变那种状态。
> ——威尔·杜兰特（Willand Ariel Durant）

导致停止变得困难的真实原因正是导致"恰到好处"法的所有功效在最初难以实现的原因：缺乏耐心和忍耐。及时地停止需要一种把未完成的工作放在一边而去做其他事情的耐心——它反对屈服于那种诱使我们在有了动力之后去做更多的事情，甚至整件事情的急躁。及时地停止需要忍耐来战胜诱惑，否则的话，我们就会猜想停止下来去做其他事情会压抑我们的天赋，并且导致太多的不适。

学会及时地停止是另一种关键的写作技能的基础：省略的活动。那就是不要把你知道的一切都说出来，不要把你所有的专长和想象都打扮成不容易做到的事情。回忆杰克·伦敦关于省略是最难学到的技能的评论，并且把下面这个相关的至理名言加入你的警句。

> 当我20岁时，我是一个长于辞藻的人。我不大清楚什么时候人们的言辞会给自己惹麻烦。现在我喜欢少说为佳，就像透明的门帘。
> ——华莱士·斯泰格纳（Wallace Stegner）

写作规则4：及时地停止。

写作规则4的练习

练习1. 尽早准备停止，在感到有必要之前。

这里的"早"意味着真正的"早"！它的最佳开端是在你早晨醒来的时候，这样可以让平静和放缓的习惯扩展到一整天。在关于教学的那一章里，我概述了如何克制自己从床上跳起来并且像往常一样投入无头绪的忙乱的方法。还有更多专注的方法可以用来开始你的一天，包括舒展身体，在尚未起床的时候跟上你的呼吸节奏，以及在着手其他事情之前坐在床沿上沉思。所有这一切只需要占用几分钟的时间，而且它有助于教师和写作者建立平静的节奏，包括克制情绪和鼓励停止。这段用于尽早计划的时间还有助于我们去想象自己需要做什么以及做多少就足够。

练习2. 及时开始，但要耐心。

最有效率和效果的写作者注意按时开始他们的写作，哪怕当时没有情绪或正在忙于手头的其他事情。这又一次需要在思想上提前做好按时停止的准备，甚至只是早一两分钟。

在说服自己尽早停止的时候，还要把这一点记在心里：一旦缩短了写作的时间，一旦取得了有规律的进步，你就将取得很大的进展。

练习3. 在进入正式写作之前，继续进行简短的、有计划的预写。

这个已经习惯了的热身活动不仅会帮助你形成有想象力的观点和逐步接近正式的写作，而且会在你开始日常写作的时候带来更多的轻松。当简短的预写澄清了你当天需要做的工作时，它将会强化你在更早前做出的关于做多少就足够以及做到何时就该停止的承诺。

练习4. 继续在写作时进行有规律的停顿。

停顿本身就是一种停止。当我们认为自己过于繁忙、拖得太厉害、灵感太多，以至于不愿意休息和思考时，它还可以消除急躁和缺乏专注。

像停止一样，停顿也需要通过专注活动中的一些基本要素才能起作用：(1) 有规律的练习，直到习惯成为强大的、自然的、受欢迎的为止；(2) 外在的提示，利用定时器和合作者之类的东西来提示我们何时停顿；(3) 随时关注那些易于引起停顿的内部迹象：

- 身体的僵硬和不适，尤其是你常常感到有压迫感的那些部位（例如，脖子和额头、肠胃、后背）。
- 眼睛发胀。

- 仓促的、缺乏专注的速度。
- 疲劳，不仅是指劳累，而且包括其外在的表现，例如，打错字之类的失误。

练习 5. 尽早结束大多数时段。

这个活动不仅要迎战急躁和偏执——两者都不能宽恕我们自己的及时停止，更别说尽早停止——而且要留出时间预备下一个时段的写作地点和材料。

一个做好练习 5 的有效方法是养成总是在某个句子或者某个段落写到一半时停止你当天的写作的习惯，就像你在练习教学时所做的那样。那样一来，你在重新回到工作中时就可以更轻易地恢复写作这个句子或者段落——哪怕是第二天——因为未完成的任务常常清晰地保存在我们的脑海里，并且迫使我们去完成它们。另一个相关的方法是在你仍然有动力和仍然知道下一步的工作方向的时候结束工作。

> 海明威在很早之前说过——而且我赞成他的观点——一个聪明的作家会在他真正兴奋的时候，在他知道干得很好和怎么干下去的时候退出工作。如果你能够做到这一点，你就已经把第二天的战斗打了一半。
>
> ——詹姆斯·米切纳（James Michener）

练习 6. 记录你在尽早停止方面取得的进步。

不仅应该利用图表、日志和曲线来显示你每天的成果（以花费的时间和/或完成的页数为参数），而且应该记录你在及时停顿和停止方面取得的进步。这么做的部分理由是你们所熟悉的：它只会占用一点点时间，记录可以促使我们做得更好，并且奖励我们的进步。但更出色的是，这个活动使我们停顿下来以便专注地反思一下为什么及时的停止是既困难又重要的。在这种反思中可能有一个令人惊奇的东西，那就是在发现自我克制所产生的及时停顿的效果时得到的特殊喜悦。这种喜悦正是参与了我的培训方案的写作者们在发现自己可以在不妨碍其他重要事情的前提下完成足够的写作量时所报告的。

这些写作者还告诉我，那一点点进步带来了他们对自由的本质的全新认识：它依赖于对时间和决心的有效利用——包括一种不断增长的、对他们真的不愿做的事情说"不"的能力。停止与说"不"是同一回事。自由取决于足够地完成自己愿意完成的事情，以便留出休闲和休息的时间。它要求我们清楚地发现自己现在已经做得足够了。一位写作者说："以前，我总是为了延期的压力以及没有投入足够的努力而感到烦恼。我认为我是自由的，因为我在做自己愿意做的事情。但我实际上并不自由，我一直感到沮丧和不快。"

另外还有一件事值得一提，就是应该出现在这个关于及时停止的章节的末尾的那件事。知道怎样停止可以让我们有时间去享受某件只有在完成了当天的写作之后才能做得最好的事：判断你的工作是否达到了你的标准。为什么非得现在做，而不是更早做？太迅速和太严厉的判断会妨碍你把工作坚持到底。

完成，然后再评价。完美是优秀的敌人。

——唐纳德·默里

当你在一个又一个的时段中逐步练习了尽早停止的方法之后，你或许已经准备好了去尝试一下它的另外两个拓展性的方法。

练习7. 停止制作思想提纲。

有一个风险存在于轻松愉快地制作思想提纲的过程中，那就是它可能会变成以功能为主导的活动（即以它本身为目的）。因此，要想停止制作思想提纲以便进行下一种模式的写作可能是一件困难的事情。然而，当人们试图通过自我克制来停留在正确的轨道上时，他们所要做的任何事情都是如此。

我所研究过的大多数专注的写作者在决定何时停止制作思想提纲的时候，都会通过停顿来提醒自己在这件事上保持平衡。首先，他们要防止在不成熟的时候结束对思想提纲的预写，有时候是通过引用在这方面的专家所提出的建议。下面这位在写作研究方面的领军人物简洁地讲述了保持计划的简单和清晰的益处：

我们会回应自己所提出的问题。

——琳达·弗劳尔

然后，当模范们继续去修正那个显得越来越令人满意的思想提纲时，他们就走到了这种平衡的另外一边，即何时转向正式的文章写作。唐纳德·默里详述了这种帮助写作者逐渐发现转向正式写作的时间的过程。他迈向这个时刻的每一步都是专注的，而且都可能是你在练习那些教学的规则时早已经熟悉的：

- 你看到了写作你所研究、记录和汇集过的东西的可能性。
- 你对这个写作主题有一个明确的，甚至独特的观点。
- 你一直在倾听自己，准备听到一个"声音"来告诉你如何去表达它。这种写作将体现出你的特色。（一位写作者是这样描述它的："我知道我以前听起来过于古板和冷漠，但我现在听起来更自然，就像我没有压力，就像我很轻松。"）
- 你要表达的东西是新颖的（例如，有点新颖的信息或者新颖的陈述方式）。
- 你有一条独立的线索来展开这篇文章，它可以在引导和吸引读者的同时把更多的控制感赋予作为作者的你[一个适中的例子是《白鲸》(Moby Dick)中所说的"叫我以实马利"]。
- 你发现了一种关于这个主题的模式，它开始为整个写作推荐一种结构。
- 你开始看到和听到意象，它们将有助于引导整个写作。
- 你比较清楚地知道你将在自己的文章里解决什么问题，而且你相信自己能够在正式的文稿中把它解决。你终于准备好了停止制作思想提纲并且开始正式写作。

既然你正在或者即将进行正式写作，你将如何知道要把多少时间花在这项宏大的工作计划中呢？它的答案与专注有关，尤其与适度和均衡有关。

第十三章
平衡地工作

　　这条规则也是以专注的写作者的工作方法为基础的。和同辈们相比,模范的大学青年教师知道花适度的时间进行准备(即预写)。这些专注的写作者在完成计划的过程中把同样多的时间分配给准备活动和更加正式的写作活动。他们不仅通过显而易见的方式来展示这种平衡,例如,他们投到思想提纲上的与投到反映它的正式文稿上的时间和努力在总量上是平衡的,而且还进一步把准备活动和写作活动在完成计划的过程中融合起来。那就是说,专注的写作者在开始时所进行的主要工作是预写,然后在进入后续阶段的工作时逐渐地减轻它的分量,这时他们仅仅通过它来准备最后的草稿和进行修正。另一方面,撰写文稿在开始时所占的分量很小,但是当写作计划接近其尾声时又变得最为重要。

　　奇怪的是,一个针对苦苦挣扎的青年教师的警示(第一章)有助于澄清这一点。刚刚当上教师的人常常把太多的时间花在备课上,而非课堂上——那就是说,他们工作得没有效率,有点心不在焉。你也许还记得,这个带有普遍性的观察结果的惊奇之处在于:模范教师总是平衡分配用于准备和用于教学的时间,学生们在教学的各个方面对他们评价更高。学生们还以自己更好的笔记、更大的理解和课堂上更加礼貌来证实了这一点。这些并不常见的善于把握平衡的教师在下述事情上的自我评价也高于不善于把握平衡的教师:(1)教学;(2)教学中的乐趣;(3)教学水平的提高。难道你不同意心理学家不得不为一些人贴上"不平衡"的标签?

平衡为何如此至关重要

　　因为平衡有助于避免过度,所以它可以帮助写作者仅仅准备那些需要讲述和展示的内容(就像模范教师倾向于讲述更少的主要概念,却又为每个概念提供更多的例子一样)。而且因为平衡为准备活动提供了机会,所以它使写作者可以在准备得不太完善的时候自由地进行工作。它甚至减轻了常见的从构思阶段转入写作阶段的困难,因为它通过循序渐进的工作来逐步地接近正式的文章写作,从而使写作者在不知不觉的情况下进入了写作状态。这种在准备活动中的耐心也意味着在进入了正式的写作阶段后,写作者会变得更有想象力和更具自发性。为什么?因为他们不再需要一边构思一边写作。

持之以恒的但又适度的平衡还意味着写作者几乎总在为新的写作计划作准备。在完成一个计划的时候,善于把握平衡的写作者会开始考虑另一个计划,并且开始去注意和收集,甚至去做笔记和制作思想提纲。在尚未完全意识到这一点之前,他们就已经在写作第二篇文章,并且走得比他们自己想象的更远。

> 如果你沉浸在一个计划之中,那么当你坐下来写作时,你几乎已经知道了整个故事。
>
> ——菲利普·陶布曼(Phlip Taubman)

在这里,始终维持着某些预写工作的平衡可以帮助写作者轻松地突破写作中的障碍,并且实现从完成一篇文章(带着它的产后忧郁症)到开始另一篇文章的转变。

为什么大多数写作者不愿意接受平衡

他们是正常的。他们就像不善于把握平衡的教师一样,只知道遵循旧的习俗。此外,平衡的规则在刚开始的时候常常显得令他们难以置信(例如,"我永远不会相信它。我没有足够多的时间来做到这一切。")。

专注的(以及那些正在变成这样的)写作者强调了两种避免这种怀疑的方法。首先,他们提醒自己注意那些与他们的怀疑相矛盾的证据:最多产和最成功的写作者在长期的工作中不仅保持了适度,也保持了正式写作和准备活动的平衡,例如制作思想提纲和专注的随笔写作。他们的第二种减轻怀疑的方法是在平衡的价值显露出来之前实践它——通过信任它(即通过积极等待)。

平衡带来和谐

专注的写作者是这样来形容这种体验的：当写作在关注发现和更清楚地复述事物之间变换（即第十节中所写的在基于意象的创造和基于词语的修正之间的相互作用）时，平衡把兴奋与耐心融合了起来。这两种工作情绪和模式的融合说明了写作的观点与主题之间的新结合。而且正如你所知，它促进了写作，但是以适度的方式。

当他们最终发现了这种深层的平衡时，参与我的方案的写作者们谈到了流畅和它的近亲——专注。有时候，他们会引用专家的类似观点：

> 尽管流畅看起来不费力气，但是它需要训练有素的精神活动……工作之所以比闲暇的时间更有乐趣，是因为就像流畅的活动一样，它们有着内在的目标、反馈、规则和挑战……所有这些都鼓励了专心和忘我的工作。
>
> ——米哈里·克斯克塞米哈里（Mihaly Csikszentmihaly）

有时候他们提出自己的类似观点："平衡与专注一起发展，反之亦然。"

写作规则5：平衡地工作。

写作规则 5 的练习

如果流畅和专注的经历对于大多数写作者而言仍然有点难以形容的话，它所产生的迫切要求却得到了具体的表达。写作者寻求在用于预写和用于写作的时间之间保持更多的平衡。他们甚至想让写作的时间与坐着进行专注的沉思或者其他"不做"的时间逐渐达到一种平衡。现在，他们的繁忙已经减少到了足以让日常的时间安排承受得起这种奢侈的程度。

练习1. 使沉思的时间接近写作的时间。

这种平衡只有在得到耐心和逐步的掌握时才能发挥最好的作用。只有当沉思的时间远远短于写作的时间时——但也要持之以恒——

它才能充分地发挥作用。还有,你越是练习专注的沉思之中的平静和聚精会神,你就越容易在陷入分神的时候重新恢复专注。最重要的是,专注的沉思有助于你把你的写作变成专注的"练习",因为这二者变得越平衡,它们就越相像。这种平衡有助于恢复愉快的心情,或许是因为其结合带来了精神活动的力度和深度。

> 平衡并不意味着保持事物的均等,它是一种在警醒的、敏感的生活中恢复平衡的能力。我不需要持久的平静……我看重的是保持时间平衡的能力……研究证明,沉思者在作出吃惊的反应之后,能够更快地恢复平静和集中注意力。
> ——希尔维亚·布尔斯坦

专注的沉思怎样开始灌输/传授这种平衡?最基本的方法是从对不平衡的警觉和清楚发现开始,然后是把我们的行为与我们真实的自我区别开来:

> 我们中的许多人是如此疏远我们的基本需要,并且如此习惯于追求自我的需要,以至于我们必须重新学习让注意力和意图发挥真正作用的基本技能。当心灵为了完成其他缺少爱好、没有乐趣或者没有满足的欲望而设立了它自己的议程表时,这一点就很难被认识到。
> ——德帕克·乔普拉(Deepak Chopra)

这种缓解自我疏远情绪的潜在力量是这样的重要,以致它成为了精神疗法(常常不会被一致地称之为专注)的永恒主题:

> 如果人的各个方面都没有经过处理——割裂、否定、投射、拒绝、纵容,否则就不会被同化——它们将成为那些贪婪、仇恨、欺骗的核心力量所自我环绕的中点……就像威廉·瑞奇(Wilhelm Reich)在他的关于个性形成的开创性著作中所论证的那样,人格就建立在这些自我疏远的中点上。这里的悖论在于:我们自认为是我们的真实自我的东西,是建立在一种对我们不愿意普遍承

认的东西的反抗之上的。我们对我们所否定的东西感到紧张,而且通过我们的紧张来体验我们自己。

——马克·爱波斯坦(Mark Epstein)

当我们不再依靠隐藏的想法及其带来的紧张去进行写作的时候,我们不仅开始更好地了解我们自己,而且会更直接和更简单地写出我们自己的声音。为什么?专注避免了大多数干扰性和非理性的想法,从而使我们得以利用结成一体的动机和需要来进行工作。有障碍的写作者要与他们自己作斗争;模范的写作者则与他们的健康的自我相结合,从而更好地写出了他们的知觉和感受。

当我们将专注和我们的工作相结合时,会发生一件奇妙的事情:思想和行为之间(还有目的和行为之间)的相互干扰变小了,因为专注可以让思想进入这一刻并且进入理性的工作——否则它就会暂时排除这些思想。作为专注的写作者,我们会在做事的时候思考我们现在需要做什么和能够做什么(例如,通过高声谈论和制作思想提纲来澄清初步的意象和想法)。

轻度躁狂。但是有些参与者就此请教我,如何解释匆忙、忙乱与欣快可以成为激发写作的方法,或者成为那些追求过度、不平衡和天赋的写作者的法宝呢?我承认有一种类似的、从意象到写作的转变可以通过某种不适度的方式来完成——但并非通过一种存在于专注的平静和清楚发现之中的长期可靠的和健康的方式。

事实上,专注的写作者和狂热的写作者都会偶尔声称他们清楚地看到了无言的意象和写作在没有明显的中介活动的条件下并列出现。但是据我所知,只有专注的写作者才会在处理这种相似性时平静地、全面地认识到它为什么起作用、如何使它更好地起作用,以及如何在短暂的工作时间里达致它们。

而且尽管这两种写作者都声称他们看到了自己的写作,甚至写作的内容就像做听写时一样,但是只有专注的写作者才能长期以健康和高产的方式不断再现这种状态。狂热的轻度躁狂的写作者则正如我们将在下一节中所看到的那样,会执迷于这种狂热的体验,原谅它的总体性的无成效,并且因为它的后果而逃避它。

练习2. 利用平衡来保证另一个写作计划的实施。

例如，如果你在自己已经进行的写作计划中未能按照你现在的要求搞好预备写作和正式写作的平衡，就要通过更多的深思熟虑和更多的专注来开始另一个写作计划。不必抛弃你现在的计划，只要利用每个工作日的短暂间隙来耐心地、不慌不忙地开始一个新计划。如果你要搁置现在的计划，就一定要适度；它被闲置、不看、不摸的时间越长，就越难被恢复。持之以恒才能完成；反复无常则有延迟的风险。

承担另一个写作任务，常常到第三个写作任务（但根据大学里的模范写作者的观点，不能再多）就足够了。在做其他的事情时，这种做法有助于减少只有一个计划的写作的单调，并且导致思想和写作风格的相互影响。

练习3. 把准备活动推广到正式写作中。

在几乎每次的日常写作时间之前都要进行预写，至少是短暂的预写，哪怕你早就进入了文章写作的阶段。一种可效仿的做法是重新打印前一天所出的成果的最后半页（或者更少）。要专注、下意识地、耐心地做这件事。只有在可以迅速果断地做出更改时才进行修正。但是哪怕你只能不加任何更改地重新抄写，也不要放弃这种做法。这种做法使你能够继续享受预写的两个主要好处：(1) 动力；(2) 知道你以前所写的和你将要去写的是什么。

通常情况下，重写一点你以前所写过的东西会导致一个轻松的开始，并且使你几乎不知不觉地进入当天的新写作。

练习4. 保持主要工作和临时工作的平衡。

不要让不太重要的事情，例如发电子邮件或者重新布置起居室所占用的时间超出写作（或者教学）。在可能出现的短暂的日常时间里做它们。

练习5. 保持工作和娱乐的平衡。

如果你认为这一点是显而易见的，我就要提醒你注意到我所研究过的那些蹩脚的起跑者的另一个特征，那就是几乎完全没有兴致投入轻松愉快的娱乐活动。他只是一个写作者，"只工作不玩耍，孩子会变傻！"在《杰出者》中的那位苦闷而且相当恼火的作家说道。

第 十 四 章
抛开消极的思想

我们迄今所见过的不平衡——包括在随笔写作中常见的创作对反思的支配地位——都可以归结为缺乏专注。我们在这一节中所要碰到的不平衡也没有例外。当我们缺乏专注地工作时,我们就助长了过度的紧张和消极的思想,它们会干扰和损害写作。

乔安娜·费尔德(Joanna Field)是第一批清楚而公开地描述了这种洞见的人之一,她是20世纪30年代的一位努力寻找自身的专注的年轻心理学家。她明智地希望摆脱那些支配着她的生活的困惑与忧伤。因为几乎找不到几本有用的关于如何寻找幸福的辅导书,她便自己去寻找。她从耐心地观察自己在行动时的思想开始:

> 我最终能够得到一个很好的关于我的思想在放任自流时的活动方式的认识。首先让我受到打击的东西之一是它的不合理与不负责任……我从来不能预见到我的心灵下一步会想到什么,而且我常常惊讶地发现这些想法完全忽视了我感到重要的时机……这个喋喋不休的心灵是一个没有理智的心灵:它似乎没有能力逃脱它自己的兴趣的小圈子;它只认可它自己,而且总是试图迫使它以外的世界做同样的事。

为了缓解她所说的那种盲目而自私的思考,她放松自己,并且下降到她的喋喋不休的思想乌云之下,以便把注意力集中到对活着的直接体验上(就是我们所说的专注)。

尽管在当时仍然被男性对实验室实验的要求所支配的心理学界,乔安娜·费尔德从来没有获得足够的重视,但是与她的方法相似的策略——关注、评价,然后取代消极的思想——最终开始广泛传播。艾尔伯特·艾利斯（Albert Ellis）的理性—情感疗法也许是其中最著名的。他指导病人平静地注意非理性的思想，并且通过停留在现实的这一刻来质疑这种想法。这种在今天的心理学界如此普及的认知方法之所以能够最终得到流行，是因为它有效。

思考一下为什么：通常，消极的思想远比积极的思想普遍得多。也许这种不平衡应该归咎于我们进化的历史或者当今社会的弊端。同样，它反映了普遍缺乏对专注的生活和工作方法的教育。无论它们的根源何在，我们内心中的批评家和消极的自我对白都很容易压垮和妨碍我们的写作。根据我对那些挣扎和失望的大学青年教师的早期研究的揭示，他们对写作的主要思维方式是这样的：

- 他们想得太完美，因而他们过早地得出了他们不可能写得足够好的结论。
- 他们总是想着将会遭到批评和拒绝的情景，因而他们想逃避写作。
- 内在的审查员总是在他们写作的时候萦绕在他们的心头，并且阻止他们超越狭隘的、不成熟的注意，比如对拼写、语法和文体的注意。
- 他们认为写作有着难以忍受的痛苦并且没有回报，因而他们宁可去做更加容易、见效更快的事情。
- 他们认为他们已经充分地知道他们将要写什么，并以此作为仓促成文的借口（没有思想提纲和其他的预写），因而他们发现自己遇到障碍和充满迷惑。
- 当他们远远落后于写作进度时，他们对写作的思考强调的是结果，而不是过程。这种不平衡还带来了另一个问题：倾向于认为写作的过程是神秘的，不检验效果更好。

但还有很多很多。

消极的思想有着广泛的影响

悲观主义和无能为力的想法会招来沮丧、消沉和无所作为。焦虑使得我们成为低效、急躁的问题解决者。写作无论如何都是一种解决问题的工作。它的过度的自我中心主义让我们封闭起来，并且羞于和不愿恳求社会的帮助——而后又对公众的批评作出过激反应。它的自我批评诱使我们陷于绝望而且至少暂时变得优柔寡断。而且它的浮躁使我们宁可选择其他能够马上带来回报和安慰的活动。我们越是依赖于迅速和轻松的逃避，我们的心灵就越有可能通过消极的思想来反对我们写出一个比备忘录多一点的东西的企图。

正如我们将要看到的那样，积极的思想则有效率得多。为了引导我们朝着那个方向前进，我首先要提出这个问题：

你如何才能断定你的思想是否妨碍了你写作？

通过专注。第一，注意你何时想到了拖延和气馁，特别是它们的不适何时导致你转向了风险更小的活动。第二，清楚地发现你何时在过早地担心正确性和完善性。第三，在心里记住消极思想的代价。

关于普遍性和危害性的实验证据

在一次研究中（博伊斯，1985a），我从两类正在执行写作计划的学术型作者那里搜集了"大声谈论"的草案：一组是有着障碍记录的写作者，另一组是异常流畅的写作者。有障碍的写作者受到消极思想的折磨最多，但即使他们的更加流畅的同事所描述的消极思想的程度也大得惊人（参阅表14.1）。这些数据可以告诉你两件值得记忆的事情。第一，最为常见和最成问题的消极思想主要针对的是写作工作的艰苦（以及为什么有些能够带来短期的快乐情绪的事情应该取代它的位置），而不是批评意见和完美主义。第二，甚至那些相对流畅的写作者所报告的在执行写作计划时的厌烦思想的程度也大得惊人；他们最终掌握了写作，但他们在坚持它的时候遭受了痛苦。

表14.1　用10分钟的时间大声谈论显著的思想的百分比

认知/思考的类型	有障碍者(N=40)	无障碍者(N=20)
1."写作太疲劳，太不快乐"	65%	43%
2."现在可以等待和拖延"	30%	10%
3."我太心烦、太压抑，以至于不能写作"	23%	5%

续表

认知/思考的类型	有障碍者(N=40)	无障碍者(N=20)
4."我对我正在做事情感到急躁"	20%	13%
5."我的写作必须是上好的"	13%	3%
6."我的写作将受到不公正的批评"	8%	18%
7."好的写作遵循严格的规则"	3%	0%

表 14.2　所报告的自我对话的类型

写作者的分组	不适应的	中性的	兴奋的	无对话
有障碍者	74%	8%	7%	11%
无障碍者	42%	6%	49%	3%

从不同的角度观看表 14.2 中的数据将揭示出无障碍者的一个优点。与那些常常遇到障碍的同伴们比较起来，较为流畅的写作者经常更多地思考那些有助于提高他们的写作兴致的积极陈述（例如，"一旦我开始做，就会获得足够的快乐。"）以及那些中性的想法（例如，"外面在下雪。"）。但是较为流畅的写作者显示了更多的没有推论式/内省式思考的时段。当写作者习惯于大声谈论他们的下述写作过程时，我认为他们有一段时间是"没有思考的"：(1) 停止评论；(2) 似乎在写作和停顿时更加投入和更有效率；(3) 然后，声称他们能够记得写作的内容，但是记不得当时的想法。在这样的时段中，写作者的工作是最为流畅和快乐的。

还有，较为流畅的写作者最经常谈论的是他们在当时所写出的东西，而且他们对此有些犹豫，直到他们能够将其清楚地说出来。相反，有障碍的写作者花费更多的时间向我叙述他们的自我对话，而花费更少的时间谈论写作和写作的经过。一般情况下，他们会叙述他们的工作是多么不合理，以至于拖延是可以接受的等等诸如我们在表 14.1 中看到的那些常见的消极思想。在没有思考的时候，有障碍的写作者最容易陷入恐慌之类的强烈情绪，或者会从事与写作无关的活动（例如，整理桌面）。所有这一切都可以通过我们所知道的专注来加以解决：练习专注的沉思的行家不仅自豪于他们从最消极的思想和最强烈的情感中获得的解脱，他们也喜欢听到他们摆脱了推论式的思考的自由。当他们写作时，这种自由意味着他们不再需要通过说出或者听见一个完整的句子,甚至近似句子的东西来进行创作;作为替代的方式,他们只是释放和允许想象去产生那一刻的写作。换句话说,他们在工作时无须携带一个故事或者一段冗长的论述,他们只需要去做。

这些最专注的写作者还利用关于这些基本方法的其他线索来调节思想的作用:

> 坐下,聚精会神,并且提防这些思想的定期出现(在计划、期望和担忧中向前跳跃)……(意识到)思想本身并不是问题,它们是自然的。对这些思想的专注使你能够注意到它们而又不会被卷进去。
>
> ——希尔维亚·布尔斯坦

> 所以当我们遇到了抓住我们不放并且把我们一扫而空的思想时,就通过我们所能集聚的全部开放和善意来标注它们的特征,并且让它们消失。
>
> ——佩马·乔均

我所研究过的最专注的写作者都强调在写作时要远离各种思想,以便转向当前的工作(当然,要通过偶尔思考/反思他们正在做的事情来保持平衡)。他们声称已经学会了冷静和不加判断地抛开大多数出现在写作时间的思想,尤其是那些在当时没有用的思想。他们还特别提到了像这样的事情:"那是更简单、更直接的。我现在真的没想那么多。那是徒劳的、烦人的,你知道。与此相反,我正在做的就是让意象变成写作,就好似一个只需要注意而无须过多干预的感兴趣的旁观者。"

然而,当我让专注的写作者与那些苦苦挣扎的写作者交谈时,这些内行人更多地强调了那些在直接写作之前进行的基本训练。"首要的事情优先。"他们喜欢这样说。

写作规则 6：缓解消极的思想。

写作规则 6 的练习

专注的写作者(和专注的教师)指出,只要你已经练习过专注,纠正消极的思想会变得更容易。在我为写作者和教师提供的培训方案中,最好的策略也是其中最简单的策略。(在有了关于教学的第一章之后,它们还显得如此地多余,以至于它们可能会考验你的耐心。我希望不会这样。)

练习 1. 注意你在写作时的想法。

这个练习在短期内是困难的,因为我们大多数人都没有受过注意我们的几乎持续不断的自我对话的训练。大多数想法常常在未被察觉的情况下逝去(尤其当我们缺乏专注的时候),但它们都是潜在性的力量和问题。关键的解决方法是我们再熟悉不过的——耐心和忍耐。耐心就是要通过停顿去倾听,哪怕当时我们的大脑皮层里似乎什么都没有发生。忍耐就是要平静地聆听我们经常告诉自己的那些令人吃惊的消极、消沉和非练习的东西。

首先要注意(并且记录)你在一个关键时刻的自我对话。寻找盲目的、缺乏专注的思想的迹象,就像我在本章的前面所列举的那些(表 14.1)。

练习 2. 质疑消极的思想。

这个练习通过下意识地倾听一个思想在得到缓慢而冷静的复述时是否合乎理性的方法来关注和挑战消极思想的荒谬性和欺骗性。例如,如果你发现你想到了自己的写作任务是不公平的,而且那个布置任务的人也不配让你满意地和及时地完成它,就要运用一个停顿来找到这个想法的不合理之处。例如,你可能意识到你有权力改变这项任务,你甚至可能在你同意接受它的时候逐渐变得喜欢它,或者你可能断定公平与否在此刻并不是一个那么重要的问题,因为此刻所要考虑的仅仅是去工作。

另一种清醒和清楚的发现也是同等重要的：知道我们陷入太多的思考和编故事（特别是消极的那种）的部分原因是由于它们所提供的荒谬的快乐；我们不断地告诉自己的这些故事可以用来助兴和刺激、解释和申辩、分心或者夸大。我们试图在短期内逃避什么东西？什么东西横亘在我们和我们最好的写作之间？

> 不安和恐惧……这样的体验需要在尽可能深的层次上与我们结成朋友……如果你不需要这些恐惧，它们就会失去力量。
> ——佩马·乔均

练习3. 用更具建设性的、乐观的思想取代消极的思想。

当你质疑和暴露了一个思想的不合理之后，马上转而思考你正在进行的工作——而且最终不再过于依赖所有这些伴随着写作而来的思想。有了这种抛开思想的练习，写作的意象就会取代你的很多惯常的想法。

> 你不可能在思考的同时取得成功。
> ——尤吉·贝拉（Yogi Berra）

第三个练习的实质在于摆脱成果取向的工作以便转入过程模式的工作。前者比后者具有更多的思想成分，特别是那种令人不安的思想。因为成果取向所依赖的是外在于此刻的思考，它们过快地以成果为目标，并且带来不必要的对工作进度的压力。相反，过程模式则将注意力集中在此时，并且不会追悔过去或者担心未来。有了定期的过程模式的练习来发现和取代非理性的思想——在此时此刻——写作者就学会了利用一个简单的和借用的提示来保证自己不偏离轨道，例如："就这么做。"

也要记住，为什么改变缺乏专注的旧习惯和它的消极思想在刚开始的时候这么难：

> 专注之所以可能显得吃力，原因之一是由于消极思想的痛苦。当思想令人不安的时候，人们常常会努力消除它们。然而，

> 痛苦不是来自对这些思想的专注的认识,而是来自对痛苦事件的一心一意的理解。
>
> ——艾伦·兰格

还有什么比一心一意更有效?专注。

从长远看,专注地抛开消极的思想会带来更深层次的变化。首先,写作者看到了悲观的无效和乐观的有效。那就是说,他们学会了以更加积极的眼光来重新解释发生的事情(即猜想失败与其说反映了一个人的缺陷,倒不如说反映了一个可以补救的问题,比如所做的准备不充分或者需要找到新的听众)。其次,摆脱了写作时的胡思乱想的写作者更加注意节奏和质量,甚至注意关于成果评价的客观信息。

其他的实验证据

最杰出的专注研究者艾伦·兰格(1989)发现,可以通过实验证明的缺乏专注的代价和它的消极性包括:

- 一种狭隘的自我印象,它怂恿我们对自己的工作加以不合理的社会比较,即当我们只看到一个多产的人的成就,而看不到他或她取得这个成就的过程时。这么一来,我们就会不假思索地通过比较给自己贴上失败者的标签。
- 一种不经意的对自己和他人的刻薄,因为我们或他们已经陷入了一种不加疑问的盲目思考的习惯。例如,当他人(或我们)没有马上展现出才华时,我们也许会急躁地和反射性地做出他们缺乏智慧的武断评价。
- 一种对我们的思想的盲目区分(例如,认为出身于蓝领家庭的人会比出身于上流社会的人具有更少的天赋才能)。
- 一种更容易在我们的明智选择受到限制时出现的失去控制感(例如,把我们的失败归咎于他人),并且因此找不到方法来抗拒一个长期充满挫折和烦躁的环境。
- 一种对学术上的无助感的倾向,因为我们缺乏专注地、消极地停留在环境之中,却不知道可以轻易地通过清醒及其决断来控制环境。
- 一种对我们的工作的潜在阻碍,因为缺乏专注(通过利用无休止的、消极性的唠叨来贬低我们的自我印象和自我评价)缩小了我们的选择,并且把我们"嫁"给了一条心的态度。

兰格的证据还表明了选择专注要比选择留在缺乏专注的消极之中更加容易和更好:

> 尽管有些人认为专注占用了太多的工作,但是我的书中所讨论的研究却说明了专注带来了控制感、更大的行动自由和更少的精力。
>
> ——艾伦·兰格

第十五章
调节情绪

练习专注写作的第七条规则像它前面的六条一样,也与自我克制有关。尽管如此,这里的注意力转向了某件甚至更少被写作者们所考虑到的事情,即调节工作时的情绪。为什么要争取适度?因为写作时的情绪太低会导致乏味的体验、薄弱的动力和平庸的成果。写作时的情绪过高则会耗尽写作者的精力,并且使工作变得可恶。规则7的目的就是避免这两个极端。

最困难的部分是对情绪的控制,而且我们已经知道了其中的某些原因:

- 急躁及其冲动。
- 缺乏专注及其对极端的偏好。
- 动力及其短期的回报。

调节情感的另一个困难可能是写作者们面临的最大的问题:

- 情绪高涨的状态是可以成瘾的。

写作时的情绪高涨通常表现为轻度躁狂的形式。

轻度躁狂

这种近似癫狂的状态及其强烈的冲击和持续的情绪高涨是病态的(美国精神病学会,1994)。尽管轻度躁狂的短期好处是诱人的(和成瘾的),它的长期代价却远远超出了这些好处。轻度躁狂所带来的问题不仅仅是它常常造成写作的肤浅和紊乱——甚至不仅仅是那种会增加再次开始的难度的持续的精疲力竭,轻度躁狂还常常带来烦躁不安(正如癫狂会引起消沉)以及忧伤的不作为或者烦躁的冲动。有了这种忽冷忽热的循环,写作者只能进行突发性的工作。当他们终于打破了自己的烦躁不安时,他们需要的情绪状态会带来相反的体验:轻度躁狂。而且当他们使自己沉溺在轻度躁狂所必需的急剧的和情绪化的忙乱之中时,他们又将面临新一轮的烦躁不安。事实上,轻度躁狂与下列情形是相互联系的:

- 一种发生在癫狂的忙乱之后的可以测量到的消沉。
- 最终得到的更少的成果和更低的质量。
- 更长期的写作困难,包括障碍。

轻度躁狂还会损害写作者的总体健康和社交生活。思考一位热衷于忙乱的作家艾因·兰德(Ayn Rand)的事例:

> 艾因在她的拼搏中遭受着身体和精神的双重痛苦。有时候弗兰克(她的丈夫)会发现她瘫倒在书桌前好像再也不能爬起来;有时候她会带着青筋历历的眉头和疲惫不堪的身体从她的工作室里冒出来;还有时候她表现出一种看似痛苦的神情紧张。她不能吃,不能睡,甚至是不能交流……当她的最后一丝精力消耗殆尽,当她的神经状态变得更加波动和脆弱的时候,她个人的辛酸和痛苦也开始随之大增。
>
> ——芭芭拉·布兰登(Barbara Brandon)

所有这一切并不意味着轻度躁狂在写作中毫无用处。尽管最流畅和最快乐的作家常常把情绪保持在低度到中度的水平,但是他们也知道变换写作速度的价值。有时候他们利用一股爆发的激情来甩掉内心深处的审查官,或者把适当的心声输送到写作之中。还有时候他们平心静气地创作(仅仅把思想写在纸上或者屏幕上),因为知道他们可以在等到更多的想象之后再来修正它。在他们看来,最好的写作方式带着一种基于适度的快乐的节奏,这种节奏可以被情绪的偶然波动所打断,但波动不会持续下去,以至于妨碍他们重新回到适度(专注)。

调节写作情绪为什么没有受到关注

当然,这些原因也正是专注的习惯之所以在我们的社会中受到了忽视的原因。尽管调节情绪听起来像是一个常识,但是它在现实生活中似乎显得不切实际。只要这个观点听得有点烦了,它就失去了趣味。早期的心理治疗师,特别是那些对东方哲学感兴趣的人为它的价值提供了一个鲜明的事例:

> 任何时代的诗人和哲人都知道,一个平静的、意识健全的人决不会沦为精神错乱的牺牲品,只有一个被内心的冲突撕裂的人才会。
>
> ——凯伦·霍妮(Karen Horney)

一些先驱者甚至说得更加直截了当:弗洛伊德的前辈皮埃尔·詹耐特(Pierre Janet)发现工作节奏过快和过于紧张会引起以情绪的不稳定为症状的神经衰弱(艾伦贝尔格,1970)。时至今日,只有少数几位心理学家在继续论证工作时的极端情绪的代价。鲍姆埃斯特、海瑟顿和提斯(1994)最近领导了这一反潮流的运动,并且提出了一些未能得到普遍认可的发现,例如:

- 当人们缺乏专注地仓促行动时,他们会如此不顾一切地回应他们的情感需要,以至于他们不大可能解决更重要的问题。
- 高涨的情绪导致高度的兴奋,从而消耗了自我克制所需要的精力。因此,情绪高涨的状态的自我持续将超出效益递减的转折点。
- 高涨的情绪引起浮想联翩的思绪(例如,关心自己的写作或者自己本人的价值),而且这些思绪会反过来引起同样居高不下的发生抑郁的风险,例如遇到障碍。

上述信息不仅在心理学界没有得到普遍的关注和运用,而且在写作教育和其他培训写作者的学科也是如此。其中的缘由便是大多数写作者和写作教师对此没有兴趣。他们把写作归于一种与世隔绝的行为(即我们在前一章看到的不假思索的活动),它的特殊规则不可能像一般的现象那样得到检验(参见博伊斯,1996c)。例如,写作者常常拒绝已经得到经验证实的关于在轻度躁狂状态下的写作没有成效的信息;即使那些"最严格"的学院派科学家也常常带着一种无须证据的信心对我声称他们知道高涨的情绪会产生最精彩的写作。

回忆一下这种缺乏专注的传统为什么可以得到改变的原因:(1)练习专注的沉思的行家提供了一些新式的和受欢迎的指导原则,这些原则说明了如何通过平静和清楚的发现来减慢速度,并且留驻在这一刻。(2)倾向于专注的写作教师也提出了类似的建议:

> 所以要试图平静下来,保持安静,呼吸,并且倾听……如果你不再试图像这样控制你的心灵,你将对这个或者那个人物是什么有一个直觉的预感。
>
> ——安妮·拉莫特

我们还有(3)模范写作者的专注习惯和专注态度可供效法。

写作规则7:调节情绪。

写作规则7的练习

练习专注的写作者在抵达我的培训方案的这个环节时常常变成他们的情绪的密切监测者,他们注意到什么情绪在妨碍或者驱使写作。而且正是在这里,他们之中最专注的人成为了耐心的实验者,这些实验者会去比较轻度躁狂下的写作效果和适度状态下的写作效果。下面就是常见的进步过程:

练习1. 监测并且记录写作期间情绪的强度和类型。

首先要按照一个测量标准来评定情绪的强度,例如,高度的紧张对平静的耐心。情绪之间的结合部可能要被标上"焦虑—镇静"之类的端点符号。通过练习注意那些容易感受的、像快乐一样简单的工作期间的情绪状态(有些事情对于大多数写作者来说还是没有学过的),有些难以琢磨的情绪,如烦躁和害怕就会变得更容易分辨。分辨出烦躁和害怕的重要性在于它们的狭隘性维持着一种与适度的快乐和信心相反的现状。

第一个目的就是要随时知道情绪在如何影响你的写作。如果你在感受自己写作期间的情绪时有困难，就试着唤醒那些在你经常性的"不做"的时段出现的情绪，就是在你坐着或者走着练习专注的沉思的时候。

练习2．为调节情绪设立合理的目标。

至少，在你开始进入日常写作的时候要试着保持你已经学过的那种平静的速度。然后再偶尔给它加上一点适度快乐的情绪。为什么？为了最好地解决那些对于写作至关重要的问题，为了使写作变得更加愉快和更有回报。

你如何知道你在写作时是否有着适度的兴奋呢？停顿并且观察；把你的感觉和体验与其他的体验相比较。你如何得知它是否已经消失了呢？搜寻消极的思想并且用积极的思想取代它——然而更好的办法是抛开它。然后，作出一个微笑来放松你的脸部和心灵（这种方法越练习越容易，哪怕对于纽约人）。而且要注意什么时候你的写作是平静而又愉快的。

要预见到辛苦，至少在开始，在缺乏常见的紧张时。你可能错误地和不假思索地猜想你工作得不够努力（或者不够辛苦）。最终，要预见到我所提及的其他东西。尽管最专注的写作者常常带着较低的但又可以察觉到的情绪进行工作，但是他们也依靠速度和视角的转换来保持自己的清醒和兴趣。

> 两种主要的积极情绪是：(1)通过适度的新奇感的刺激或者自身环境中的复杂性和含糊性所产生的兴趣——兴奋；(2)在利用以前所确立的计划来匹配与吸收这些新奇的或者复杂的信息时体验到的快乐。……反思意识和冗长的过程可能延缓反应，导致某些信息的丢失（但我们的大部分环境都是完全多余的），并且建立一种对所输入的信息的控制感，从而保持一种兴趣和兴奋或者快乐的情绪姿态。
>
> ——杰罗姆·辛格(Jerome Singer)

练习3．带着节奏感工作和写作。

这个看似神奇的技能首先要求停顿下来以便及时地转换情绪。

作为其基础的克制是专注活动中最难做到的部分。但克制带来了更多的关于何时要减缓速度以便停止的意识,以及更大的对可以按照不同的节拍来完成写作的认可。有时候你可能会下意识地寻找写作的益处,就仿佛你正在书写和加工简洁、清楚的句子;有时候你可能希望加上一些复述和排比的成分;有时候你可能通过按照你的呼吸甚至一个节拍器的节奏工作来确保一种稳定的速度;还有时候你可能提出一个对立的观点或者加上一个断句来变换节奏。所有这一切都有助于确立一个写作者的格调和语态。

> 使你的论述多样化。过于均衡和统一的风格会让我们打瞌睡……密切注意你的语句的抑扬顿挫。
>
> ——波伊奥(Boileau)

练习 4. 接受难以接受的情绪。

因为专注的写作会让你面对生活中的实际问题,所以它也会偶尔带来痛苦。那么怎么办?不要通过转向拖延或者忙乱来避免或者逃避这种痛苦。而要慢下来并且拥抱它,专注地但又短暂地:

> 把注意力集中到感觉上将使你变得更加接近目击者的状态:你观察这种痛苦而不是在各种常常随之而来的责备、逃避和拒绝之中把它隐藏起来……它的分解带来了理解,而且如果你忘不掉自己的伤痛,你将看不到它背后的原因。
>
> ——德帕克·乔普拉

练习 5. 不带持续高涨的情绪工作。

在接下来的这个简短的研究中,我说明了仓促、忙乱和不适度的情绪(与更加持之以恒和适度的写作相比)如何降低了最后的写作量,并给写作者带来了不必要的痛苦和沮丧。

关于适度的写作情绪的好处的证据

从我所纵向研究过的几百位新近获得大学教职的写作者中,我挑选了 16 位在进入校园时就对写作情绪的作用持有极端态度的大学青年教师。在我趁他们正在写作(或者试图写作)的机会拜访他们的办公室的时候,其中 8 位把自己描述成特别浪漫的人,声称他们最好的写作需要高涨的情绪和强烈的痛苦,还有 8 位强调了平静和适度的幸福对写作者的价值。

第一组。8 位情绪高涨的写作者在以一种匆忙的速度工作,并且说他们下意识地保持这种速度直到他们感到了欣快、杰出和狂躁。在我们的交谈中,他们对那些计划带着适度的情绪进行写作的同辈表现出了强烈的轻蔑:这些浪漫主义者对我担保说,那些"机械的写作者"将创作更少的成果,写出更缺乏创造性的东西,而且在权威的出版机构得到更少的认可。这些浪漫主义者还向我保证说,在疯狂的情绪中进行写作的一个特别好处是它那创造性的疯狂和它所特有的天赋。

第二组。8 位带着适度的情绪进行写作的写作者也是在进入大学的第二年接受了我对他们的更加正式的研究。他们也没有展示出什么绝对正确的写作方式,而只是持之以恒地和不慌不忙地在进入大学的第一年里进行写作。与第一组的人不同,他们从未提到自己需要缪斯、突然的启示或者火热的激情来进行写作。这些持之以恒的和适度的写作者也没有表达出对才华、创造性或者完美的非常关心——至少现在没有。而且最终,这些适度的人未能在我的诱使下对第一组的写作者作出强烈的判断(例如,"如果那适合他们,就很好。")。

资料收集。在没有受到强迫或者压力的情况下,这 16 位写作者都同意让我进一步追踪调查他们在大学的前六年里的情况(他们都就职于研究型大学,这些大学对作为他们的续聘/留任条件的写作和出版有着明确的要求)。这 16 位写作者都很快学会了在工作时忽视我的存在,甚至也不关心我的研究生助手的出现——他是阶段性地前来检查我对工作习惯的评价和我的评论记录的可靠性的。

结果。鉴于批评者对我的早期工作提出的挑战,我的第一项任务是记录浪漫的写作者在与另一组研究对象相比较时所显示出的匆忙和欣快的程度。事实上,正如图 15.1 所显示的,这些浪漫的写作者显示出了更加频繁的属于轻度躁狂的行为:(1)在更多的时段里,他们一旦开始工作,就会使每分钟的写作速率明显升高;(2)更多自发性的关于写作期间出现的欣快症状的报告;(3)在更多的时段里,他们冲动地工作,而且没有求助笔记/提纲/计划;(4)更多出现在打字/书写中的错误,从而妨碍了他们的流畅性。

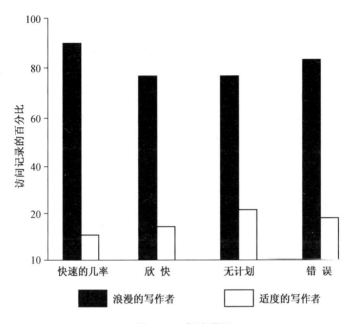

图 15.1 轻度躁狂

浪漫的写作者的轻度躁狂水平与第二组写作者的轻度躁狂水平之间的差异有着很高的统计上的可信度。因此,浪漫的写作者准确地描述出了他们的高度情绪化的、仓促的、冲动的和自发性的写作风格——甚至猜想到了他们在极度疯狂地书写和敲打键盘时会产生更高的出错率的某些不利条件。

图 15.2 表明这些浪漫的写作者在工作习惯和长期创作量方面都类似于第十一节中提到的那些忙乱的写作者。也就是说,这些表达了对创造性的疯狂的浪漫信念的写作者与那些因为最后期限的压力而忙乱工作的写作者产生了同样的令人失望的结果。在这里与在那里一样,每月记录的忙乱(每次至少长达两小时的紧张、高速和几乎不间断的写作时段)更频繁地出现在浪漫的写作者,而不是适度的写作者的身上。相反,适度的写作者则在他们的留任/晋升所需要的成果的所有长期统计上都表现出了优势(例如,在他们进入大学的头两年里,每年的文章数量的差异为 1.8 对 0.2——这个差异将持续至少 5 年)。适度的、带着下意识的平静情绪进行写作的写作者在更加短暂的日常

时间里工作。此外，他们的短暂的日常时间还以更加常见的平稳速度（每小时至少有四次停顿）和不长的持续时间（每天不超过90分钟）为标志。而且与他们更为浪漫的同事们的预料相反，在长达五年的正式观察和记录中，适度的写作者无论在每月撰写的页数上，还是在每年完成并提交出版审查的文章上，都取得了遥遥领先的成果。（记住，在这项正式研究开始之前，它的参与者已经在进入大学的第一年里显示出了持续性的情绪高涨或者情绪适度的写作方式。）

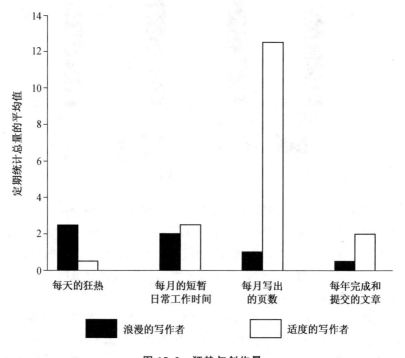

图 15.2　狂热与创作量

　　直到浪漫的写作者见到了他们的写作方式与创造力的级别有何联系的证据时，他们才开始承认自己的方法可能并不理想。他们曾经设想创造力是轻度躁狂的写作方式所肯定会带来的好处（例如，"那便是神圣的疯狂所意味着的东西。"）。因此，我还有一些用来测试他们的设想的数据资料（图 15.3）。

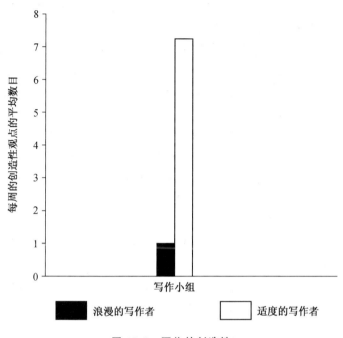

图 15.3 写作的创造性

从开始进行正式的观测和记录的时候起,我就找来了所有这 16 位写作者,以便在卡片上记下他们关于创造性的和有用的写作的想法。(显然,这种指数是以他们本人对自己所产生的创造性思想的报告为基础的,因而要比对写作期间的创造性的典型的系统评估更有意义。)在每周的访问和电话交流中,我让写作者重述和解释了他们提供给我的各项信息。我只看重那些在我看来有独创性的并且对他或她的写作计划有着潜在的作用的信息。(在这里,我还利用了一位观测助手去核实它们,以便就此达成一致意见。)

各种各样的专注或许说明了他们在创造力上的差异。因为对于浪漫的写作者来说,理想的写作方式意味着受苦,所以他们把自己创造力过低的原因归咎于没有在写作时间的间隙继续把写作放在心里。浪漫的写作者还被观测到在写作期间的停顿和反思较少,这显然是因为他们要么正在全速地工作,要么就干脆没有工作。另一方面,适度的写作者声称他们把自己的写作视为一种习以为常的、令人愉快的习惯;他们强调在自己心里有了新颖的观点和新的方向时进入写作的爱好。与浪漫的写作者不同,当他们对我大声谈论他们的写作时,他们会利用停顿来形成甚至更多的创造性的观点。

在看到这些关于他们的数据和反应时,有3位狂热的写作者开始怀疑自己的写作习惯和态度。另外5位则继续固执地认为学术创作使他们没有多少机会来发挥自己的创造性。这8位狂热的写作者都在怀疑他们的工作方式是否带来了更多的痛苦。的确,狂热的写作者所表现出的与写作有关的不适远比适度的写作者要多,多得似乎干扰了他们原定的恢复写作的计划。

为了客观地测试他们的痛苦,我在各个学期刚刚开始的那段时间让所有这16位写作者接受了"贝克抑郁量表"(Beck Depression Inventory,BDI)的测试,他们要在该表中报告自己作为逾期的写作者的特殊感受。我把这种对抑郁症状的短暂的自我清查安排在第一次写作时段之前(预写)、刚刚结束时(写作后)、一天之后(当天晚些时候)和两天之后。狂热的写作者在测试的每一个阶段都更容易被评价为有着需要认真对待的BDI水平的抑郁(图15.4)。

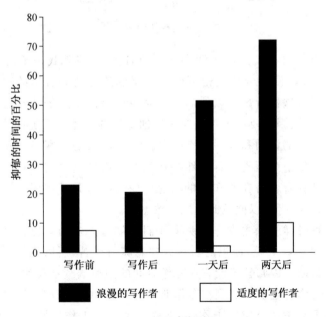

图 15.4 写作后的抑郁

要注意到,写作者们在带有成问题的高水平的沮丧症状方面的差异会在每个学期的第一个写作时段之后的那一天里得到最为引人注目的扩大(在这个写作时段里,狂热的写作者一定会狂热地工作,而且适度的写作者总是会适度地工作)。个人的 BDI 水平通常是通过个人在那些紧随着工作中的狂热情绪之后的日子里的浪漫精神所导致的,它一般都会干扰写作的流畅性,这是在我对沮丧的写作者所做的其他研究中发现的。

最后,适度的写作者还表现出了更高水平的对从事冥想和灵修之类的活动的兴趣,甚至是在他们去校园的路上。相反,浪漫的写作者则在从事写作之类的工作时显示出了更高水平的匆忙和苦恼。

康拉德为什么痛苦

我发现以上所列举的数据资料并不足以吸引所有的写作者。一些新教师更喜欢那些来自"真正的"作家,而不是来自学术性的作家的事例。其中信息量最大的事例之一出自小说家约瑟夫·康拉德(Joseph Conrad)的传记(迈耶斯,1991)。

康拉德这个人在陷入狂热和抑郁的时候会遭受极度的神经衰弱的痛苦,这种痛苦使他写作的手臂麻痹,并且使他的精神沮丧。既然知道了他早年的工作习惯,我们就不必奇怪:他经常要花费整天的时间来努力开始他的写作。如果他最终能够开始的话,那通常是在晚上,而且处于狂热之中。尽管有着如此冗长的努力,康拉德的创作量却不大,常常一天不超过 300 个字。康拉德的编辑也因为他缓慢的、不可预测的写作进度而遭殃。尽管有着这样的缺点,康拉德仍然把这种等待危机和疯狂的写作方式辩解为一种"高雅的苦恼"。

但在康拉德的创作生涯的中期,当小说家福特·马德斯(Ford Madox)成为他的密友、资助者、顾问兼文书的时候,他不得不或多或少地接受了专注的写作方式。对此,迈耶斯(1991)是这样描述的:

> 福特在文学上的帮助甚至更有意义(比起向康拉德廉价出租房子和提前支付稿费)。他倾听康拉德大声朗读他写出的内容,并且提出关于文字、短语和遗漏的小事的建议。福特还校对和更

正康拉德的手稿。他甚至在康拉德大声谈论自己想要写的东西时做记录。

福特还会在康拉德即将被抑郁和其他类型的疲劳症所击倒的时候激励他进行写作。大体上看,福特提供指导的方法是利用计划和实在的任务来规划康拉德写作的日子,他总是专注于可以写作的东西,总是强调要留驻在此时此刻并且按照计划写作。结果是康拉德的创作量和他的健康都得到了明显的提高。在大声与福特讨论写作过程的时候,康拉德能够日复一日地写出洋洋几千言,甚至更多。在此期间,他在《秘方》上取得了重大的进展,并且完成了《再多一天》。而且在此期间,福特对康拉德的写作情绪的调节消除了他工作中的疯狂,甚至还同时提高了他的创作量和出版量。

存在于上述做法中的问题是,康拉德始终是在消极地和心存疑虑地接受福特关于专注的指导。因此,当康拉德越来越对福特的干预感到不满时,两人之间发生了争吵,而且康拉德再次恢复了他原来的痛苦而疯狂的写作方式。他的创作量和他的写作质量都随着他的轻度躁狂的再次发作而出现了下滑。康拉德在写作《西方的视野》时所经受的这种创造性的疯狂是如此猛烈,以至于他完全陷入了精神崩溃(迈耶斯,1991):

> 康拉德(再次)经受了慢性痛风复发的痛苦和对金钱的长期忧虑。他在开始写作小说的时候,常常没有一个明确的计划,而且不知道应该在何处收尾……在 1909 年夏天,对于康拉德迟迟未能提交手稿感到不满的冯克(他的出版商)威胁要中止他们之间的合同。到了 12 月,当冯克拒绝提供更多的资金而康拉德(发誓)要烧毁手稿的时候,他们之间的关系发生了危机。

在这里,正如在我对学术性作家的更加直接和广泛的研究中一样,这种浪漫的写作方式——处在持续高涨的激情之中——在创作量和健康性上都远远低于那种常常处在平静的情绪之中的适度的写作方式。我在关于作家如何工作的其他描述中也没有看到例外的情况。

尽管如此,对于创造性的疯狂的信念还是一如既往地流行。学术评论家所导致的对某些新近的著作,例如对凯·贾米森(Kay Jamison)的《激情的触动》(1993)的赞美就是证明。(正如她所骄傲地承认的一样,她本人就是一个已被确诊的躁狂者。)为什么她的观点对于许多作家有如此之大的吸引力呢?

- 第一,那些进行写作特别是进行评论的作家同我在这本书中提到的模范作家相比,大都是一些更为狂热和近似躁狂的人。回忆一下,模范作家在我们这些进行写作的人当中只占一小部分。说得更有针对性一点,模范作家更有可能坚持他们的首要工作,而不是去作判断和评论,特别是对于带有感情或者政治色彩的文章。他们告诉我,他们更愿意在有利于保持平静和清楚的发现的状态中工作,甚至阅读。
- 第二,在高涨的情绪之下的缺乏专注的仓促具有一种属于难以变更的习惯的强大力量。每当它通过盲目的情绪和强劲的欣快所导致的狂热来帮助我们应付像写作这样困难和棘手的任务时,它的力量都会得到增长。
- 第三,关于优秀的写作需要强烈的痛苦的那个很少得到检验的假设为人们提供了不去写作的好借口。(回忆一下第十四节中的那些表格,它们显示了有障碍的写作者经常把他们所假设的写作的可恶之处作为自己逃避写作的借口。)
- 第四,那种据说只能为创造性的天才所特有的疯狂在文化中得到的推崇引起了盲目的崇拜和共鸣,进而强化了写作者怪异和不健康的行为。(同样的浪漫信念也曾经影响到那些浪费精力的写作者,正如他们后来所知道的那样;他们还想当然地认为他们正在为自己的天赋付出代价;有时候,他们并不想去医治这种疾病,因为害怕它的消失会带走他们的创造力。)

因而,专注的困难可能就在于它提供了太少的浪漫和牺牲,也可能在于它把太多的实用性和太容易的成功提供给了各式各样的写作者(甚至包括那些没有高贵出身的人)。在我看来,它真正的困难在于：在我们这些愿意写作和需要写作的人当中，很少有人曾经见到过这种可以用来取代盲目的仓促和盲目的情绪的更加民主和更加人道的写作方式。而且在我们这些已经开始写作的人当中，有太多的人为了保留自己的特权而武断地假设其他的大多数人不应该写作或者没有能力写作。

第十六章
要寻求批评，不要自我迷恋

　　第八条写作规则来自于前两条规则——它们都涉及抛开专注。作为结论，规则6指出：当我们抛开消极的思想时，我们就会使写作摆脱常见的焦虑和矛盾。规则7则指出：当我们抛开仓促和欣快时，我们就不再依靠狂热来追求写作量。规则8甚至更直接地通过最终面对那个叫做自我的最难对付的专注反对者来抛开习惯性的过度。正如我们从乔安娜·费尔德那里所得知的一样，自我可以利用异议和狭隘以及对现状的不假思索的迷恋来盲目地起作用。除非我们支配了自我，否则它就会妨碍属于专注的自由而宽宏的精神。

　　要知道自我与精神的区别。精神的存在是为了给予而不是索取。它希望带来快乐，而不是渴望得到认可。它不会强求另一个人的服从或者赞同，也不会超出所有的需要。
　　　　　　　　　　　　　　　　　　　　——德帕克·乔普拉

　　"恰到好处"法的第八个步骤意味着要减轻对十全十美的盲目追求及其对我们工作的过高要求；它意味着要在情感和理智上与我们的写作保持一定的距离，特别是在它的形成阶段；它意味着要耐心地、持之以恒地工作，并且带着一种愉悦和幽默的感觉；它意味着要抛开一些东西以便对其他的选择保持更加开放的态度，甚至是对批评。

　　只要稍微反思一下就能发现我们为何如此迷恋那些需要接受公开审阅的东西，例如写作。我们希望它们带来赞赏和喜爱，并且被视为杰出的行为。我们厌恶指责，更厌恶冷漠。

　　假设你已经知道什么是缺乏专注，你就可能感觉到过度迷恋的常见后果：我们会过于辛苦地努力和过于急切地奋斗。我们狂热地、自发地工作，我们为了开展天才的工作而过于疲劳，而且我们冒着陷入结果取向的风险（其中的一些列举如下）：

- 仓促和过早的校订。
- 既没有乐趣，又看不到其他选择的狭隘。
- 导致疲劳、疑虑、挣扎和阻碍的紧张。
- 锁定在一个耀眼的计划上的轻度躁狂和宏大期望——随后还有渴望创作出不朽经典的冲动。
- 烦躁/沮丧及对批评的过度反应。
- 对写作的成功和自己的价值的等同。

过度迷恋的影响是如此重大，以至于我要用另一种方式来解释它：当我们不假思索地把我们的期望锁定在一个特殊的事情上时，我们就看不到其他的选择。

因此，为了有效地和我们所希望的听众进行交流，我们需要与我们的工作保持一定的距离——至少要能够想象听众或者读者会作出何种反应；能够利用建议来作出改变；能够保证对我们自己和我们的听众的一些体恤。

像佩马·乔均一样专注的写作者为这个问题及其解决提供了最直截了当的解释：当我们从怀疑中得到暂时的安慰时，过度迷恋就形成了；当我们抛开对确定性的需要时，它就缓和了。这不仅意味着我们在任何时候都不要迷恋于对舒适的体验的盲目渴望，它还意味着我们要放弃不切实际的期望，以便能够消除不安和痛苦。而且它要求我们在现实生活的不可预见性和不可控制性中保持轻松。特别值得一提的是，它要求我们清楚地发现恐惧和不安在事情陷入困境时起不到多大的作用。有助于克服盲目的迷恋的其他的专注活动是洞察和体恤——洞察沉溺于直接的安慰的代价；体恤那些与我们有着直接和最密切的联系的事物，甚至包括我们自己，而不是对它们寄以狂热的希望。

我从那些我不断提到的最流畅和最健康的写作者身上看到了练习这种专注的效果：

- 平静而温和地抛开他们对能否永远获得所有人的赞同的担心。
- 满足于他们在这一刻的停留和工作,主要是为了有所发现。
- 对他们在写作方面的缺点的一种幽默感。

因此,模范的写作者不会强迫自己做到十全十美,而只要求自己做到清醒、清楚的发现、体恤和富有洞察力。

写作规则 8：缓解迷恋和抵触。

写作规则 8 的练习

请不要低估掌握这个步骤的难度——或者它的重要性。我认为,我们所有的人在充当写作者的时候都倾向于过度迷恋我们的创造性的、公开的表达。因此,我们中的大多数人都会不时地遭受怯场和障碍,而且我们发现自己难以平静和愉快地接受批评。下列练习要求我们接受不同意见,它可能比练习专注的写作方式的其他步骤更加艰苦。

练习 1. 监测过度迷恋。

在暂停写作的时候,要看看你是否与你的工作保持了一定的距离,并且去平静而愉快地注意到你是否：

- 明显地不愿停顿或者停止,因为这段文字似乎太精彩了,以至于不能打断或者重审。
- 在计划之初就相信这项工作将胜过大多数写作者的工作,因而它在各方面都必须没有瑕疵和非常出色。
- 不愿分享初步的计划或者内容,因为害怕这些思想和措辞会被人盗走。
- 越来越预感到这项写作是如此特殊,以至于它必然会遭到传统的低估,甚至拒绝。
- 工作的幽默感不断减少(即你能否拿它开玩笑;更重要的是,你能否忍受其他人对它表示的幽默?)。

当然，所有这些感觉都是以现实为基础的。但在考虑它们的现实性时，你也许应该把另外三种现实性记在心里：第一，大多数作品（哪怕出自偶像化的作家）不经过修改就不会成为伟大的作品。第二，为了降低我们的作品受到批评的可能性，我们应该以专注的态度工作，从而清楚地发现如何才能确保清晰和简练。第三，过度迷恋的根源在于骄傲和迷恋。一条去除它们的好办法是保持适度和谦虚。然而更好的办法是利用温和的自我埋没来取代它们，例如，参与过我的培训方案的写作者们最喜欢的一句名言是：

我算不上什么作家，但我是一个伟大的改写家。

练习2. 鼓励批评，越早越好。

这个非凡的壮举首先要求你减少初期写作中的个人色彩和自我中心。它意味着偶尔与别人进行合作。它意味着从最初阶段开始就要让别人看到你在做什么。它意味着你工作时要在心里体恤到读者的感觉（例如，阅读你刚刚写出的内容，以便了解它们听起来怎么样，以便想象读者可能作出什么反应）。它意味着抛弃写作者最喜欢的工作方式，即有点神秘地独自工作并且不把成果示人，直到它似乎完成了并且值得受到绝对的赞赏。

专注的写作方式不仅带来了规则和活动，它还是更加公开、更加开放和更具回应性的。最终，这种写作时的相对"不迷恋"将使写作得到编辑、教师、顾问和各式各样的读者的喜爱。为什么？因为在更加广阔和更加体恤的不迷恋的背景下的写作将促使读者更加潜心于作品之中。你是否知道衡量写作的成功的标准是读者究竟在多大程度上感到他们愿意像作者一样去发现和说出类似的东西？例如，达尔文在《物种起源》中耐心而亲切的写作方式促使一些读者说道："我希望我想到了那些。"（但据我的记忆，并非所有的读者。）

模范们再一次通过抛开对他们的作品的过度迷恋而找到了一个适合于交流的更加广阔、更具吸引力的背景。而且他们运用同一种愉快的不迷恋来更有成效地利用批评。这些模范的方法可以帮助你在这种态度的最困难的部分取得逐步的进展：

1. 请批评者把他们的意见限制在你本人最想知道的几件事情上（例如，"你是否发现这个目录上缺少点什么？"），要问一些你知道自己不会被他们的回答严重伤害的问题。经过练习之后，再转向稍微带点冒险性的问题（例如，"你能够想到一个比这更好的开始吗？"）。就像任何一种恐惧症一样，消除你对批评的恐惧的最好办法是借助心理学家所说的暴露疗法（例如，为了减轻你的恐高症，可以让自己逐渐地向更高的地方攀登，而且在每次攀登中都释放一些紧张和增加更多的忍耐）。不要指望批评所带来的痛苦消失，而要客观和平静地面对它。你将认识到痛苦只是暂时的，就像任何其他事情一样——甚至认识到你可以通过不去努力改变或者避免这一刻的经历而认识到一些事情。

2. 请批评者提出具体的、建设性的意见。这意味着不要接受含糊的批评（例如，"这是不清晰的。""我不喜欢你的写作风格。"），而要平静地征求更具体的建议（"好的，请告诉我怎样才能使之更加清晰。"）。而且在你鼓起了更大的勇气之后，还要恳求批评者对你做得不错的至少一件事情加以具体和积极的评价。在实际操作中，很少有批评者会拒绝这个请求，或者把它视为一种强迫，他们可能只是不习惯于这种做法而已。

3. 在得知别人对你的批评时，要运用专注的方法来保持相对的平静和不加反诘。你已经知道了基本的方法：在听到或者读到批评意见的时候调整你的呼吸，并且清楚地发现其中的有用成分。如果你预料到自己可能作出过激的反应，就要借助一位能够以沉稳和老练的方式为你重述批评者的言论或者书面意见的中间人来了解它们。通过这种方法，你将能够更好地从那些显得难以容忍的、针对个人的和伤害性的言论中整理出有用的信息。

4. 随后，当你做好了直接倾听或者阅读批评意见的准备时，要通过认真记录那些可能需要考虑改进的地方来保持你的关注和距离感。如果有必要的话，可以平静地、富有同情地打断你的批评者，以便作出澄清。（采取这种做法常常可以化解在其他情况下可能造成的紧张局势。）不要忘记批评者需要得到同情的理由：他们的行为常常是没有回报和不受欢迎的。而且他们可能感到有义务展示出他们的敏锐性（写作是一个有可能诱发这种行为的环境）。你知道，他们可能没有接受过如何对作品加以积极的评价的训练。大多数大学教育都鼓励人们对自己所要阅读或评价的东西加以批评，而不是赞扬。

5. 练习接受批评的方法，至少是接受其中的某个方面的方法。首先要认清一个关于有效率的写作的基本事实：所有的批评，包括那些最苛刻和最无知的批评都有一些值得我们借鉴的东西。如果这个批评者甚至没有认真地阅读过你的文章，就要找出是什么原因妨碍了他或她进行更认真和更耐心的阅读。如果你的批评者误解了你的信息，就要看看什么地方出现了混淆。如果你的读者受到了冒犯，就要查明是什么东西刺激了他们（它可能只是你未曾注意到的某件小事情；它也可能是个大问题，比如一种种族主义的态度）。无论问题出在哪里，它都只是（在专注的沉思者看来）一个需要解决的问题而已。或许你在经过冷静的反思之后断定它不是一个问题（例如，因为你的批评者希望你写出符合他或她的愿望的文章）。

   练习这些违反直觉的、陌生的事情的一条特别有效的策略是：首先找到一些可以让你诚恳地接受的东西来作出你的口头或者书面的答复（例如，我可以理解一些人对此不感兴趣的原因，但是……）。

6. 感谢你的批评者所做的工作。你可能会再次遇到同样的批评。

7. 练习你对自己回应批评的通常方式的幽默感。

如果他们拿出很多的建议，我的第一反应绝不是具有远见卓识的安慰感，即感到我在自己的生活中找到了一个可以诚实地对待我并且帮助我尽可能做好力所能及的工作的人。不是这样，我的第一个想法是："好的，我很抱歉，但是我不能再做你的朋友了，因为你有着太多的问题。你还有着不好的个性，而且有着不良的品质。"

——安妮·拉莫特

第十七章
众人拾柴火焰高

在所有同抛开有关的专注的方法中，第九条规则可能是最令人惊奇的了。直到模范的写作者把他们下意识地练习这条策略的情况告诉了我之后，我才开始欣赏到它的价值。他们不仅擅长让别人负担一部分写作的工作，而且还克服了两个关于这种做法的根深蒂固的错误信念：即请求别人帮助你写作是对他们的一种强迫，而且接受他们的帮助会损害你自己的作品的原创性和机智。

这条专注的方法的其他方面并不令人惊奇。与其他人相比，模范的写作者：

- 鼓励别人更多地观察和批评他们的工作，尤其是在初步的计划阶段。（当读者在我们的计划中发现了受到忽略的原始资料或者易被混淆的意义转折时，他们就为我们分担了一些工作。）
- 更经常地与别人合作，并且能迅速地说明这么做的理由（例如，合作者分担了一些工作，并且由此提高了创作量；他们还有助于减少在文章中出现致命错误的几率）。
- 获得了一种读者意识，包括对社会惯例和进行中的谈话的意识：

    如果思想是公开的和社交的谈话的内在化，那么写作便是使内在的社交谈话再次变成公开的和社交的谈话。社会达成了关于写作者的惯例和价值的准则。没有掌握一个学科的标准谈话方式，就不会了解那个学科，而且不会得到那个群体的认可……我们写作的目的是为了得到我们的听众所构成的那个文化或者群体的认可，加入它并且被接纳为其中的又一个成员。

    ——肯尼斯·布卢菲（Kenneth Brufee）

写作者如何才能欣然地接受让别人分担一些工作的立场？甚至连模范的写作者也表示他们为此付出了努力，并且常常未能全心全意地实践它。一般的写作者则会奋不顾身地抵制它。我们已经知道了其中的原因：

- 缺乏专注的传统把最大的天赋归于了那些似乎在独自地工作并且没有得到帮助的艺术家、发明家和作家。
- 习俗把赞美给予了那些显而易见地利用一瞬间的才华创造了完美无瑕的作品的人（而不是那些借助耐心的训练和准备来做到这一切的人）。
- 惯常的信念认为，如果在作品尚不完美的时候与人分享它，就会在这些早期读者的心里产生不可逆转的对我们的才华的消极印象。
- 民间传说保存了一种悲剧性的错误信念，即相信优秀的作品完全是独创性的。

受缚于这些信念的大学青年教师还会猜想，让别人分担一些工作无异于软弱无能和受人操纵的表现。对这种想法的最好反驳是：最专注的、模范的写作者（和教师）不仅分派了一部分的责任（正如任何一位优秀的经理人一样），而且还承认这样一个真理：几乎所有的写作（和教学）都是在借鉴和复述旧的思想。

写作规则 9：让别人分担一些工作。

写作规则 9 的练习

让别人参与你的工作意味着要抛开一部分的控制权——和荣誉。这种分派责任的社交技能对于写作者而言是困难的，它受到了普遍的忽视，并且没有得到正确的评价。

练习 1. 扩展社交约定。

你可能从写作规则 3（第十一节）中初步地认识了这条约定，即在我们通过设立视情而定的条件来形成更加持之以恒的写作习惯时所采用的方法之一。在这里，你不仅要找到一个写作伙伴来保证你每天出现在双方约定的写作地点，而且要在每次写作时段的最后留下一点时间来交换你们写出的样本。当你与自己心目中的听众一起准备你的作品时，这种分享将有助于为你的作品带来焦点和清晰。而且当你为了作出澄清和其他的评价而停止写作时，对它的真实的阅读/倾听甚至会让你想出更好的写作方法。

从读者的观点来看，这种社交型的工作方式所揭示的一个最普遍的问题是：你未能给作品建立一个清楚的语境，即一个有助于读者知道你将要写什么以及为什么要这样写的语境。第二个最常见的抱怨也与此类似：缺少从一个观点到另一个观点的有效的过渡。

这项关于彼此会面和相互检查真正的进展的承诺不仅有助于确保写作计划的及时完成，而且预示了后来更加正式的批评者所可能提出的各种批评和误解。

练习2．合作——至少是偶尔地。

我首先要预设一个非常普遍的反对意见：是的，一些合著者的关系是令人失望的，因为一个人做了大部分的工作，或者两个人没有很好地沟通。但是另一些合著者的关系则提供了有教育意义的经验。亲密的、交互式的计划和写作将为你发现其他作者的思想和工作提供一个宝贵的机会。合作能够带来风格和思想的结合所产生的丰富多彩，而这是合作者中的任何一方都难以单独做到的。它还能够减少各种粗心大意的错误，而这样的错误会使编辑不愿接受你的稿子。而且它完成一篇文章的时间常常短于单独的写作。

但是像任何一件与写作有关的其他事情一样，合作也得益于清醒和清楚的发现——以及与专家的磋商，就像下面这位专家（他不介意为你分担一些工作）：

> 在决定与人共同执笔一项写作计划之前，你可能需要考虑以下几个问题：（1）我喜欢这位可能的同事吗？我愿意与这个人待在一起吗？（2）这位同事能够和我达成一份公平的工作协议吗？我们将把工作分成相等的两部分，还是由一位作者来承担高级别的工作？将如何据此来判定谁是第一、第二或者第三作者？

(3) 如果这位同事的资历比我高,他或她会不会把自己当做老板?(4) 性别角色会如何影响工作安排?男性作者是否希望女性作者服从命令,并且承担打字或者秘书性的工作?(5) 我可以信任这位共同执笔者会准时完成他或她的任务吗?(6) 自我意识会损害合作的过程吗?这位同事对如何完成这项工作的认识是灵活的还是僵化的?(7) 这位作者会不会密切地注意细节?(8) 这位共同执笔者是否与我有着类似的视角?(9) 这位共同执笔者是否在这项研究中具备我所没有的必要技能?

——约瑟夫·莫克斯利(Joseph Moxley)

练习3. 批评和评论别人的文章。

当你称赞、批评和审校别人的作品时,你会学到许多关于如何在你自己的工作中成为一个更好的作者、读者和编辑的知识。而且你会获得对其他作者和编辑的同情心。

练习4. 参加对话。

此前的三个练习都是为了让别人分担一些工作——并且由此摆脱传统的写作者所鼓吹的孤独。专注地进行这些练习将使写作变得更具外向性、关联性和社会性。这不仅意味着要分享你写出的东西,它还意味着要与其他研究类似问题的写作者进行社会交往。它意味着当你在一个新的领域里进行创作时,你可以通过加入一场正在进行的对话来为自己免除不必要的痛苦。

如果你清楚地发现了其他人是如何提出问题的,你就能重新打造你的投稿以便适应那种模式,同时又确认你可以加入一些相对新颖和有趣的东西。只要你从对话中学到了这样的知识(例如,如何陈述问题,如何展示论点),你就让别人分担了一些工作。只要你允许别人(甚至教师和编辑)帮助你,你就会具备更多的社交技巧和责任感。成功的写作在一定程度上就是一种接受别人,甚至接受竞争者和批评者的帮助的社交技巧。

在即将讲完这些写作规则前的一个忠告

有些写作者在练习这 10 个写作规则时比别人来得更加缓慢和犹豫。为什么？写作是我们所能做的最具个性化和个别化的事情之一。而且它似乎需要特别的注意。

出版——就是拍卖人的思想。
——艾米莉·狄金森（Emily Dickinson）

第十八章
限制白费的努力

中编的最后一个规则所针对的是写作中的达观、跨越障碍的坚持和挫折之后的恢复。一种领会达观的简单方法出自一句在有效率的专业作家中流行的古老格言：

白费的努力越少，达观就越多。

当今的事实在几个方面证实了这句针对写作者的格言。首先，那些通过适度和持之以恒的方式进行写作的学者在最短的工作时间里完成了最多的作品，并且在工作中最少受到危机的干扰（可以被定义为那些能够阻止大多数写作者在当天的剩余时间进行创作的心灵创伤的余波——比如一张超速行驶的传票）。其次，这些最专注的写作者通过我们现在所熟悉的方式简化了他们的工作（并且因此浪费的努力更少）：

- 他们只投入适量的时间进行每天的写作（因为写作占用的时间很少，所以他们还可以在非常繁忙或者需要分心的日子里坚持写作）。
- 他们在只需要少量热身时间的短暂的时段里写作（因而他们的写作不像其他人的写作那样难以起步）。
- 他们的写作习惯中所包含的停顿和放缓的活动使写作不会出轨、更加简洁和更加令人满意。
- 他们的停顿还有利于及时地停止，从而保证了社交和锻炼之类的其他日常活动的进行（因此，由于有了做其他事情的时间，所以逃避写作的借口变少了）。
- 他们做了足够的预写、计划和热身活动，以便使正式的写作得以快速进行(因此,他们工作时的舒适和愉快极大地减少了写作与痛苦/疲惫之间的联系)。
- 他们习以为常地利用平静和忍耐来练习那些对付不可避免的干扰的方法,要么是回到现在这一刻及其对工作的过程取向之中,要么是在这些做法不灵的时候进行休息和找到关于他们正在写作的东西的视角。
- 达观的写作者欢迎批评,在批评中学习和成长,并且调和对批评的反应。他们让包括批评者在内的其他人分担一些写作的工作,甚至充当训练的动力(例如,有了在约定的写作时段等待着他们出现的伙伴,写作者取消写作的日子就会更少)。
- 他们专注地、日趋熟练地工作,但是他们会同时利用耐心和幽默来容忍失败和平庸(并且因而得以在他们经历——并且抛开——分心之事和痛苦的时候保留更多的存在于这一刻的过程取向)。
- 他们在更少的时间里创作出了更多的作品,因为他们的工作方式是一种俭省的活动,这种曾经被人遗忘的方式又被本世纪初的心理学家揭示了出来:

> 阿马尔(Jules Amar)……发现有技能的熟练工人通常会采用一种有效率的、俭省的运动方式,这与一个学徒工的运动方式形成了鲜明的对比,后者的"主要缺点是不规则的、间歇性的活动,这种活动会导致过快的疲劳"。
> ——安森·拉宾巴赫(Anson Rabinbach)

换句话说,达观取决于我在这本书中反复提到的持之以恒和适度。因为短暂的日常工作时间成为了一种强有力的习惯,所以他们战胜分心、创伤和病痛的可能性也变大了。此外,有规律的工作习惯还可以成为一种信念:

> 学生对他们作为写作者的成长经历的感受集中在(在这个关于练习短暂的日常工作时间的学生的研究中)一种对不断增长的信心和力量的感觉上。学生对成功和失败的感受集中在自我训

练……热爱写作和得到读者的回应,寻找时间去写作,克服外在的约束,比如对失败的恐惧,并且发现正确的主题。

——罗伯特·特雷莫尔(Robert Tremmel)

因此,达观的这些基础都不是新出现的。这条规则的创新之处是它对交互式的、系统的、专注的发现效率的强调。它并没有听起来那样苛刻和复杂。

写作规则 10：限制白费的努力。

写作规则 10 的练习

达观的关键在于专注地发现写作中的有效行为和无效行为之间的差异。后者的实例包括我们较早前考查过的长期的消极情绪和写作中的过度情绪。无效率在刚开始的时候可能是看不见的或者难以捉摸的。

练习 1. 监测无效率。

养成一种把当天工作中的无效率记录下来的简单的日常习惯(或许是在写作时段的最后)。这种做法只需占用 1~2 分钟。以下内容是参与过这项培训方案的写作者在他们的日记中记录的最常见的无效率的实例：

- 在写作期间有着太多的分心之事和干扰(例如,一位闯入你的办公室的不速之客留在那里喋喋不休地谈论一些与他或者她所要传达的简单信息无关的事情)。
- 对不可避免的分心之事反应过度(例如,因为听到窗外的风吹草动而停下来之后,又烦躁地放弃了写作)。
- 一直工作到疲惫为止,哪怕是在短暂的日常工作时间(因为不会停顿、平静、放慢速度,甚至不会做一些同情自己的事情,例如,调整狭促的坐姿,或者眺望窗外)。
- 为了不必要的事情而脱离正常的工作。
- 急于(因而缺乏思考)保持写作的直白、清晰、简练。

- 过快和过于盲目地转入成果取向,包括中断写作来担心如何赶上最后期限或者取悦评论者。
- 让工作超出预定的结束时间,从而挤掉了做其他重要事情的时间,例如社交和锻炼。
- 欣快而匆忙地工作,而且完全脱离了思想提纲和其他计划。
- 试图在晚上写作,从而感到劳累,并且占用了必要的睡眠时间。
- 为了做一些不必要的事情而推迟写作计划的某些环节,例如思想提纲的制作(抑或在超出效益递减的转折点之后继续制作思想提纲)。

我可以继续列举下去,但我猜想你已经了解了这一点。此外,这些事情最好还是由你自己去发现。

练习2. 利用社交约定来发现和了解白费的努力。

短暂地、有规律地与一位志趣相投的写作者一起讨论白费的努力将使发现的过程更加俭省。这些讨论将促使你去注意你自己的无效率,以便在下一次会面时有一些情况可以报告。而且当你倾听另一个人对他自己的无效率的报告时,你将注意到你以前所忽视了的在你自己的写作中存在的白费的努力。

练习3. 越来越强调有效率(而不是无效率)。

在对无效率的过于密切和过于持久的注视中存在着一些局限性。它们会挫伤你的斗志,尤其是当它们看似支配了你的行为时。它们可以带来困惑,例如,有时候很难把无效率和娱乐区分开来。而且它们并非总能告诉你应该用什么活动来取代它们。因此归根结底,达观的写作者还是倾向于强调他们做得出色的事情,并且随之变得越来越俭省。例如:

- 增加更多的专注的预写练习,以便在产生更多的动力、清晰和想象的时候进一步简化写作的过程(例如,"我正在学习如何好好地利用反复的随笔写作来帮助我更加快捷地掌握要点。")。
- 进行更多的停顿、舒展和恢复注意力的活动,以便更新和增强你对现在需要做什么和可以怎么做的直接的、非想象性的专注（例如，"我将简单地讲述它，然后再利用刚刚想到的一件有趣的轶事来解释和润色它。"）。
- 找到有趣的方法来实行短暂的日常工作时间（例如，"我的更大的椅子和电脑屏幕几乎总是让我向往写作。"）。
- 在写作的地点贴上要求你保持过程取向的提示，在一定程度上能提防非理性的消极思想。（卡夫卡在自己书桌的上方贴了一个标志，上面简明地写道："等待"。）
- 注意哪些写作经历带来了可以维持你的自尊（达观的一个重要因素）的小小成功；还要注意你在何时把精力浪费在了悲观失望和解决错误的问题上（例如，为了暂时减轻忧伤的情绪而进行的工作）。

练习4. 把专注推广到生活的其他领域。

从更长远的观点看，最达观的写作者将注意到写作不会孤立地发生在生活的其他领域之外。他们变得越努力，就越积极地设法在他们所做的其他事情上实现持之以恒、适度和达观。思考一下他们为了增强自己的力量而常常去做的两件相关的事情：睡眠和身体锻炼。

睡眠。 专注的写作者注意到长期的失眠和疲劳会侵蚀写作中的达观，并且因而利用他们从写作中学到的专注的习惯去克服睡眠问题：他们在快要就寝的时候克制自己（积极地等待）不去做可以引起持续的兴奋的事情（例如，争论）；他们在就寝时间到来的几个小时之前就尽早开始放松和平静自己；他们通过在早晨准时起床来限制花在床上的时间，而不管遇到什么情况（并且由此确保他们可以在当晚的适当时间做好入睡的准备）。

身体锻炼。 达观的写作者在注意到对专注方法的有规律的练习如何使他们变成了更强壮的写作者之后，还猜测到身体锻炼甚至会进一步增强他们在面对压力时的达观。我所研究过的那些进行持之以恒和适度的锻炼（即举重、瑜伽、有氧运动和跑步）的写作者在自我尊重和自我促进方面都获得了更高的评级（即他们更经常地表示他们会取得成功；他们更普遍地采取一种注重过程的立场来简化写作中的问题）。像这本书中的所有其他观点一样，这个观点也不是新出现的：

> 你们的身体状况越好,写作就越容易……你们对自己的身体所进行的任何训练都会影响到你们的艺术成果……你们需要吃得适当和睡得充足……如果你们没有准备好把写作放在第一位,你们就不是真正的写作者。
>
> ——丽塔·梅·布朗(Rita Mae Brown)

在我本人所提供的针对写作者的培训中,这些忠告招致了可以理解的反对。反对的观点常常是这样提出的:"你是在要求我们改变我们的整个生活吗?我只想成为一个更优秀、更快乐的写作者。"有时候也会出现一些像这样的有所保留的观点:"在所有这一切之中有没有一个可以逃避规则和艰苦的工作的地方?在这里有没有为奇迹留下一个位置?"在回答这些疑问时,我首先会说出一个冷静的"有"(yes),然后再作出这样的解释:

- 专注的写作方式会相当自然而然地普及到工作和生活的其他方面。专注一旦成为习惯,就会以普遍的方式简化生活。
- 获得了这种达观和它的自尊的写作者展示出了向各式各样的信息来源,甚至向通俗的作家学习的开放性。有位参与培训的人甚至高度评价了一位曾经受到他嘲笑的作家所提出的专注的洞见:

> 在太多的时候,这条方法被错误地用来过分强调我们想要拥有什么,而不是我们希望成为什么。
>
> ——路易斯·拉默尔(Louis L'amour)

本编概要与专注写作法的推广

在这里,在本编的结尾,我要停顿下来进行沉思,就像我要求那些新教师在亲自完成我的更加正式的培训方案的阶段所去做的那样。那些阶段是一种最为重要的,理解我们已经走了多远、学到了什么,以及下一步要做什么的时机。我希望作为读者的你能够在精神上加入到这些由我和他们共同主持的会议之中,至少是在理解我们如何评论你现在所熟悉的观点并且产生新的观点的时候。

对于我来说,第一件在这些会议上——在他们参与这项培训的第二个学年的结束——凸现出来的事情便是他们自开始参与培训以来的态度上的转变。对生存的担忧已经远去了,好的开端已经在教学和写作中产生了。参与者们很少因为落后于时间表而悔恨,他们不再这样也不愿这样。尽管如此,参与者们所列举的最值得一提的转变还是同持之以恒和适度的原则有关:他们的写作已经渐渐变得如此可靠和舒适,以至于他们已经开始无须担心如何通过足够的工作去创作质量更高的作品。一位参与者对她的小组说:"我敢保证,我将达到最低标准,但我希望做得更多。我想要清楚地思考问题和它们的实质。我现在知道我可以成为一个非常优秀的作家。"该小组的每位成员似乎都有相同的意向。"这是我现在所感受到的最重要的转变。"有位一直在倾听和点头的成员如是说。

那么,让我们再来看看其他的转变,包括一个变得更加简单的关于如何从事写作的想象。举个例子,这个话题被他们引向了对及时的停止和它的教训的一种重新解释(例如,要提前知道当天只需要做多少工作)。这种思想上的转变可以通过下面的方式来表达:

- 适度(作为过度的对立面)的令人惊讶的普遍重要性。
- 持之以恒在支持适度方面的广泛作用(而且反之亦然),特别是从足够舒适的停顿和停止上来看。
- 注重过程的工作方式的深远价值,即首先集中精力做重要的事情,并且在此时此刻发起它们。
- 写作中的回顾在保持一次创作和阅读的简洁性、交互性、更大的创造性/多产性/俭省性上的巨大威力。
- 而且最令人着迷的是,发现了一个如此简单的及时停止的活动居然能够使写作达到更高的水平(例如,利用停顿和停止来引导工作节奏的做法澄清了关于写作和随后的作品的想象)的喜悦。

专注因为它对平静的种种强调而把一种令人惊奇的享受和乐观带进了写作。

专注和元认知

因为我们提出并且修改了看待专注的更为全面的方法,所以我们把它们称为元认知(metacognition),尽管这个词有点夸张。这些针对认知的认知帮助我们从更加广阔的视角重新审视了过程(例如,看到专注如何突破了它传统的不做也不想的角色,直到最终形成了推动写作的意象)。换句话说,我们的元认知依靠专注对经验的超越而得到了关于什么重要、什么不重要的更加广阔的图景和更加清楚的发现。

一条深受这些沉思小组珍爱的元认知帮助它们澄清了一个仍然显得难以理解的秘密:从混合着修订/改写的预备写作到正式写作的产生过程。达到这一阶段的写作者可以说明这两个实质性的、相互作用的部分,但是他们不能确认自己是否有能力把它们付诸实践。一种有所帮助的做法是通过重新体验我们实践它们的企图来重新审视这种产生和修改。关键的一步是从重新审视走向重新评价。

内在化

这个部分(产生)现在被我们称之为内在化或者内化*(即克制自己去保持平静,并且澄清对于写作的观念/主题的内在体验)。这些词汇更好地描述了一个基本的产生过程,而且它们更轻易地导致了这个过程。当写作者在此时运用克制来保持这个过程的内在化,并且在整个小组的面前这么做的时候,他们就会谈论这个简单的活动如何助长了写作观念的产生:等待、指向内心、揭示心中已有的大量观念和意象,特别是在允许它们慢慢地显露出来时。有了进一步的耐心(还有一点初步的、不明确的修改),那些少量的预写就会渐渐变得更加清晰,尤其是当写作者开始准备用线性的和语言的形式把它们表达出来的时候。

什么东西在几位参与者召唤这条元认知的过程中提供了最大的

---

* "内化"一词的英语原文为"inning",另一个与之相反的词汇是"外化"(outing)。——译者注

帮助呢？以前,许多写作者完全想象不出自己是如何产生观念和主题的,这显然是因为他们把那个过程设想得过于复杂了。如今他们更加真实地看到了它并且做到了它。

外在化

当同一组写作者再次构想出另一个与之对应的、作为外在化或外化的部分时,这个指称对于他们所感受过的任何自我庆贺来说都似乎过于明显了。因而我们要放慢速度来思考和议论一下这种外向式的专注工作如何反映了它的对立面：内化看起来主要是视觉的和非线性的,外化看起来主要是语言的和线性的；内化是更为笼统的和易受感染的,外化则是更为渐进的和遵守规范的。实际上,在我们看来,每个过程都是最为内在的或者外在的。

上述区别依次为他们审视这两种优势在写作中的好处提供了线索。每个模式都在以它自己的方式澄清和扩展另一个模式——内在地形成强制性的想象,并且外在地指导写作或者被写作引导。随之而来的是一种联系性的洞见,一个曾经出现在你身上的洞见：内化和外化并不像它们初看起来那么分裂和独立：

- 视觉映像可能一直是模糊的,直到我们尽早地克制自己以便利用随笔写作和思想提纲来表达我们所能说出的东西。
- 甚至早在我们开始把视觉映像外在化之前,它们就以近似微弱的听觉的形式暗示了足够多的语言内容来允许我们放慢速度和进行重构。
- 当我们为了更加清楚的言语表达和修改而将那些越来越多的听觉映像外在化时,我们可能最有写作的动机；在把那些映像保存到外在的纸上或者屏幕上时,一种特殊的慰藉会油然而生。属于慰藉的期望保持了耐心和适度,也有助于产生这些映像。
- 一种相关的映像在外在化的运动中会与写作并行甚至更长的时间,常常直到写作计划的完成：它描绘了手稿看起来和听起来将会如何。

我们注意到,内化和外化的交互作用使得写作更容易产生,并且更易于改变。究竟为什么？在召开会议之后,答案更加缓慢地出现了：

第一,因为内化和外化这两个过程有时候可能被同时保留在心里。

第二,因为在想象和语言两个层面上的并列促成了在观念或主题之间的更多捷径。

第三,因为在产生和修正之间的越来越多的互动简化和澄清了映像,直到它们被迫外化为更加完全的、可信的和满意的作品。

如果你因为没有直接体验到这些顿悟而感到缺少转变怎么办？等待。在短暂的日常时间中工作,并且运用其他的专注方法。考虑在你自己的校园里发起一个写作小组。还要把你的专注方法重新推广到教学中（例如,在上课之前或者上课之后通过一个已经掌握的嗜好来实现产生与修正之间的循环）。

还要看看这些参加了我的正式培训的人如何将本编的各章概括为我前面所摘录的讨论的一个结论。这个仅仅来自其中一个小组的示范性的看法强调了专注的外化的自然运动。

有经验的参与者的评价

外化是一个奇特的词,就像它的技术性更强的副本外在化和外在性一样。所有这些词都指的是那种把映像/观念放到心灵之外的作品中去的专注活动,这种活动越快越好（只要我们在外化的同时不断地返回内化）。外在化之所以如此有价值,是因为它的扩展性有助于我们去信仕作为写作之基础的模糊的、不完善的映像。外在化之所以起作用,是因为它使得我们去效仿流畅的（梗塞最少的）写作者。

一旦我们理解了外化,我们就能更好地了解内在的映像为什么需要外化到言谈之中。私人语言是隐秘性的、不稳定的,有时候不能完全转变成口头语言。它受到忽视和未被外在化的时间越长,我们就越有可能变得烦乱、心情恶劣和盲目。我们把它转变成公开的、可以理解的信息的时间越快和越多,我们就越容易进行富有成效和没有痛苦的写作。在我们的头脑中进行创作是有可能的,但是把它放到纸上或者屏幕上却是要有实际经验的。

在这个培训方案中,外化首先是为了尽早开始而实行的克制的实质。写作规则1和写作规则2告诫写作者不要再单纯地逃避或者担心写作计划,而要通过下述方法把思想和计划放到外在的硬拷贝上:

- 通过积极的等待来产生观念和想象(而不是匆忙地进入写作或者冲动地逃避它)。
- 通过高声谈论观念和/或映像来为自己和别人写作。
- 在完全知道将要说什么之前,甚至在想象开始出现之前进行随笔写作和制作思想提纲。

这些最初级的外化活动具有两个经过证实的好处:第一,它们通过不断接近正式的文稿而引起了持久的动力。第二,它们帮助我们以大多数作品所必需的线性的、逻辑的方式澄清了我们的想法[参阅格特鲁德·斯泰因(Gertrude Stein)著名的自动写作]。

按照那些列在本章中间的写作规则所实行的外化围绕着持之以恒和适度,特别是在短暂的日常时间工作和公开对照计划来制作你的进度表。外化也是通过高声谈论、质疑和取而代之(即外在地)来发现消极思想的一个环节。外化还是与你写作时的情绪取得联系的一个重要方面。通过注意和记录它们的外在表现和效果,我们可以调节它们,并且更好地控制我们的写作和我们自己。所有这些外化的形式都是为了通过首先放弃你所熟悉的控制及其暂时带来的目的性/冲动性的活动来取得控制(正如禅师们所说的一样)。

外化在随后的写作规则中起到了一种更具社交性质的作用。它不仅包括与批评者分享初期的资料,并且让别人分担一些工作(写作规则9),而且可以作为一种使写作得到更多的社会认可和变得更有效率的方法,甚至作为一种缓解对写作的过度迷恋及其导致的对公开批评的过度抵触(写作规则8)的方法。外化把意向转变成行动,而且它的专注的俭省加强了达观(写作规则10)。

换句话说,**内化与外化实际上就是耐心与忍耐**,即恰到好处法的两个实质。对于学习写作的写作者(甚至那些可能认为自己已经受过很好的教育的人)而言,这两个过程可能是通识教育的最重要的成果。我们需要保持克制的耐心和应付包括创造和批评在内的、令人震惊的结果的忍耐。

最后,参与者和我都乐观地感到我们已经梳理出了两个实质性的、简单的和可操作的专注写作的活动。这反过来又促使我们添加了一个简短的评论来进一步强调本编的那个功能广泛的主题——专注。我首先想知道专注的观念的作用是否将继续得到证实。它的确如此。

重新审视专注的内化与外化

在对这项培训方案的第二部分的介绍中,我说明了关于专注的传统信息如何接近于青年教师中的模范们用来写作的方法。在这里,在它的结尾,我依靠集体的反思画出了一条相似的平行线,以此来说明那些传统的、练习专注的行家如何暗示了这些关于内化和外化的想法。看看下面的一系列实例能否帮助你更好地理解那些可以被写作者用来练习专注的特殊方法,就像它帮助我们那样。在理想的情况下,它将为你做好进入恰到好处法的最后一个阶段的准备,那是一条通向合作、指导和服务的同情的道路(下编)。

专家意见的原始资料,大都经过修订而且有一个新资料

佩马·乔均(1997) 对于乔均来说,专注在很大程度上是一个用放松来取代奋斗的问题,其主要方法是结束一个人的自我对话并且回到这一刻的饱满精神。尽管在她的活动规则(结束正在进行的谈话方面)之中带有一些"做"的成分,但是这种活动在很大程度上是内在的,而且有别于解决一个写作之类的工作难题的努力。对于她来说,专注的实践在很大程度上是一项利用温和抛开狭隘自私的现实来保持清醒的任务。当她运用外在化的专注的特殊方法时,她显露出了适度的情绪,而不是企图做得太多的情绪。她接近外化的第一步是冷静而耐心地"注意"——带着一个有准备的、平静的心灵的精确性与温和——需要做的事情,并且随即去做它,就仿佛它是唯一要紧的事情(即带着很强的参与性)。

希尔维亚·布尔斯坦(1996) 布尔斯坦的意见非常接近佩马·

乔均,她把专注刻画为对这个简单时刻的幸福的清楚发现和意识。但是布尔斯坦稍微更多地揭示了一点把这种基于"打坐"和"不做"的实践推广到其他活动中的方法。她强调她发现了正式的打坐时间为日常活动中的专注实践提供了可能。那就是说,一旦享有了专注的沉思之中的持续、平静和集中的注意力,我们就可以把它带到活动之中,例如从一处走到另一处的活动之中,从而使"行走本身变成了实践"。这到底是如何发生的呢?专注通过阻止我们把活动解释成比它们自身更复杂的、更情绪化的经验而帮助我们简化和享受了活动。

菲利普·卡普伊鲁(1969) 在他为西方人所作的关于禅宗的专注实践的经典解释中,他所强调的沉思(参禅)是一种使心灵摆脱辨别性和判断性的思想并且把全部注意力集中在这一刻的方法。他渴望把每天"打坐"的好处与每天的工作联系起来:投入工作会变得更容易,因为参禅实践减少了把精力耗费在无目的的活动和强制性的冲动之中的倾向。打坐还有助于我们面对每天的奋斗,因为它比缺乏专注的冲动提供了更好的用来逃避和减轻痛苦的方法:

> 我们不再以牺牲情感为代价来受到理智的支配,也不再为情绪所驱使……参禅最终导致了个性与人格的转变。枯燥、僵化和自我中心被转化成了自我控制和勇气。

专注的工作在卡普伊鲁所研究的禅宗文化中的重要性的一条线索是,新出家的僧侣把大部分时间花在简单的工作上,而不是打坐上。

琼·卡巴特芝恩(1994) 这位当代的传授专注技巧的大众化作家首先谈到的是冥想式的打坐:下意识地注意现在这一刻——非判断性地。但是他也暗示了可以怎样把专注运用到外部的事物之中,特别是利用那些有意识地承担的活动来取代盲目的思想所推动的活动。这个技术听起来就像本书中的一条写作规则:

> 我喜欢运用自发的简单性来对抗这些冲动(针对盲目的行动)……它下意识地潜心于每次所做的单独一件事情,并且确保我就在那里做这件事情。

马克·爱波斯坦(1995) 像卡巴特芝恩一样,爱波斯坦是一位从佛教的视角进行工作的精神治疗师,而且他也首先对那种认为专注只限于内在活动的假想提出了一个警告:

> 尽管佛教有着消极、淡泊和反对自性的名声,但是驯服、掌握、自我控制和适应等典型的自性功能在佛教的宇宙论中有着显而易见的价值。

爱波斯坦还说明了为什么最初的专注实践会阻碍我们去寻求外向性的实践:内化和外化这两种模式都不可避免地产生了羞辱性的体验,但是后者("外化"的实践)是更容易公开看见的,并且因而是更容易避免的。因而我们所需要的是来自内化的动力。一旦我们为了清楚地看见我们的思想、映像、感觉和行动而做了艰苦的、定期的工作来中止它们,我们就能更加自信和更加容忍地写作它们。外在化的努力通过把体验和洞察付诸口头上的和审查过的叙述之中而帮助我们打破了带有急躁之类的缺陷的"识别"。而且它总是有治疗作用。在爱波斯坦看来,专注还完成了另一件与我们在本书的练习中所做过的事情相类似的事情:它把我们关于写作的大量乱哄哄的、混淆的思想付诸线性的表达,这是通过从基于空间性的自我感觉转变到活动在这一刻的并且带有更多关于我们的身体与感情的意识的线性经验。

艾伦·兰格(1989) 兰格的出名是由于她证明了老年人——尤其是那些被证明不假思索地接受了关于他们的年龄段的陈词滥调的老年人——的缺乏专注如何不必要地限制了他们的活动和损害了他们的健康。她还设计了向老年人传授专注的方法,并且由此帮助他们重新过上了更有成效和更加健康的生活。尽管她既没有鼓吹冥想的练习,也没有谈到外在化的专注,但是她的确产生了与之类似的功能:她概述了培训老年人在解决问题的工作中采取更加积极的控制的方法,即帮助他们弄清更多的关于如何进行行动,并且由此更加独立和更加自信地、带着更少的无助和绝望采取行动的决定。她对本书中的规则的影响体现在一个关于过程模式的工作的忠告中,即不仅要有清楚的看见和冷静,还要随时准备外在化的"做"。

乔安娜·费尔德(1936) 费尔德的意见也许是对作为外化的专注

的最好的当代考察。通过把她常见的想法以口头和书面的形式表达为一种正在进行的、关于当下所发生的事情的日记,她逐渐理解了她的忧愁、紧张和无效率的根源。她惊讶地发现自己的思想常常因为受到一些即将到来的重要事情的前景的扰乱而变得盲目和焦虑。她注意到,这种对一段更美好的经历的持续期望使她无法生活在眼前这一刻;它还使她无法察觉到自己的心灵通常是如何运作的,以及她的心灵正把她带向何方。另外,与此同时发生的、没有被她充分察觉到的内在的自我对话往往会造成心情恶劣、忧愁和无法设立明确的目标。

帮助费尔德进一步超越了这种洞察的方法之一是把她的想法和情绪表达出来,以便加以认真的考察——化为平静的言语和作品。她是在别处练习专注的时候发现了这个值得庆贺的步骤,当时她正在通过把她的意识置于自身之外的方法来欣赏音乐。结果正如她所希望的那样,她完全地、快乐地沉浸在了她当时所正在做的事情之中,而没有受到喋喋不休的思想的骚扰。她随后又把同样的原则推广到了工作和娱乐之中。例如她意识到,当一个人带着他对臂膀和手的意识打乒乓球时,他的动作要远比他像往常那样企图让头颅去做手的工作时更加轻松和有效。我的写作小组和我本人也承认这是一个发现内化与外化之间的区别的不寻常的方法:让心灵去做一些手的工作,还是让手去做一些心灵的工作。

费尔德的发现可能最终会得到承认(例如,奥特利,1992)——甚至那些直接针对写作的外在化和专注方式的更古老、更模糊的洞察也会如此。尽管我热爱历史而且渴望包含更多的个案研究,但是我将只用最后一个来结束讨论。

塞缪尔·约翰逊(Samuel Johnson,约 1700 年) 你可能已经知道一些关于约翰逊博士的事情——或许是通过他的传记作家博斯韦尔(Boswell)所叙述的他的精辟名言。你可能知道他的《词典》是该类英语词典中的第一部,而且它所达到的成就在整整一个世纪中都没有被超越。你甚至可能读过他对伟大诗人们的经典介绍。但是你可能不知道他运用过专注的写作和生活方式(贝特,1977;博斯韦尔,1934)。

他在专注方面取得的进展主要是自学而成的,而且他的目标从他开始从事作家工作的时候起就一直是要学会生活和工作在当前这一刻。这一进程显然始于他发现工作本身(比如学习作为他的一种谋生方式的图书装订)是有治疗作用的。这个发现本身并非一个不寻常的洞见;他的进一步的结论也是这样,并且一直是这样。

约翰逊发现,完全地、不分心地沉浸在一个人的工作中(包括写作)可以杜绝盲目的思考,集中注意力于需要做的事情,调节想象及其对极端情绪的倾向,并且以现实的和读者所会欣赏的方式看待事物。同样重要的是,他希望指出这个通向外化的专注步骤使工作者得以发现当前这一刻的进步——发现当前的进步对写作者而言是一个重要的激励。

从这些洞见和实践出发,约翰逊提出了更特殊的写作中的专注方法——或许比此前和此后的任何一位写作者都说得更具体:

- 通过对清楚发现的密切关注和对达到这一点的有计划准备的工作方式所建立的一种表达上的"实在论"(即简单和直接)。
- 在为了反思而耐心地保持克制的时候的一种更宽广的视野,它们的相互联系揭示了适合写作的洞见与格言。
- 把经验归结为普遍性的一种"机敏"(包含着有意承担风险的因素),随后是注意把它们与具体的实例相结合。
- 因为有规律地遵守一般的行为规则而为写作带来了更多的准备和健康(例如,每天早晨 8 点起床,从而治愈了他的失眠;在短暂的、有规律的时间处理延误的工作,从而减轻了由于忽视读《圣经》而产生的负罪感,也就是说,通过安排一个不变的、适度的、每个礼拜天 21 页的读经速度来完成它)。
- 通过运用一种当下取向来发现"事实的稳固性"(即弗洛伊德后来所说的现实原则)而在写作中产生了更大的轻松和愉快,并且相应地领会了生活在当下的好处——所有这一切都是在克服焦虑、自我惩罚与过分自我强求的可怕结合时完成的,而这些东西原本可能使他遭受痛苦。

几段出自塞缪尔·约翰逊的作品的摘录揭示了他的专注观。这段摘录表现了他关于我们需要利用专注来控制我们的想象的信念:

没有心灵被大量地使用于当下:回忆和预期几乎填满了我

们所有的时刻……因而在生命中被适合于心灵的对象所填满的时间是如此之少……以至于我们被迫在每时每刻借助过去和未来以获得补偿性的满足。

这段摘录是他所建议的解决办法之一：

如果它（想象）在足够开放并且被现实所支配的时候是人的幸福的不可或缺的要素，那么它（在其他情况下）也是人的大多数不幸的源泉。

在这段摘录中，他从实在论的立场写出了专注的生活与缺乏专注的生活的差异：

人的心灵旅途不是从快乐到快乐，而是从希望到希望。

而且在这段摘录中，他写出了这种差异背后的真实的区分标准——不仅是面临重大时刻或者异常灾祸时的刚强，而且是解决平凡或者严肃的问题时的生活与工作在当下的达观：

真正的检验是我们在日常生活中所做的事情，而且幸福——这些作为存在的幸福——主要存在于我们在生活的日常境遇中的所作所为。生命是如此短暂和不确定，让我们尽可能地生活得好一些。

因而塞缪尔·约翰逊明白"内在性"（它此后一直被这么称呼）对写作者的要求。这是他用来控制想象的方法的核心，而且它的核心是保持克制以及在此时此刻的生活与工作。但是他也预见到了外在化的专注的方法。有些与本书中的方法相似，有些则更加先进：

- 他通过自我训练来加强他留驻在这一刻和直接面对现实的力量。
- 他借助包括写作在内的手工劳动来"让自己走出自己"。

- 他预先计划在走出自己之后看得更加开阔,同时把整个背景纳入考虑之中。
- 他专注地通过我们刚才所看到的那种实在论的方法把思想简化为作品。
- 他把在广阔的视野中看到的观点(即元认知)浓缩为可记忆的一般原则。
- 他通过首先说出他在那种令他如此出名的社会对话中可能写出的东西来进行更加具体、简单、直接和可靠的思考。

还有什么其他原因使得我们想要效仿他的方法?因为塞缪尔·约翰逊可能是迄今为止最伟大的作家。他倡导了直接表达的写作风格,包括短语;作为被引用得最多的作家之一,他仅次于莎士比亚。我认为更重要的是,约翰逊的写作方式为他提供了勇气、大度、孩童式的趣味,以及智慧与行动的并行,这将进一步在读者中激发不寻常的信任,甚至快乐。

意识到了专注对塞缪尔·约翰逊所起到的作用,尤其是专注为他带来的作为一位友善的写作者的快乐和社会认同——这项培训计划的参与者和我断定——我们准备好了进入恰到好处的工作方式的第三个阶段:这种方式在大学教职中的意义原来似乎主要限于如何进行足够好的教学和写作,现在我们要把它拓展为一种更加友善、关心和大度的工作方式。所有专注的行家都不仅断定这种实践带来了更多的同情(或许是外化的终极形式)和社会责任感,而且谨慎地指出它的结果会让实践者变得更容易与人相处、更受喜爱、更善于学习——并且更多地为其他人谋幸福。想一想它对塞缪尔·约翰逊——一个被公认为最平常、最笨拙但又最受那些曾经生活和工作过的人们爱戴的人——所起到的作用。

下编　社交与服务：如何左右逢源？

同情为什么至关重要

  我之所以把社交与服务放在了这本书的最后，是因为前两编中关于适度和专注的练习都是在为它做准备。当我们放慢速度并且注意到自己的需要之后，我们才更有可能看到他人的需要。当我们关心了自己之后，我们才更容易关心他人。

  虽然在关于教学和写作的"恰到好处"的方法中，同情会自然地流露出来，但是你还需要最有效地利用它，甚至让它在你的大学事业的第一年里取得富有意义的表现。如果你不重视社交与服务，你拥有一个糟糕的开始的风险就会大大增加。

  之所以要更认真而不是肤浅地注意你在社交方面的入门之道，还有另外一个原因。当社交能力（例如，"我们能否和这个人相处；他能否人道地对待学生？"）和成员义务（例如，"她会不会承担系里分配给她的任务？"）被作为续聘/晋升/终身聘用的依据时，后者的决定常常像成果统计或者教学评估一样主观。在这种惯例的背后存在着一个常常受到忽略的真实原理：如果是因为教学和写作而失败，就证明了你的确不能胜任工作；如果是因为社交问题而失败，就仅仅表现出了你的冷漠与不合作。总之，一个授予你终身聘用的决定（或者与之类似的决定)可能意味着你必须为此工作和社交50年。想想吧!

我猜想,大学在社交与服务方面的标准一直含糊不清的原因在于:未经阐明和未经标准化的规则为管理者保留了最大的控制权,因为他们可以按照自己的偏好来调节不明确的标准。既然社交与服务的标准带有其一贯的含糊性,那么哪些大学青年教师才能在保持他们的个性的同时展示出正确的素质呢?

模范的大学青年教师

在我的研究中,甚至有些"敏捷的起跑者"也是在有点迟的时候才意识到了不成文的规则的危险。但是与那些苦苦挣扎的同辈相比,他们更迅速地采取了四个关键步骤来纠正这种疏忽:

1. 他们慎重和简要地询问常常发生在粗心的新教师身上的失礼行为,常常是通过询问那些刚刚经历了好的或者坏的续聘/晋升/终身聘用决定的同事。而且他们会咨询一个值得信赖的顾问——正如他们常常请教在另一所大学工作的朋友。
2. 他们迅速设法把自己所熟悉的专注扩展到社交和服务之中,尤其是当他们看到这方面的挑战可能比写作和教学更难对付的时候。
3. 他们预料到,精通社交规则所节省的时间将大大超过它占用的时间(就像写作和教学中的专注的工作方法一样)。
4. 他们很快减少了与大学青年教师中的"焦虑一族"的交往,而后者总是绝望地被那些关于续聘/晋升/终身聘用过程如何不公平的流言所困扰。他们很快了解到并非所有的社交方式都适用于大学。

茁壮成长的大学青年教师还会反思他们在社交方面的经验,以便思考写作上的成功如何依赖于社交的技巧(例如,设法结识管理者,并且向他们学习)。他们注意大学将怎样回报写作者的服务(例如,在自愿评论本领域的论文和项目申请时,他们不仅把自己培养成了写作者/策划者,而且结识了那些有权接受或者拒绝稿件的管理者)。他们回忆那种依靠积极的交往来激励学生的教学方法的威力(上编);他们猜想,这种带着同情的方法同样适用于他们与同事之间的交往。

在这个反思的进程中,最重要的似乎是这样一个认识:那些适用于教学和写作的最简单的规则——包括平衡——也适用于这里。

如何保持社交/服务的平衡

为了帮助你弄清我们将要讨论什么,我要暂停片刻,并且回顾本书中的相关论述——非常简短。《给大学新教员的建议》上编所讨论的是,按照亚当·斯密关于持之以恒和适度的洞见所进行的教学工作的高效。在那里,我们专注地去做最首要的事情,并且持之以恒和适度地去做。在中编中,我们把"恰到好处"法扩展到了写作中的专注,并且把塞缪尔·约翰逊作为我们的主要导师。在那里,我强调了过程取向的工作模式。那就是说,我们不仅要持之以恒地和适度地致力于此刻的工作,而且要专注地运用可以增强创造性和创作量的方法。在第二个步骤中,我们从简单的高效原则出发讨论了"内化"和"外化",并且使复杂的写作活动保持了惊人的简洁。

在这里,在最后一编,我们转向了一种甚至更加外化和友善的行为模式。约翰逊博士是那些建议最好通过社交取向来获得专注的简单性的人们中的一员。回忆一下约翰逊博士阐明他所要写出的东西的方法,即首先向朋友说出它,以便注意他们的理解和评价。茁壮成长的青年教师帮助我们展示了这种外化的倾向:

- 他们比其他的新教师更加外向(然而是以适度的和持之以恒的方式),并且更喜欢效法那些已经干得不错的同事。
- 与苦苦挣扎的同辈们相比,他们与校内外的同事之间的交流要频繁得多(但是不会过于频繁,以至于妨碍必要的工作)。
- 他们常常给同事留下的印象是:始终愉快、乐观并且善于交往,尤其是他们对其他教师的事情感兴趣。
- 他们更少公开地抱怨自己因为太忙而无暇与同事和学生聊天,或者抱怨他们在与世隔绝中度过了自己的试用期。
- 他们展开讨论,以便获得一个更加开阔的视野来看待他们在适度和专注方面的全部努力。一位模范教师说:"我需要看见其他人在如何运用这些原则。"当我要求给出一个具体的实例时,这个人回答:"嗯,(系里的名师)对我的教学显示出兴趣的方式令我着迷。我自然而然地得到了满足,而且我惊奇地看到他本人的社交风格如何让我得以放松、倾听和观察。怎么说呢,他认真地、耐心地倾听,而且没有给我带来压迫感。我从中学到了很多。他向我表明基本规则是简单的……嗯,也许不是简单,而是可以理解的和可行的。"

在所有这些倾向中还存在着一种平衡。在这些模范教师对同事所做的事情真正感兴趣的同时,他们也保留一点点他们自己的主张。所以,他们更经常地不同意同事的观点,不过是以礼貌的方式。而且他们更普遍地抵制压力,以便完全在传统的界限之内工作。同样,在这些模范就他们在"试用"期间同意为院系和学校提供多少服务设定了清晰的界限:"我将表现出色,但又严守这个界限。在试用期间,我仅仅以一个新手的身份在系内外的一个委员会任职……我决不同意负责项目或者别的什么。目前不会。尽管我确实承诺在通过了试用期之后会做更多一点的事情。这种说法似乎总是可以缓和气氛。"

另一种更古老的模范方法

一种我尚未提及的思想有助于把社交设定为最后一章的主题。那就是弗朗西斯·培根(Francis Bacon,大约17世纪早期)关于如何简化工作并且通过"把它外化"为一个更具社交性的层面来改进工作的解释。我相信,你会很快明白我的意思。

培根是一个常常受到误解的倡导科学方法的先驱(马修斯,1996),他把高效的工作方法交给了自己和其他人。特别值得一提的是,他注意观察科学家们是怎样取得发现的。他断定,关键是要把新的方法拿到外面的社会上去看看它们能否很好地为人们服务,然后再修正和简化这些方法,直到它们被证明是广泛实用的。这种观点是如此基本和不露锋芒,以至于我们现代人几乎没注意到它。

培根之所以提供了这样一个清晰而实用的观点,是因为他生活在西方科学的发展初期,并且能够理解人们对基于广泛而基本的原理的科学发现的需要。他希望他所传授的简单性和广泛性会影响到对科学家的培养，并且希望他的告诫会使科学的发展摆脱业已显露出来的复杂的和"完全忠于一种理论"的路径。他担心，如果没有他的以全社会为基准的方法，科学家将越来越有可能选择非常具体的现象和规律。那时的问题将是，科学逐渐发展出了一种对一个显得如此复杂和负载着过多的事实的世界的意识，以至于越来越没有人去寻求或者相信根本性的原理。与他同时代的科学家和其他学者似乎已经有这样的危险，即对于一些东西了解很多，但是对于其他有着更广泛的重要性的东西却知之甚少。他警告说，长此以往的结果将是大量缺乏广泛性的知识和不愿把它们应用于深远的问题，如有效率的工作方法（克劳兹，1960）。我想，培根将不会惊讶地发现今天的高等教育研究者已经积聚了成千上万篇关于教学的特定方面（例如，课程设计）的文章和书籍，但是几乎没有证据表明它们以显著的、持久的方式帮助广大接受抽样调查的大学教师改善了教学。换言之，培根偏爱一种通才式的方法，而其他大多数的科学家更喜欢专才式的方法。

培根的这种被人遗忘的、通过使科学的发展集中于普遍性并且接受社会的检验来简化科学的方法阐明了如何参与发现过程本身的耐心、专注的方法。它还揭示了可以鼓励并且回报更多的社交型工作的发现模式。培根的社交型的工作方法是有效的，因为：

1. 它们必须首先被证明有助于各种不同的人。
2. 为了认真地测定这种帮助的程度，调查者必须确知最基本和最普遍的相关原理。
3. 科学家在意识到了这些基本原理之后，会在适当的时候把它们运用于自身。

为何这些以社交为基础的、培根式的方法与大学青年教师有关呢？很简单。它们实质上是那种同样古老的"恰到好处"的规则——即我们已经知道的持之以恒和专注的工作方法的基础。但是在这里，它们因为更具社交性而变得更加简单和有效了。培根的观点就是：科学可以通过富有同情地运用于他人和自身而变得更加基本和实用（而且反之亦然，这与我们一直在学习的反馈式的写作完全一致）。

本编的各章将会显得比较熟悉，因为它们强调尽早开始获取你将融入的文化的社交意识/知识,而且它们依赖于持之以恒和适度的社交模式。虽然如此,它们所蕴含的假设还是可能让你感到惊讶,那就是你可以通过投入与教学和写作同样多的时间来进行社交,而在教学和写作中取得更好的进展。培根可能已经告诉了你其中的奥秘,他相信科学与同情应该携起手来。

关于社交型工作的功效的证据

首先,我在本书中所推崇的模范教师可靠地、各有特色地展示了这种把工作化为服务的培根式的方法(例如,他们为了保证有规律的写作时间而自发地达成社交约定)。其次,当我为那些开局不利的大学青年教师制定培训方案,以便让他们效法这条值得效法的、带有广泛的社交性质的工作方法时,他们所取得的成效包括(与那些没有参与的同辈教师相比):

- 在关于社交准则的知识上有了更大的增长,比如更多地了解续聘/晋升/终身聘用委员会或者类似组织对于出版方面的期望。
- 顺利通过资深同事和系主任的续聘/晋升/终身聘用评估的人数有了更加稳定和更大幅度的增长。
- 对处理大学教师的本职工作的效率和享受的更高的自我评估。
- 更清楚地报告和证实了同情何以可能建立在持之以恒的适度的基础上的细节(例如,"我很高兴地注意到某些与社交有关的东西对于我来说就像短暂的日常写作的工作原则一样基本和有益。当我学着定期去做它的时候,它帮助我说明了我的计划……对我自己和我周围的人。我感到在向他们介绍我自己时更有耐心。现在我理解他们为什么会把我看成内向的人——我比某些人所意识到的更加腼腆。")。
- 对幸福的程度的自我评定更高,主要包括已经简化和澄清了社交生活,尤其是缓解了对同事是否会表示赞同的担心(例如,"一旦我变得更加一贯地对他们开放和友好,一旦我因为向他们展示了我正在进行的工作并且征求了他们的建议和同意而让他们看到了我的进步,我完全感觉不到以前的担忧了,即不再担忧他们偶尔的闷闷不乐或者漫不经心意味着什么。")。

你可以从哪里得到这些结果背后的培训方案的信息呢？就在关于社交型的工作方法（正如培根所可能称呼的）的下述各章中。

什么是社交型的工作方法

社交型的工作方法把属于持之以恒和适度的"恰到好处"的主题扩展到了它们的自然结论之中，它们是外在的，但又总是与内在的过程保持平衡。具体如下：

1. 不断增强的社交意识：首先通过了解自己所在的新院系和新校园的文化及其不成文的社交规则。
2. 可以带来自我回报的社交参与：建立在指导和其他社交经验的基础之上。
3. 向有需要的其他人提供社交服务的内在激励：帮助其他新教师学习这种有效的、愉快的活动，以便进一步阐明它们对自己的作用。

社交与服务的这三个方面就是本书中剩下的最后三章的主题。当你更仔细地考虑它们的时候，我希望你能体验到它们的属于同情的专注本质。

第十九章
尽早了解校园文化

你怎样才能最好地了解如此神秘的校园文化？我建议你从阅读大学教师所撰写的关于校园生活的书籍开始。这些作家是令人愉快的，他们毕竟接近我们。然而更妙的是，他们会以难得一见的坦诚告诉新教师如何预测大学里的相关情况。

看看简·史米莉（Jane Smiley）如何在她最畅销的小说《鸣叫》(1995)中描绘一个典型的教务长，此人正在欣赏着他管理的那所庞大的中西部大学（实际上是教务长在管理大学，校长主要是在充当摆设和筹集资金的作用）：

> 尽管一所州立大学不能像常春藤联盟的大学那样为它的管理阶层提供成员资格（艾瓦想，这难道不是在哈佛大学待上四年就要花费10万美元的唯一真正的原因吗？），但是艾瓦的大学这些年来一直在口头上对各种各样的赞助者发表严肃的声明：学生可以找到工作，州政府将会看到它的教育投资的回报，企业可以得到数以百计的充满热情和训练有素的员工……至少，学生们别指望逃脱父母的监管，酗酒、狂欢、性交、寻求刺激、品尝自由和不负责任，因为他们处在可以用钱买来的最好的设备的包围之下。

除了史米莉的令人愉快的冷嘲热讽之外，这里还有什么值得注意的东西呢？首先，相对于他们的教师所受到的训练而言，高层管理人员对于大多数学生受到了如何好的训练持更为乐观的看法。其次，相对于我们希望传授给本科生的知识而言，我们太容易忽略那些对他们真正重要的知识。

迈克尔·莫法特（Michael Moffat, 1989）对罗格斯大学的寝室生活的直接观察甚至提供了更多的信息。例如，他总结了大学新生最需要学习的东西以及他们通常从哪里学到它：

> 这种危机常常在第一次期中考试之后来临。成绩是C等还是D等??!! 于是，躺在长沙发上摊开的一本书是无法真正研读的。草草浏览的东西是记不牢的。没有做好笔记的听课是不够的。大部分新生都对此作出了调整。有时候是通过朋友的帮助，但更多的时候是这些新手自己想出了新的学习方法。

莫法特的内部情报可以帮助你理解自己的学生，甚至了解你作为大学教师中的新成员的奋斗。至少，它是很好的读物。

其后，为了找到一本最简练的和最有用的著作，不妨看看伯顿·克拉克（Burton R. Clark）的名著《校园生活》（1987）。在下面这段摘录中，他利用广泛的研究指出了大多数大学教师的职业生涯中的四个重要的决定性因素：

> 第一个和最重要的一个是对科研与教学之间的明确区分，这种区分可以根据专才性的或者通才性的职业重新加以界定。第二个是对全职的工作和兼职的工作之间的区分……第三个是对终身的（或者可以成为终身的）个人职业与大学教师的基本信念之间的区分，前者对于大学工作的稳定性而言至关重要。最后一个是对纯理论和应用性的区分。

简单地说，克拉克认为按照传统的标准来衡量，你的事业成功的可能性取决于你把所有这些二元选项中的哪一项作为自己的首要任务。例如，为什么教学的价值的确小于科研？因为在把教学作为教师工作的真正重点的校园里，制度可能受到顾客的驱使。对于作为个体的大学教师而言，这意味着管理工作的价值更小，个人的自由更少，用于个人学术的时间和支持更少，陷入陈腐和固执的可能性则更大。当然，我并不总是喜欢这个现实，但是我认为我们最好是去面对它，而不是忽视它。

在对各种大学里的那些最受同事重视的大学教师的调查中,伯顿·克拉克发现了一个共同的工作模式:虽然我们中最有影响的那些人在教学和科研两方面都做得不错,但是他们明显地更加强调后者,而且是以优雅的、个性化的、大胆进取的方式来强调。另外,凭借科研而获得了尊重的大学教师报告说:他们对自己的事业感到极度的兴奋和快乐;相反,那些致力于"大学教学"的人最有可能报告说:他们感到不适应,而且缺乏思想上的激励。我本人对新教师的研究得出了与克拉克一致的结果。

在他的书中,另一个关于校园文化的重要启示说明了一些不成文的规则是如何不明显。我们中的那些属于"上倾"学科的教师,如自然科学的教师(这里的"倾"指的是他们为高年级学生开设的专业课数量相对于为低年级学生开设的专业课数量的比例)会获得最高的地位和报酬。而那些属于"下倾"学科的教师会获得最低的报酬、安全和地位,如主要为新生开设的英语写作课的教师。既然你可能早已致力于其中的一倾或者另一倾,为什么还要指出这一点?因为它可以帮助你面对现实,这个现实常常使人文学科和一些社会学科的新教师受到干扰——这种干扰太常见了,以至于达到了让他们心烦意乱和士气消沉的程度。

> 如果我们是明智的,就让我们做好最坏的准备。
> ——乔治·华盛顿

> 一个明智的人不会为他没有的东西感到悲伤,而会为他拥有的东西感到高兴。
> ——埃皮克提图(Epictetus)

如果我已经如愿以偿地激起了你对校园文化加以简短而系统的考察的兴趣,那么你到底应该如何进行这种考察呢?对于参与了我的培训方案的新教师而言,下述策略被证明是最为适当和有效的:

- 首先要寻找关于校园文化的信息摘录和普遍原理。这为你理解将要融入的文化的普遍性并且学习它的特殊性提供了有用的背景知识。
- 在与你的新同事见面之前了解他们的情况（例如，浏览一下他们发表的作品，与双方都认识的熟人交谈）。有时候，这一措施要和申请大学教职的活动同步进行。
- 预料到你的新同事的一些怪癖，或者更仔细地观察你的母校，并且把那里的教师想象成你的同事。
- 尽早开始练习那些与你希望得到的职位有着特殊联系的工作方法（例如：流畅地写作项目申请或者课程计划的方法）。

也就是说，要去做上面这些事情，而不是在没有注意到你的新文化与你所熟悉的文化之间的区别（和类似）的时候仓促行事。具体地说，就是要尽早做好去面对你可能遇到的令人不快的现实的准备：(1) 远在你感到有愿望或者有必要之前去发现那些可以预见到的失望与你所在的学科、大学、背景和你的种族/人种/社会阶层之间的联系；(2) 了解潜在于你的职业生涯中的"错误路线"，比如与你的系主任（对于你最初的生存和成功来说，没有任何人在任何方面比这个人更加关键）之间的交往障碍；(3) 揭开某所大学的教师之所以非常喜欢他们的环境并且愿意留在那儿的原因。此外，要做下面的练习。

规则1：等待。
规则2：尽早开始。

规则1和2的练习

在进行写作的时候，这些规则意味着要抑制冲动的开始，以便构思需要说什么和做什么。在这里，它意味着要尽早发现有效的方法，以此来给同事留下通情达理的第一印象，并且取得好的开始。在这里，等待和尽早开始的时间可能要提前：它们开始于提前阅读关于校园文化的摘要的简单行动。

但是在你着手做这些练习之前，要提防紧随其后的文章的长度。在这里，我像以前一样归纳和解释了推荐的读物，同时设想你有能力如愿以偿地浏览或者精读它们。（但是在这里，哎！我不能利用后面的那些测试结果来威胁你,否则我就成了一个心胸狭窄的教师。或者,我能这么做?)

练习1. 精读关于校园文化的文献,越早越好。

我们已经看了一些属于这一类的读物的例子,它们可能是有用的信息——关于教务长和大学生的真正兴趣,关于某些身居高位的预言者和大学教师生涯中的令人无能为力的失望,甚至关于新教师为什么常常苦苦挣扎的一条线索。在这里,我介绍了一些相关读物的摘录,并且用更系统的方式排列了它们。我首先介绍的是提前预见同事的怪癖和了解不成文的规则的方法。有些最好的信息包含在那些关于大学教师生活的"虚构的"描述之中。

1. 关于大学教师的幽默小说。 下面的摘录来自大卫·洛奇(David Lodge)的经典喜剧《换位》(1975)——关于英国和美国的大学教授的生活。它的视角是那些为了体验新的工作环境而穿越大西洋的客座教授,而现实在古老的国家和新兴的国家的过去和现在都是完全一样的。第一段摘录描绘了一位极其典型的资深大学教师,此人的表现让很多新教师都不愿成为他的同事(或者不想最终成为像他这样的人):

> 菲利普在一个方面被视为一个杰出的人,尽管仅仅限于他自己的院系。他是一个针对本科生的超级主考……在讨论如何草拟试卷的院系会议上,他的同事都很敬畏他,因为他有着敏锐的目光来发现模棱两可的标题、与前些年的试卷重复的问题、使应试者能够在两个答案中使用同样的材料的疏忽大意……一个同事曾经宣称菲利普应该出版他的试卷。这个建议虽然出于一种讥讽,但是菲利普宁愿采纳这个建议——将其视为解决他的缺乏成果的天赐良机,他为之眩晕了几个小时。

接着,洛奇提供了一个讥讽现实的暗示来说明一旦获得了大学教职之后,我们会如何对一个书评家关于我们所出版的作品的评论作出过激的反应:

我浏览整个专栏来看看是否有对我的稿件的评论,而且充分肯定它就在那里:"谈到萨普教授的文章……"而且我能够在这一瞥中看到我的文章荣幸地得到了广泛的谈论。(但是随后,更认真地阅读)想象收到一封恶毒的来信,或者一个骚扰电话,或者发现一个雇佣杀手用枪指着你的后心,整天跟着你走过大街……这个家伙确实想谋害我。我是说,他不仅仅满足于大肆奚落我的论点、论据、精确和文风,而且想让我的文章(即一本已出版了的书中的一章)显得像是某种学术上的低能和反常的里程碑,不,他还想要我的命,他想把我的自我打得粉碎。

下面这段摘录来自大卫·洛奇的《小世界》(1984/1995),它是一段关于大学教师在会议上的行为的深刻和不恭的描述:

> MLA(美国现代语言协会)是此类协会中的老大。一个很大的协会。一个由文学界的知识分子组成的顶级马戏团……想象一下一万名受过高等教育、能说会道、雄心勃勃、爱好竞争的男男女女于11月27号聚集在曼哈顿中部开会、演讲、提问、讨论、闲谈、调情、聚会、招聘或者受聘时的情景。因为MLA是一个聚会,也是一个市场,是刚刚从大学毕业的年轻学者满怀希望地寻找第一份工作的场所,是经验更加丰富的学校寻求更优秀的人才的场所。希尔顿酒店和阿美里卡纳酒店的客房不仅是用于休息和调情的场所,也是用于艰苦的交易和严格的面试的场所。

下一段摘录描述了很多成功的教授所真正向往的那种职位,这种职位有着极其丰厚和独一无二的报酬,有着随叫随到的辅助人员,而且——在这些值得考虑的因素中最重要的一个——没有教学要求。在这里,洛奇还捕捉到了这些严肃的野心家们常常得到的结果(在下面这个场合,萨普教授正在一个委员会的会议上满怀期待地等着自己被提名为这样一种职位的赢得者):

> "正如你们中的大多数人所知,"雅克·特克斯特尔正在说,"联合国教科文组织(UNESCO)想在世界各地寻找一位新的文艺

评论方面的主席。关于如何填补这个职位,我们一直在征询这门学科的老前辈亚瑟·金菲舍尔的意见,我想这并不是一个秘密。女士们,先生们,我有消息要宣布,"特克斯特尔顿了一下,仿佛受了嘲弄……"亚瑟刚刚告诉我,"雅克·特克斯特尔说,"他准备不再退休,自己担任主席。"……"当然,"特克斯特尔说,"我不能代表任命委员会,我仅仅是其中的一个成员。但是如果亚瑟有一位有力的竞争对手,我会感到震惊。"

我愿意继续引用大卫·洛奇、简·史米莉和其他介绍校园文化的作家的作品,但是我希望你自己去阅读它们。在大学里同样隐藏着很多令人难以容忍的秘密(正如你可能预料到的,其中包括致命的紧张的人际关系的线索),但是科幻/幻想和浪漫小说中几乎没有什么价值。

2. 关于校园文化的系统研究。 这方面的研究惊人得少,而且其中有很多是我本人的研究。我将仅仅介绍其中的两个。

(1) 新教师必须出席的宴会。 第一项研究的范围很小,它所关注的是模范们在大学工作的第一年里如何应付看似琐碎的宴请礼仪的方法。这些宴请总是来自一些资深的同事,而且似乎必须出席。至少在我的研究中,这样的宴请都是在资深同事的家里进行的,并且都有些呆板和乏味。最重要的是,在大学教师生涯的初期,这些宴请都是或者可能是出现失礼的场合。

模范们避免了那些令人难忘的失误,因为他们:(1) 适度地细嚼慢咽,而不管别人怎样做;(2) 听得比说得多,甚至会适度地照顾配偶/同伴;(3) 在宴会后给主人写一个"谢谢您"的便条,不管这看上去是多么老套和不必要。总之,模范们练习了社交中的适度,尤其是没有低估冒犯他们的主人的后果——至少在很长一段时间内,你们还要再次相遇。如果这一点听起来像是常识,那么我敢担保它在现实生活中并非如此。

我的另一项研究带来了一个甚至更严峻的信息,因而在这里,在我们刚刚开始注意新教师所面对的障碍时,我对是否要陈述这条信息感到犹豫,但是由于乔治·华盛顿的话仍然在我的耳边回响,所以我只得勉为其难。

(2) 对理想破灭的中年同事的系统调查。第二项研究的内容读起来长得多,提供的信息也多得多。

基本原理。根据我的经验,一旦新教师接受了聘任并且习惯了校园里的日常生活,就几乎没有什么能比他们所遇到的萎靡不振和易怒的本系同事更让他们惊讶了。通常,新教师只会在系里发现一两个这样的同事,有时会更多。但是这些理想破灭的中年同事具有的影响力远远超过了他们的数目。在聘任和面试的过程中,这些极不爱交际的教师经常不被提及,也见不到。由于学校仍然试图忽视这些令人不安的成员,他们几乎没有被研究过。当我注意到这些古怪的大学教师怎样经常使新老师感到心烦和泄气时,我决定更多地了解他们。当我看到了他们可以让我了解到大学教师生涯的不良开端所导致的长期后果时,我又更加系统地研究了他们(例如,博伊斯,1986,1993)。

首先着眼于理想破灭的中年同事。我在开始我的调查时带着一个你可能已经预见到的目的,我需要说服大多数大学教师包括高层管理人员相信理想破灭的中年同事是普遍的和成问题的。那些得经常尽可能平静地与理想破灭的中年同事打交道的系主任已经相信了这一点。我采访了88位个人来观察他们是否已经注意到了理想破灭的中年同事。表19.1描述了主任们对于最不受重视的教师的最常见的评价,表中的内容是按照它们被告知我的顺序排列的。

表 19.1 主任们对在下列方面表现突出的下属教师的评价

方面	教师的资历级别	
	担任大学教师 <12年	担任大学教师 >12年
1. 在社交上疏远同事	16%	34%
2. 经常对主任不友善	5%	24%
3. 扰乱系里召开的会议	11%	32%
4. 倦怠的学者/研究者	42%	71%
5. 经常受到学生抱怨	16%	22%
6. 逃避学生的意见	32%	49%
7. 易对学生和同事发火	11%	22%
8. 常常多疑/妄想狂	5%	12%
9. 可被视为理想破灭(在以上8条中占了5条)	16%	24%

一个方法论的旁白：我尽力不去引导主任们说出我期望他们说出的内容。首先，我只是让他们把属下的教师按照资历的级别——任职初期、中期和后期——分成两组加以列举和简要的描述。然后，我让他们详述他们最重视和最不重视的教师，以及他们认为最有价值和最没有价值的教师。最受重视的教师几乎总是类似于本书中所描述的模范。他们的对立面，即那些被列为最没有价值的教师则引出了更多的描述。

在收集和分析这些评估和描述时，有三件事情让我感到吃惊：

1. 系主任很愿意谈论本系里的有问题的教师，尤其是谈论那些被他们评价为所遇到的最难相处的教师，这成为理想破灭的中年同事的广义的标准（见表 19.1 的第九方面）。主任们告诉我，他们之所以对这些令人困惑的同事很友好，是因为几乎没有别的人同情他们。两个主任刚一提到一位特别难以相处的同事，就从他们各自的桌子下面拖出一个非常大的集装箱（一个是很大的皮革手提箱，另一个是很大的方箱子）给我看他们所收集的关于仅仅一位理想破灭的中年同事的资料。这些被恭恭敬敬地展示出来的资料常常记录了他们与后者作斗争的伤口。基本上，我在本次研究中所询问的每一个主任都会给我展示或者讲述一沓很厚的关于某位难以相处的同事的档案。

    主任们谈论得最多的理想破灭的中年同事会在深夜里情绪激动地往他们家打电话（常常是明显地感到了持续性的困扰，直到这种困扰驱使他们发狂地打电话），并且接二连三地寄出一大堆便笺和信件（很多都是向权威人士抱怨领导的信函的复印件），他们的威胁在于他们喜欢诉讼或者其他更糟糕的习惯。在我所看到的大部分诸如此类的资料中（它们是严格保密的）都包含着一大堆学生的抱怨和校园里广为流传的事件的记录。大多数主任告诉我，理想破灭的中年同事对他们构成的压力是最大的——而且他们的首要诱惑是辞职。

2. 主任们对于教师的无理行为的评估远远比我或者我所咨询的任何人的预想都更加普遍和成问题。我所采访的 88 位主任

(我会在随后的一两个月内继续采访他们,以便看看他们是否改变了他们的第一印象)中,大约有 25 位详细说明了至少一个非常成问题的同事。剩下的人中,差不多有 2 位指出了某人非常接近这个级别。我和主任(在参照总结出来的数据进行反思时)还震惊地发现有那么多的真正的严重问题受到了普遍的指证,例如偏执狂和烦躁症。例如,3 个理想破灭的中年同事被指证在教室里推打学生,另外 2 个在办公室外胁迫学生并对他们吼叫。主任猜想,大多数这样的情况并未报告给学校的管理部门。

许多主任意识到了他们之所以会忽视理想破灭的中年同事更加普遍的现实性的一个可能原因:从前,他们曾经猜想自己系里的理想破灭的中年同事比其他系里的更常见,而且他们担心,对处在他们的庇护之下的理想破灭的中年同事的注意可能会表明他们缺少领导才能。

主任们对表 19.1 所描述的资历相对较浅的教师的数据(参见入校时间不足 12 年一栏)表现了特别的恐慌和失望。这些人中有很多已经表现出了不合群、不开心、无成果、反抗的行为模式。事实上,就像我几十年来所访问过的其他善意的大学管理者们一样,这些主任似乎没有意识到他们属下的新教师所为之苦苦挣扎的绝不仅仅是写作和教学方面的缓慢开端。"我猜想我需要更多地关注心理方面。"这 88 位被采访者中最富有同情心的一位说道。

3. 我现在更清楚地看到,理想破灭的中年同事的戏剧性表现的根源在他们从业的中期可能最容易辨别。为了说明这一点,我提炼出一个对那些被我认定为极端个案的理想破灭的中年同事的研究。

追踪研究。我寻找极端的理想破灭的中年同事(22 位)在职业生涯的初期所表现出的迹象,这些迹象不同于现在被列为最有价值的/模范的同辈(22 位)的实例。这 44 位受访者中的每一位都被告知他们是我的培训方案的一部分,即试图通过采访同事的大学工作的经验来收集如何更好地训练新教师的意见。这 44 位受访者中没有一位被告知他已经被提名为反常人士,而且似乎没有任何一位对此表示怀疑。

我首先要求 44 位受访者中的每一位都回忆他们在同一所大学里的最初经历,尤其是回忆那些在头几年里帮助或者阻碍过他们的东西。因为理想破灭的中年同事们几乎没有详细说明在他们的事业的开端发挥过帮助作用的影响,所以我在此处只能集中讨论这些处于事业中期的教师们所回忆的最有害处的因素。在表 19.2 中有一个关于这些数据的概述。哪怕是快速浏览一下这些数据,也可以得知理想破灭的中年同事更严厉地遣责了早期经历对他们现在所感到的理想破灭的影响。假设这些理想破灭的中年同事与那些后来的模范教师是在同一所大学里开始工作的,我们还能把他们视为没有多少东西可供我们了解的哀诉者而予以遣散吗?

表 19.2 明确承认自己的早期经历阻碍了事业发展的中年大学教师

在事业中期坚决承认的早期情况	理想破灭者	模范
1. 不知道续聘/晋升/终身聘用对于出版发表等方面的要求	86%	41%
2. 没有从同事/学校那里得到关于出版发表的有用信息/帮助	55%	45%
3. 没有从同事/学校那里得到关于怎样搞好教学的有用策略/帮助	91%	18%
4. 没有得到关于充分的或者适当的服务的有用指导/信息	95%	14%
5. 认为关于续聘/晋升/终身聘用的信息是特意对他们保密的	100%	5%
6. 感到续聘/晋升/终身聘用程序带有政治偏见	100%	5%
7. 认为自己在早期生存方面是无助的	91%	0%
8. 感到自己勉强地通过了续聘/晋升/终身聘用程序	100%	0%
9. 太忙,日程太满,以至于没有时间做打算做的事情	100%	18%

在读了本书的前两章后,我相信你不会。回想一下我所观察到的那些不大可能符合续聘/晋升/终身聘用期望值的新教师,他们也曾非常激动和气愤地抱怨几乎同样的问题(例如,忙碌)。显而易见,这些缓慢的起跑者要么正在离开大学,要么停留在幻灭和对抗之中。理想破灭的中年同事因而提供了又一个关于事业初期的错误路线的本质

的宝贵教训。

简单地说,在大学教师普遍面临的环境中,理想破灭的中年同事(和那些正在变成他们的人)表现出了崇高的理想/目标与实现它们的无助和悲观之间的一种矛盾结合。他们经常:

- 直接谴责外部的环境,而很少意识到自己的责任。
- 把请求他们作出改变的建议看成人身攻击(并且认为它们来自不配提建议的人)。
- 粗鲁地对待那些质问或者评价他们的人,包括学生、同辈和领导。
- 表现出越来越严重的不合群。
- 被现实的或者想象的不道德行为所困扰。

相反,走上成功之道的新教师对他们的经历的典型感受是什么呢?表 19.3 作了这项对比。

表 19.3　大学青年教师的具有先兆性的主要早期经历

走向幻灭的新教师	取得良好开端的新教师
1. 体验到大学里的孤独/忽视	1. 找到有用的社交支持/网络
2. 感受到大学里的普遍反对	2. 找到赞美和欣赏同事的方法
3. 对于个人能力的自我怀疑	3. 得到学生的认可
4. 在长期补救之后感到上当受骗	4. 受到外界的邀请去评论/商谈/旅行

这个信息揭示了你体验职业生涯的开始的恰当方法和不恰当方法。下面的练习将敦促你迈出更加积极和更加切实的一步。

练习 2. 了解大学青年教师在度过开始阶段后(4~7 年后)会出现哪些不同。

对于这件事,我敦促你依靠自己去做,或者会同本校的另一个新雇员一起去做,其主要方法是采访那些愿意回忆自己的开始阶段的资历较浅的教师。我通过归纳我所进行的调查而阐明了可以从中学到的东西。

以下是最常见的懊悔（我按一般形式重新叙述），它们由那些即将面临最终的续聘决定（而且已经对拒绝有了思想准备）的"缓慢的起跑者"自愿提供。他们是来自各种不同的研究型大学的代表：

"如果可以再来一次，我会……"

1. 更及时地完成必要的任务，在离开母校之前，尤其是在完成学位论文并且寄去发表之前。
2. 在到达工作的大学之后马上开始着手定期写作之类的工作，而不是等到有心情的时候再去做它们。
3. 尽早付出更多的努力来发现对我这样的新教师的不成文的期待。我将通过与母校的青年教师以及我所认识的即将开始教师生涯的人进行交谈来了解我的新大学的要求，甚至在离开母校之前（或者通过后来的电话回访）。
4. 阅读更多关于新教师的早期经验的书籍（有个人还幽默地对我加上一句："甚至可能是你的书。"）。
5. 保持我与那些轻松的、不慌不忙的同事进行的早期交流/询问。
6. 付出更多的努力来结识我的系主任并且得到他的帮助。我想知道什么样的错误或者疏忽会妨碍新老师的续聘。

这些缓慢的起跑者知道得如此多，虽然如此晚，你觉得惊讶吗？不要惊讶。新教师是机敏的，非常机敏。太多的新教师只是未能尽早学会怎样持之以恒地、适度地工作和社交而已。这种关于如何从事大学工作的心照不宣的知识是一种不同寻常的、解决问题的智慧，学校通常没有传授过它。当你了解到对它的疏忽会给人们带来什么样的潜在惩罚时，你可能会更加同情你自己、你的同事和学生。

当你抽样调查一小批有经验的资历较浅的教师时，要试着纳入一些敏捷的起跑者。以我的经验来看，他们的确在刚刚列举的那些事情上起步较早。尽管如此，当他们即将获得终身聘用的决定时，这些敏捷的起跑者经常会对我说：如果可以重新开始，他们甚至将更加适度地工作，更少进行匆忙的写作和教学，更多地看看什么才是重要的。

有样东西可能是你所不容易发现的，那就是如何以最好的方式引

导这些被调查者/被采访者。我对那些完成了这项任务的新教师的观察揭示了下述方法和忠告:

1. 参与小范围的讨论,并且对其他人的专业和爱好显示出真正的兴趣。也就是说,要预先准备好谈话内容,然后耐心地和富有同情心地等待和倾听。如果你问的是一些过程性的问题——关于怎样工作,要预料到一些同事可能会感到惊讶。还要预料到他们最初可能觉得茫然。大学教师更习惯于谈论结果而不是过程,更能提出问题而不是回答问题。

2. 平静地指出你有合理的兴趣为你自己和你新到的院系/大学做好工作。但是要表现出你的关心不仅仅是普遍存在的焦虑。

3. 知道提出什么问题,并且预料可能遇到的挑战(例如,当你问到你的受访者在他们的心里对你的大学教师的任务作何设想时,他们可能会反问你对自己希望在接下来的三到六年里完成的工作的设想)。当你作出回答之后,还要征求他们对你的计划的现实性和可行性的意见。有可能你希望做的事情超出了任何凡人的能力。

4. 保持克制,并且不要用太多琐碎的问题去冒犯你的受访者(例如,"桑塔·芭芭拉是一个适合生活的地方吗?")。要避免明显的奉承——学校里的一宗大罪——而且同样不要吹牛和傲慢。

5. 在讨论你自己的院系和大学时,不要主动诱导或者加强受访者对它们的批评和失望(但是一定要记下那些似乎让你未来的/新的同事感到不满意的地方,而且在思考你的受访者的成功和幸福的等级时,要寻找与之相反的模式)。为什么你必须看似中立,而且只能略微对听到的抱怨感兴趣呢?因为不这样的话,受访者就容易把你看成消极的人,哪怕大部分的抱怨是他们发出的,而你只是在热心地倾听。

6. 及时地抛开你的问题,要早于你愿意这么做的时间。在对方坚持拒绝合作或者四处闲扯时马上结束,要赶在他或者她完全显出受到骚扰或者心不在焉的迹象之前。要无忧无虑地离开。例如,要意识到你所选择的受访者可能从未系统地思考过这些问题——而且许多大学教师会期待你去问那些他们在当新教师的时候问过别人的问题。

7. 最后,要注意你表现出了哪一种好奇心:

> 有两种好奇心:一种源自兴趣,它使我们渴望知道可能对我们有用的东西;另一种源自骄傲,并且是为了渴望知道别人不知道的东西。
>
> ——拉罗什福科(La Rochefoucauld)

接着,我总结了自己关于大学青年教师的一个特别关键的经验的发现,并且参照模范们的矫正方法来解释它们。

练习3. 停下来思考你为什么可能遭到同事的拒绝。

一旦你与大学里的新同事进行了交往(甚至开始与你想要申请的大学里的未来的同事进行通信),就要去预想校园生活中最严峻的现实之一。你原本以为可能会鼓励你的那些人有时候可能显得疏远而冷漠。

停下来以便专注地反思可能的原因:第一,大部分大学教师和你一样害羞,而且他们并不擅长与陌生人聊天。(如果在你们谈完工作之后,他们又在系里的聚会上与你进行了轻松的交谈,你就会明白为什么这样的酒会在大学里是必要的。)第二,很多教授都十分繁忙,所以他们会无意识地对你的询问显示出急躁和生硬。第三,教授们是有社交的潜能的,但是他们常常更喜欢独处和不被人看见,或许只有他们在与自己的研究生相处的时候例外。如果你问他们为什么,他们会告诉你这是他们完成工作的唯一方法。最后,要记住那些内向的人认为社交是令人烦心和令人厌倦的——而且他们在合作时需要别人采取主动。

这种来自社交上的孤立的打击是造成新教师的压力和理想幻灭的重要根源,对看似漠不关心的同事的过激反应造成了新教师的职业生涯中的主要失误。如果你觉得自己有着类似的体验,即感到你置身于背弃的诺言和分裂的精神之中,就要回顾一下下述问题的普遍原因:为什么新教师常常觉得自己受到了抛弃?为什么这些刺激常常不是针对新教师个人的?还要考虑一下模范们的下述应变方法:

- 在应聘前的例行仪式中,比如在与参加面试者共进午餐或者个别交流的时候,教授们常常一反常态地友好;在吸收新教师时的欣快情绪中,他们中的某些人可能会产生一种误导性的假相,即他们会成为你的密友和合作者。

——尤其值得注意的是,"敏捷的起跑者"发现他们已经对这种情势作出了有效的调节,其方法是在到达之后马上停下来思考自己为什么会觉得受到了抛弃。一位"敏捷的起跑者"说:"这些人可能感到有义务去帮助应聘者,而且他们在面试期间可能被假相和许诺陶醉了,就像是受到了一种兄弟情谊的驱动。"

- 系里赋予了应聘者以明显的特权,他们经常受到会见,经常参加系里的不同层次的聚会,经常受到对其表示友好的礼遇——包括鞠躬、点头,这在鸟类世界中是众所周知的求偶仪式。问题是一旦这样一个应聘者接受了聘任并且进入了校园,这些示好者中的大部分就会回到他们惯常的工作方式之中,而且在很大程度上是缩在完全属于他们自己的鸟窝里。

——有些新教师断定,未来的雇主们之所以这样做,是因为大学的传统使他们指望你一被聘用就能自己开展工作,用这些新教师本人的话说:"是的,他们是热忱的,但是又保持着一定的距离。我想他们正在等着看我能否独自应付工作。"

- 许多初来乍到的新教师都处于兼职教师或者编外教师的地位。传统习俗把这些新教师排除在了甚至最粗略的礼遇——私人办公室,参加教师会议时受到的明显欢迎,以及与正式教师一样的课程时间安排——之外。

——经受住了这种考验的最成功的大学教师做了四件与众不同的事情:第一,他们利用了没有委员会的工作和系里的其他职责的自由,以便去完成那种有助于加强他们在就业市场上的竞争力的工作;事实上,新来的编外教师常常在写作和教学方面比新来的正式教师创造出更多的成果。第二,他们找到一个全职教师来进行合作,这个人可能成为他们在系里的支持者。第三,他们确信自己不会一直被人漠视或者受到冷遇。第四,他们利用平静但又富有成效的专注来面对这种不确定的身份/附属地位的考验,就像所有其他敏捷的起跑者们所做的一样。

在进入大学后尽快获得认可的困难在它们处于极端形式时看得最清楚,这种事情常常发生在那些属于有色人种的新雇员中间。我所调查的大学经常在他们本人提出申请之前就付出了特别的努力来找到这样的个体。由知名人士组成的甄选委员会在电话和面试中用热情和甜言蜜语把他们的疑虑一扫而空。他们允诺提供一般的新教师得不到的东西,甚至包括安排房子和配偶的工作。但是在把他们招聘进来之后,这些搜寻和俘获的团体很少会兑现他们的诺言。此后的情况常常是:系里总是不能提前或者及时提供必要的信息(例如,资料库和服务机构在哪里,有时甚至简单到邮局在哪里的地步)。而且新同事虽然友好,但是显得很忙,而且心不在焉。此外,事先允诺的设备如有窗户的办公室或者可使用的实验室常常没有准备好,甚至常常不可能准备好。尽管这些特殊的新雇员可能注意到了那些更传统的新雇员也会受到类似的温和的忽视,但是考虑到被聘前后的经历的反差,他们更难作出调整。还有,他们在进入大学时已经有了预见,而又憎恶边缘化处境的学术经历。因此他们往往带着听天由命的态度接受冷漠和孤立。我想,难怪有几位这样的新雇员很快选择了带有既定的援助方案的合作型工作,这样的工作常常被贴上了像"所有新手的快速通道"之类的标签。

传统的新雇员对他们在校园里受到的接待几乎感到了震惊和气馁,而且常常在他们进入校园后的头几个月里对我作出这样的评价:

> 我现在比任何时候都了解我在研究生院里的起步之所以那么艰难的原因。没有人太在意我的到来,而且我不得不独自解决一切事情。此处的情况也完全一样。但是在_____,至少还有其他的学生渴望和我做同样的事情。我们在同一个实验室里,在同一个项目上工作。此处甚至连这点东西都没有。为什么?

> 我这辈子从未感到如此孤单。我在研究生院里有朋友,但是我不知道在这里是否能有。有时候我觉得非常沮丧。

> 我怀疑我是否选错了职业。

我敦促你注意一个在这些反应中受到了普遍忽视的问题：从学生到大学教师的转变之大，远远超出了大多数新教师的预料。确实，它可能不仅仅是从生活在你的家庭和终生密友中间到独自生活在大学里的转变。在这两种情况下，调整都不可能没有痛苦或者轻而易举。但是在两种情况下，都用得上同一种简单的成功法宝（例如，帕斯卡里拉与特伦兹尼，1991）：持之以恒但又适度地参与校园活动（例如：参加文体活动；参加学校组织），与教师或者资深同事经常进行富有成效的交流，认同学校（例如，成员资格的自豪感）。换句话说，有效的社交方法被证实是最为重要的，就像努力工作和作出牺牲一样。总而言之，社交工作是这本书的最后一章的主题。

顺便提一句，转变的困难不仅仅局限于年轻的新教师。想想这样的场景：经验丰富的、有造诣的人士（例如，指挥家/作曲家、作家/编辑、前任国会议员、民权领袖）被聘为了新教师，通常是被聘为正教授，从而在表面上满足了系里对于专家意见和合作的特殊需要。想象一下他们会受到多么殷勤的讨好，而一旦在学校里受到孤立又会多么惊异（有时甚至成了没有安全感的同事们所憎恨的目标）。

这种带有普遍性的冷漠的开始是否意味着他们或者你应该逃避担任大学教师呢？当然不是。它仅仅表明了理解校园文化的好处以及怎样减轻它的危险。孤独感是可以避免的，最直接的办法是通过参与，也可以通过回想一则古老的格言：

骄傲在败坏以先，狂心在跌到之前。

————《箴言》第 16 章 18 节（圣经）。

练习 4. 在与同事打交道时采取主动。

你刚才已经看到了进行这种面对面的调查并且与同事初次接触的方法。但是在一个几乎人人都显得疏远、冷漠或者更糟的环境中，仅有这些策略似乎是不够的。因为如何应付孤独这个直接困难常常压垮和吓倒新教师，所以我要不厌其烦地重申模范们所采取的一般做法：

1. 他们很快意识到几乎所有的教授都会在受到恳求时提供帮

助,即使是性格内向的教授。他们知道:传统会让经验更丰富的同事害怕表现出侵扰和操纵他人的迹象;对学术自由的关心常常变成第一位的考虑。教授们也希望自己的同事选择大学教师的职业,因为他们喜欢帮助他人。尽管教授们可能更乐于帮助学生,而不是同事。重要的是:即使你觉得受到了轻视,也必须主动寻求帮助(练习 2 中的简短调查可能是个好的开始)。

2. 他们在感到准备好之前就尽早开始与某些同事建立有益的关系。他们宁可在申请工作之前就开始通信和建立友谊,就与开始写学位论文的时间一样早。结识你感兴趣的领域的外界人士很少会带来什么损失,或许可以首先把他们视为你的开题报告的非正式读者。

我可以列出其他各种几乎与此一致的具体建议,但是为了俭省起见,我想仅仅提出这两个建议,以便保持这个练习的简单性和一般性。

练习 5. 在不断增长的社交背景中,尽早确立调查/工作的日常规范。

记住,在本书的前两章中,我所研究过的那些失败的新教师为什么没有一开始就实施这个行动,因为他们希望稍后再做:他们觉得在能够进行适当的写作之前,他们需要去适应新环境并且等待,直到有了大块的、不受干扰的时间。几乎和往常一样,他们不喜欢规矩或者规则。回忆另外一些不必要地延误了他们的重要工作的缺乏专注的过程:

- 仓促和忙乱的习惯使得可以推迟的工作似乎拖得越久越好,最好拖到没有任何需要立即做的事情的时候。
- 认为创造性的工作只有受苦才做得好,比如写作和教学。
- 没有调查大学青年教师怎样才能茁壮成长,包括不知道这样一个事实:从长远看,那些持之以恒和适度的写作者产生了最多的和最好的成果,而且身体最健康。

- 企图生活与工作在未来或者过去,而不是生活与工作在此时此刻的顽固习性。

练习 6. 开始寻找随时为你提供建议和支持的同事。

因为我已经详述了了解同事的基本技巧,所以我将只简单地介绍下面的内容。我想,其中不会有什么让你惊讶的内容。例如,下面是一位参与培训者与她的一位同事的首次聊天记录的整理,这位同事同意花更多时间定期倾听她的顾虑并且提供建议。这位资深同事本身就几乎是一个模范——如果你可以找到一位具有这样资格的指导者就太妙了。因此,下面是一位参与者从她的意见记录中找到的最有价值的内容的样本:

- 现在就立即着手去做你的基本工作,而不是以后再做,即等到你因为时间紧迫而不得不做的时候。否则的话,你将发现你在这段期间取得的成果比原先预想的还要少。你将承担被拒绝终身聘任的风险,相信我,你将败得很惨。我见过这样的先例。
- 要快,要马上制定你未来的工作计划,并且随即与某个懂行的人讨论它,比如像我这样的人。你需要确保你想做的事情是恰当的,至少是在一般情况下。
- 不要孤立自己,并且不要以为只和我一个人会谈就够了。
- 准备与另外几个懂行的人讨论你的书面计划,尽管它们还是尝试性的。我可以提出一些建议,而且我甚至可以安排一次会议来给你作出一个友好的评估。

以上内容对于这位正在聆听她的指导者的建议的新教师来说没有一样是新的,但是它们都加强并且表明了你可以从一个定期的指导者那里得到的东西。

下面是这位新教师的会谈记录的一个简短的样本,它出自她与自己那个包括另外三位资深同事在内的非正式的指导小组进行的首次会谈。

(她)问：这里要有多少成果才够？

(他们)答：接下来的四到六年内，通常需要在相关刊物上至少发表四篇作品，这要取决于它们的质量。

问：我怎样才能知道它们的质量？

答：让我们看看你在写作和投稿的时候都做了些什么。某种程度上，我们(将)通过查看你的研究计划和已经发表的作品来引导(指导)你。

问：我有可能必须或者希望改变我的计划吗？

答：有些资历较浅的教师改变了计划，但是他们的做法可能并不明智，除非他们这么做是出于系里的良好的建议，或者出于同事的一个有益的异议。

问：你们可能在何时建议我做出改变？

答：如果我们看到你的负担过重。如果你的努力工作没有带来多少令人满意的成果。但是我们最担心你浮躁地、冲动地作出改变。这样的事情一旦发生，结果往往不好。

最后，这段记录还描写了她从与指导者的随后一次会谈中得到的建议：

- 让访问你的办公室的人及时离开(即在一段合理的时间之内，尤其是当还有别人在等着会见你的时候)，可以提到你担心让下一个人久等，或者你需要打一个电话。如果必要的话，要把现在的访客送到门口，并且祝他或她走好。然后，请求正在等候的人让你休息片刻再进来。
- 起初，不要与以前的老朋友交往太多。在这段试用期内，不要邀请他们共度周末或者其他更长的假期。只要解释一下你正处于试用期就会得到他们的理解，如果他们是朋友的话。无论如何，都不要为了逃避而卷入这些不必要的事情。一个短暂的休息？不错。一个长期的逃避？不妙。
- 抵制拜访、打电话或者寄信给你的母校的诱惑。你需要待在这里，至少是目前。

练习 7. 跟随并且观察你的指导者(们)。

　　这是很自然的一步,然而你可能觉得它是对一个被你选为指导者的同事的强求。如果你有足够的勇气去实行它,你几乎肯定会发现他或她将把你的这种"形影不离"视为一种敬意,只要你能让它保持偶尔和适度。

　　这个练习产生了太多有价值的东西,所以我只得尽可能简要地在书中列举它们,以便俘获忙碌的读者。在这里,我还从这些"影子"——跟随和观察他们的指导者的新教师——的记录中选择了一些例子。在他们的记录中,最重要的内容莫过于看到最有经验和最为成功的教授是怎样避免不必要地冒犯同事的。

- 他们在教师会议上等待和倾听,至少等到实在需要说些什么的时候。他们建议把情感交流推迟到更为冷静的时候进行。
- 他们注意着装的规范,并且将其限制在可以得到广泛认可的限度之内(与之相反的是那些尽管处在一个只需偶尔穿着正式的院系里,却始终坚持盛装打扮的同事)。
- 他们从来不在教室/办公室批评同事,哪怕是作为报复;他们知道那个鼓励他们讲闲话的人就是最有可能重复(或者歪曲)他们的唐突评论的人。
- 他们从来不会在一个不守承诺的领导(例如,关于教学负担)面前退缩。相反,他们的反应平静而坚定,即通过商谈来要求得到某种有用的补偿(例如,在这个学期添加一名研究助手)。他们对必须作出这些费力不讨好的决定的领导表示同情。
- 他们及时了解同事的成就/兴趣,从而足以对他们发表的新作品及其在媒体的露面加以简要而又意味深长的评论(但是没有奉承)。
- 他们高声谈论与学生、同事、工作人员发生亲昵行为/性骚扰的代价。他们持之以恒但又适度地提醒学生和其他人想起他们所爱慕的另一个人——常常通过把那个人的照片摆在办公室里,或者在上课和讨论时提及她或者他的趣闻轶事。
- 他们清楚教师中的权力集团以及他们是怎样运作的。在一个传统的系里,那个集团的运作方式就像一个玩扑克、抽雪茄的私人俱乐部(这种情况在我的最后一所大学里依然如故),并且在幕后秘密决定系里的事务。
- 而且同样重要的是,这些指导者在他们的职业生涯的初期也找到了好的指导者。

你原来的导师(们)可能就是一个理想的指导者。在你作出一个有约束力的决定之前,记住要做以下事情:就你应该从哪里寻求指导征询你的导师的意见(不要指望你的导师愿意担任这个更大的角色)。看看你的周围,以便发现系里系外有哪个更有经验的同事可能最符合你的要求。例如,有些可能在写作基金申请书、研究、发表和服务等方面为你提供有利条件;有些擅长在幕后提拔你;有些是传授简单的生存之道的出色老师。

最重要的是,首先阅读那些介绍指导所带来的已被证实的好处以及有效指导的具体作用的书籍。在哪里阅读?在下一章。

# 第 二 十 章
学 会 合 作

　　对于你自己的同情不仅仅是放慢速度和保持平静,虽然它们的确不错。它也不仅仅是通过外在化的实践中的专注来简化你的工作。在实行自我同情的时候,最大的难题在于让别人分担一些你的工作。

　　我们已经知道这样的"抛开"为什么难以做到,因为我们在前面的关于教学和写作的练习中一直在为此奋斗。这条规则在大学教师的社交活动中是同等重要的,而且同样具有挑战性。包括过于骄傲在内的常见障碍使得个人不情愿与别人一起分享工作的成就,并且相信同事经常妨碍你而不是帮助你。你已经知道的就是这么多,你还可以设想其余的。

　　这些禁忌也是出于大学所特有的习俗。与我们中大多数人写作学位论文的方式相比,还有什么模式可以更好地体现单独的工作和指导的缺乏呢?与只有在完成学位论文之后才能提交它的预期相比,还有什么预期可以更有效地妨碍友善的分享呢?与在口试中揭露令人羞愧的无知的习惯做法相比,还有什么根据可以更好地令人害怕公开的监督呢?

　　当我再三询问苦苦挣扎的新教师为什么不愿意向外界寻求社会支持时,有一种解释显得最为突出:这些新教师认为"论文规范"仍然适用(例如,你要独自工作,并且直到完美之后再和别人分享它)。他们相信在资深教师面前表现出的缺点可能是毁灭性的。但是有些新教师在我用下述调查结果来提醒他们时抛开了这些固执的观点:

- 新教师越早抛弃这种孤立主义和完美主义之间的恶性循环,就越容易在他们的试用期内茁壮成长。
- 苦苦挣扎的新教师保持了这些不必要的和妨碍成效的态度,而他们最后大都离开了校园,或者处在郁闷的情绪之中。
- 这些保守的人较少参与针对大学青年教师的培训方案,例如本书所概述的这个(然而与其他的大学青年教师相比,他们更多地听信了那些关于他们大学里的奖励机制不公正的谣言)。
- 他们始终是极端个人主义的执教者和写作者。那就是说,他们会推迟与课堂监察员的约会,并且延期向编辑交稿。
- 他们更经常地拖延写作,以便等待理想的工作条件和令人难忘的灵感;他们常常在超出效益递减的转折点之后继续改写讲义。
- 他们似乎在无意之中疏远和冷漠同事,而且他们也以同样的方式来看待同事。
- 保守的人没有坚持寻找指导者;此外,他们拒绝未来的导师所提供的方法(尤其是当成功男士向女性提供指导/支持的时候)。

这些不情愿使我想起了我在发起针对新教师的培训方案时感到困惑的问题:是什么使得苦苦挣扎的新教师不愿意接受同事的帮助?为什么这些最需要帮助的人似乎最不愿意接受帮助?直到我一再看到苦苦挣扎的新教师拒绝那些有可能提供帮助的经验丰富的同事的提议之后,我才想出了一个答案。我终于想起了塞缪尔·约翰逊在他自己帮助有需要的人的过程中得到的一个发现。他注意到他们是最为多疑的,并且最固执地通过独自工作来展示他们的机智。为什么?因为他们已经处在防御心理之中,所以觉得相信别人并且承认明显的失败是最困难的。更糟的是,他注意到他们陷入了一种把提供帮助仅仅视为施舍的骄傲。

因而不足为怪的是,很多新教师都需要理解:为什么为了建立一种健康的指导关系而抛弃过度的自尊与怀疑是值得的。你可能已经注意到这种理解正是本节的重点。为了达到这个目标,我将让你浏览关于指导的传统观点,思考对指导的开拓性研究,把在指导中学到的各种合作/信任扩展到诸如合作学习、课堂研究的行动之中。

像往常一样,我将提及一些针对新教师中的缓慢的起跑者的、已经得到证实的补救措施:可供效法的工作方法和社交方法。我将富有同情心地努力设立一个简单的背景来说明我们正在讨论什么和将要讨论什么。要想在这方面取得轻松的开始,关键在于清楚地看到同情意味着什么——例如在下面这个简单的定义中:

(法语中的"compassion"源自拉丁语中的"con"和"patior"*)怜悯;体恤;为他人的不幸感到悲伤;痛苦的同情。

你们体恤(compassion)了那些被捆锁的人。(希伯来书 10:34)——《约翰逊词典》

什么有助于大学青年教师在社交中找到自我同情

除了约翰逊博士所定义的怜悯之外,同情可靠地和直接地来自我们在本书中编中明确地练习过的各种各样的专注。当我们主要生活与工作在当下的时候,我们就会更清楚地看到我们怎样常常给自己带来痛苦(例如,试图同时做两件事)。当我们放弃在接近与逃避之间的神经质的冲突时,我们不仅简化了自己的经验,而且更易于承认我们自己没有效率和需要专家的指导。至少在我的培训方案中,内在的意识只有在行动的威胁最小的时候才最容易外化为对帮助的接受——参阅在上一节里所展示的对校园文化的调查。这个最初的步骤可以为你做好去了解指导的帮助作用的准备。

当你开始通过阅读和应用不同专家的建议来把你对大学工作的看法投入社交活动时,会发生什么具体的情况?(在这里,我请你恢复本编的权威指导者培根的思维方式。)专家意见在一种公开活动的视野中得到了汇集和提炼之后,就会提供经得起社会检验的知识,从而避免了我们在其他情况下不得不经历的试错法的学习。同样重要的是,社交中的学习可以使我们对于明智地利用时间和精力继续保持非常的自信。

如果这种培根主义的观点显得令人迷惑,那么重新考虑一下:我

---

* 在拉丁语中,"con"是带有"和、与"等意思的前缀,"patior"则带有"遭受"的意思。下面的引文出自《圣经·新约全书》。——译者注

们在本书的前面所学到的同一种观点,即去向外界寻求关于策略是否有效的公开检验。一个特别值得记住的实例是一些新教师的与众不同的品质,他们的课程是简单的,而且没有受到不文明行为的损害。在下一章中,我们将再次制定同一种通过接受社会的支持和指导而采取行动的模式:首先要有固定的指导者,其次要有提供建议的群体,同时还要有来自值得一读的作家的广博的专家意见,因为他们的建议似乎在社交中具有普遍性。下一个可以仿效的步骤是向外界寻求关于指导的信息,首先是通过考虑指导的潜在价值和确保它们的简单活动。

指　　导

在我所进行的只有观察而没有介入的初步调查中,我发现寻求指导为新教师的"良好开始"(我已经在全书中给出了它们的定义)提供了一个有力的预言。然而像很多其他值得效仿的因素一样,有效的指导在那些陷入自我欺骗的新教师中间也受到了普遍的忽视。

大多数新来的大学教师告诉我,他们可能不希望或者不需要有一位指导者。下面这些是他们最常提到的限制因素(为了清晰的缘故而加以浓缩):

- 我太忙。
- 指导是一种补救性的帮助。
- 学位论文的指导者是表面上的指导者,但是我的指导者几乎对我没有帮助。
- 我讨厌别人告诉我该做什么;我连做自己的工作都来不及。
- 我只在必要时征求建议;我不想受到定期会谈的约束,或者因为经常挨批而生气。
- 指导是一种时尚。它几乎总是做一些表面工作。
- 指导者可能像压迫他们自己一样压迫我,甚至使我成为他们的跟班。
- 我不清楚指导者是干什么的。
- 那个试图指导我的人可能在指望与我发生性关系。

刚刚获得大学教职的人可能从哪里获得了这种悲观主义？可能是从这样的现实中：以前接触过的太消极或者不愿提供帮助的导师；几乎不允许学生自由表达的导师；强求一些不合适的支持的导师（例如，新教师在合作中承担了大部分工作，却只获得了第二作者的身份）。除了这些经历之外，还有习惯性的猜想，即认为大学里做得最好的工作是独自完成的工作，而你可能对这种怀疑主义或者沉默寡言感到同情。如果需要把这种同情转向你自己，就要重新练习你从教学和写作的练习中学到的方法：抛开过度的迷恋，尤其是对有害的经历的过度迷恋。首先通过对这种防御性的态度开个玩笑：

> 一个悲观主义者就是一个在他感到好的时候感到不好的人，因为他害怕在感到更好的时候感到更不好。
>
> ——萧伯纳
>
> 一个乐观主义者会在每一次灾难中看到一次机会；一个悲观主义者会在每一次机会中看到一次灾难。
>
> ——无名氏

但是在现实中，你如何发现这些对于悲观主义者的挑剔认识是正确的呢？事业兴旺的新教师普遍声称，他们是通过像这样的专注而发现的：他们看到所有这些不利的情况都可能发生在那些敢于冒险进行社交性更强的工作的人身上。他们提醒自己为什么冒险是值得的（例如，"生活就是冒险，任何值得做的事情都伴随着一些风险。"）。他们注意到悲观的新教师验证了保守主义的危害：因为他们没有学会怎样避免或者对付不利情况和不公正，所以他们冒着感到无助/绝望的风险，并且留下了脆弱的自尊心和不足的自信心的后遗症。此外，悲观主义者把自己隔绝在了大学生活中众多最美好的经历之外。

根据我的研究，缓解悲观主义的一条特别有效的途径是建立一种带有同情心的指导关系。为了阐明这一点，我请你耐着性子再看看另一段关于我的现场调查的描述，这一次的内容是：按照模范的方式所进行的指导活动中的令人惊奇的轻松和高效。其中有一些关于如何促使指导发挥作用的洞察。

一项关于大学青年教师中的指导活动的系统研究

我形成了一种对指导活动的兴趣,就像我对这本书中所强调的新教师的其他经历的兴趣一样:在我对新教师的日常观察中,它的存在或者缺乏似乎意义重大。也是在这里(即在我对狂乱的写作的考察中),有用的先例比我所期望的还要少。

文献一览

关于指导的论述在很早以前的作品中就可以找到:它和它的同类事物一样古老,包括培养学徒、训练和教学(甚至可能包括养育)。例外的情况是一些在行会中受到训练的学徒,比如军械工人,我们对这些个别情况了解不多。举个例子,我仍然把学徒身份与奥利弗·退斯特[*]所受到的迫害联系在一起,即睡在他自己帮忙制作的棺材中间的一块隔板上——但是我想我们可以从别的实例中了解到更多的情况。

关于指导的最清晰的当代描述来自于实业界,在那里,确保好的开始显然是实惠的。有些商业作家因为指导具有培养的特性而赞美它,但是他们的证据几乎都是猜测性的或者逸闻趣事性的。他们的批评者认为商业中的指导没有任何价值,因为它强迫参与和服从,更因为好的指导所需要的时间似乎超出了在现实世界中所能支配的时间。不足为奇的是,在大学里,可能成为指导者或者被指导者的悲观人士也引用了同一种反对意见,即归结为繁忙。

虽然如此,最近出版的关于大学教师的指导的一些书籍值得我们注意(例如,波瓦,1995;伽福与辛普森,1994;约翰斯鲁德与艾特瓦特,1993)。热情的指导关系普遍地预示着行政才干、更先进的专业技能、更高水平的研究成果、事业上的更大发展。在这些乐观的发现之中存在一个我们在本书的前文中已经看到的问题,尤其是在浪漫主义者对学术创作的态度中看到的问题:大部分学校领导都相信最好的指导是自发性的,而没有人为的安排。一位系主任非常肯定地对我说:

---

[*] 奥利弗·退斯特(Oliver Twist)是英国小说家狄更斯的名著《雾都孤儿》中的男主人公。——译者注

"只有自发性的提议才有作用。指导者必须作出挑选,必须按照自己的方式做,不需要外界的干预。"

最后一个假想——自发性比明智的干预更加可取——是我刚开始研究指导时的焦点。我首先和我的搭档吉米·特纳(Jimmie L. Turner)一起观察了"自发性"指导的发生概率、发生对象及其被证实的效果。

初级研究:自发性的指导是否满足了不同类型的大学青年教师的需要?

我们的为期一年的观察显示了以下结果:

- 自发性的指导仅仅发生在三分之一左右的大学青年教师身上,非传统的新雇员和苦苦挣扎的新教师甚至更有可能得不到指导。
- 大部分这样的自然组合很早就自然中止了,几乎总是因为指导者或者被指导者声称他们为了忙于自己的事情而必须推迟会面。
- 因为他们普遍缺乏对于什么样的行动和交流最有帮助的清楚认识,所以几乎所有自发的指导者都倾向于令人失望的狭隘方式(例如,只在指导者的办公室见面,指导者经常坐在办公桌旁大谈逸闻趣事、吹牛和抱怨)。
- 大多数指导者都不愿意干预和支持被指导者;他们给予一些具体的建议,但是很少示范工作的方法(例如,怎样准备一次讲座),或者为被指导者介绍有用的资源和有影响的教授。相反,他们的指导就像他们的教学一样,是对着消极的听众发表演讲。
- 相反,模范的新教师在认真考虑(例如,他们的系领导的建议)并且耐心地接触了几个可能的指导者之后才去主动地挑选他们的指导者。他们都有近于模范或者模范的指导者,大部分还有不止一个(通常有一个主要的和一个次要的,还有更多专门的)。模范的新教师一般都会连续几年和他们的指导者进行简短的、定期的会谈,而且他们的互动包括在写作、教学和社交等领域中的直接指导,甚至合作。
- 事业兴旺的新教师设法把会谈和交往安排在指导者的办公室之外。奇怪的是,这些人不大可能把他们关于指导的经验公之于众,显然是因为他们更感兴趣的是完成工作,而不是宣扬他们怎样完成。他们知道大学有着一种强大的反对把"优胜"(胜过其他人)公之于众的传统(艾斯林与洛贝尔,正在印刷)。

因此,我在前面提出的那个问题——自发性的指导是否满足了不同的新教师的需要?——的答案是不能。自发性的指导是罕见的,而且往往是无效的。此外,关于自发性的有效指导的特例仍然是鲜为人知的。

正式的、有资金支持的指导研究

方案设计(参阅博伊斯,1990;补充信息见波义耳与博伊斯,1998)

第一研究现场是一所大型的综合性大学。在这项为期两年的正式研究中,有116名新聘用的教师正在谋求终身职位,其中48名是首次获得大学教职。第二现场是一所公立的研究型大学,在为期四年的研究中,有95名新教师被聘任,其中45名是新手。

被指导者。初步研究(上文)显示了每周追踪每个指导二人组的重要性,而且既要注意每个二人组的成员,又要注意每个二人组本身。我们通过友好和个别的接触在两所大学里吸收了总共19位新教师,他们都对此表示同意,否则就不会被吸收进来。我们没有纳入那些已经达到了模范新教师的水平的被指导者。

我们挑选的新教师分布在自然科学、社会科学和人文科学(虽然在第二所大学里,有些院系——在一位起初对教师培训方案抱有偏见的新教务长的影响下——始终禁止它们的新教师参与其中)。一位成员在与她未来的指导者共进午宴之后退出了该项研究,她的位置被一位同样来自人口统计学专业的同辈取代了。在第一、第二所大学的另外41位被指导者坚持参与该项研究长达至少一个学年。所有的参与者都是自愿的,并且尽可能保密。

在共计六年的研究中,我们征得36位没有受到明显的指导的新教师的同意，让他们充当可控的研究对象来为我们提供关于他们的进展情况的临时资料。追加的 6 位参与者中没有一位是模范新教师，他们发现自己找到了"自发的指导者"，并且同意与其他的研究对象一样接受正在进行的监测。

指导者。 在两所大学里的公开征求都引来了过多的志愿者。在第一所大学里，由于我们的联邦资金可以在第一个研究年度结束之后为指导者提供一份暑期津贴，所以可能扩大了人们的兴趣。但是在没有资助的第二所大学里，志愿者似乎同样踊跃和热情。在这两所大学里，我们挑选指导者的依据都是他们在教学、写作和社交等方面的成效和乐观，所有参与者似乎都有真正的兴趣去学习如何以实质性的方式指导和帮助那些指定给他们的指导者。在第二所大学里，因为我做了更好的准备，去从那些经验丰富的教师中寻找接近模范的指导者，所以我找到的都是在教学、写作和社交等方面取得了成功的指导者，而且他们都已经以一种确实有效的方式进行了指导。

在第二所大学里，我通过着眼于以下方面而从经验丰富的教师中找到了模范的和准模范的指导者：

- 关于那些连续在重要期刊上发表了作品并且受到了学生高度评价的教师的院系档案（严格参考：公开的教学奖励或者在校园中被视为令人喜爱、勤奋工作和自强不息的人士的声望）。
- 他们的课程的吸引力和参与性（参见第八节），通过在课堂上的直接观察。
- 他们在进行私下会谈时的耐心。
- 他们关于自己从指导者那里得到的益处的叙述。
- 他们关于自己担任指导者的最新经历的描述，而且被指导者证实他们的指导有帮助。
- 他们能够如何清晰地和自愿地想象自己以积极的方式提供指导的情景，例如辅导他们写作或者一起在课堂上讲授。

令我感到震惊的一件事发生在第二所大学中的被视为称职的指导者的那群人身上。他们常常并不非常杰出或者善于行政管理（不是校长特别顾问团的成员或教师参政会的发言人）。

进度、评估和责任。我们在第一所大学里发现,并没有系统的指导方案来成功地保持对指导二人组的评估,并且使他们的定期会谈延续几个月以上。因此我们猜想,与传统的方法相比,我们所经常强调的那个针对写作者的"短暂的日常时间"可以为指导活动带来更多的持之以恒和坚持不懈(例如,在一个周末的休息时间对指导者/被指导者进行配对和激励,然后再让他们去独立工作)。我们的指导二人组的成员们承诺,在刚刚开始的整个学年中,他们会每周拿出 10~20 分钟的短暂时间进行会谈。

每个二人组都同意把他们的经验和方法拿出来与其他二人组分享,时间是在每月进行的一个小时左右的集体会议上。他们还允许我们进行以下几种长期监测:(1)我们可以出席他们预先安排的一半左右的指导性会谈;(2)我们可以每周给他们打电话或者直接拜访他们,并且要求他们作出描述和评估;(3)我们可以每周查看他们的最新日志来及时了解他们在这项计划中的体验;(4)我们可以时常要求他们完成自我评估,例如性格测试;(5)我们可以在他们与其他二人组举行的每月一次的例会上记录他们所做的和所谈论的事情。

我把同一种基本方法推广到了第二所大学。(在我的职业生涯中,这段时期是我感到特别兴奋的时期,因为我每隔大约 20 分钟就要骑车从一个观测点或者采访点赶到另一个,而且每天要持续 4~6 小时。我从未感到我与大学青年教师的经历如此紧密相连。)

参与者也知道他们将作为个人与小组受到包括十个方面的指导指数在内的评估(例如,"二人组耐心地定期进行实质性的会谈",即不仅仅是闲聊,并且要超过 5 分钟)。在两所大学中,这些指数中的每一项都要在每周进行评分,分值为 1~10 分,满分为 10 分。我本人也会按照各项指数作出独立的评估。

研究结果

参与程度。在第一所大学里的 25 对参与者中,有 22 对定期举行会谈并且保持了一个学年。也就是说,他们总共错过了不到三次的每周会谈和不到两次的集体会议。第二所大学里的所有 16 对参与者全部达到了持之以恒和适度地参与的标准。为什么参与率如此之高呢?这些组合最终从三个方面作出了解释:(1)会谈的价值和乐趣;(2)会谈的简短使他们的其他职责没有受到干扰,而且这是最重要的;(3)知道他们将在会谈时间接受访问,或者在随后被要求描述会谈的内容。尽管我们用来提醒他们进行定期会谈的这些方法很委婉,但是参与者还是告诉我们,当他们试图逃避一次会谈时,他们总是感到按时与伙伴会谈的痛苦小于向我们解释他们的"懒惰"的痛苦。随着时间的推移,被指导者还报告了在他们的持之以恒而又适度的参与背后的另一个相关原因:伴随着这种短暂的日常时间而来的功效和自豪。(在短暂的日常时间中进行写作时也会形成类似的观点,参见第十一节。)第二所大学里的指导二人组表现出了更高的参与程度,但是他们并没有更多地强调"感到不得不会谈"的重要。

指导风格:第一所大学。这 25 对参与者以很多不同的方式相互影响。6 对参与者是从把注意力集中到一个活动上开始,这个活动通常是写作,也可能是教学或者是尽早准备申请续聘材料。尽管到第二个学期时,这 6 对参与者已经把范围扩展到了三个或者四个话题。同时,12 对从讨论心里想到的任何事情开始的参与者已经把讨论的内容压缩到了三四个具体的话题。另外 7 对参与者则确立了出乎我们意料的模式,而这些模式被证明对我们有启发性。在我们稍加指点后(即坚持会谈直到出现有价值的话题,花时间思考大多数新教师可能有什么类型的需要),这些结对指导的功能达到了我们所评定的适度有效的水平。也就是说,这些有点节制的二人组保持了有点节制的风格。

剩下的三个二人组是独特的,因为他们原本就是密友。每一个由原来的密友组成的二人组都被最终评定为"失败的",这显然是因为一旦这种关系正式化,他们中的指导者普遍会比其他指导者采取更加专制的方式和提出不切实际的期望/要求。另一种解释可能来自社会科学家的研究发现:在建立广泛而有用的社交约定时,那些主要依赖"脆弱的联系"的人(即是熟人但不是密友)进展得最好(葛莱威尔,1999)。

另外,指导者最初对于担任专家或者顾问的活动有所保留(例如,"我对自己被称为指导者感到不适应,因为我甚至无法确定指导者是什么意思。")。有助于打破这个僵局的是全体被指导者在每个月的集体会谈中提出的发自内心的坚决主张,他们把自己的指导者视为有价值的教育者,并且引以为豪。一位被指导者对她的指导者说道:"听着,把您称为我的指导者不仅不过分,而且让我觉得愉快。"

指导方式:第二所大学。我仅仅挑选了我提前指定为模范或者准模范的指导者。我并没有为这 16 位指导者提供明确的指导,除了一份关于新教师的普遍经历的研究文献之外(例如,他们的极其孤独的开始,他们的惊惶失措的忙碌,以及在开始担任写作者和教师时的失礼)。在一次只有指导者参加的、在会见他们的被指导者之前进行的集体会谈中,指导者们很快意气相投地制定了一套他们称为"积极指导"的程序。他们一致决定首先采取行动:(1)消除存在于新教师中的最初的孤立感(例如,把被指导者引见给那些可能帮助他们或者可能成为他们的朋友的人,向被指导者说明怎样利用学校的计算机中心);(2)从被指导者的第一堂课开始进行观察,以便阻止不文明的行为(例如,讲课节奏太快而且离题);(3)让被指导者尽快参加关于学术写作的定期会议。由此产生的一个结果是:与我在第一所大学看到的指导者相比,第二所大学的指导者对他们所能提供的帮助更有信心。

指导指数:第一所大学。我们利用初步研究预设了未来的评估结果的指数,即每个二人组得到的总分的平均值不少于70。这样的指数所要求的仅仅是连贯的、平衡的、实质性的指导方式。我们打给这 25 个二人组的平均分是 70.8;只有大约一半的指导二人组做到了我们所期望的适度参与和成功;更少的二人组达到了他们自己的期望。尽管如此,即使在这项研究中被评定为最差等的指导二人组所获得的分数也普遍优于我们所监测的那些自发形成的二人组;在没有接受我们的方案的二人组中,最好的两个二人组的平均得分是 $\bar{x}=51$ 和 57(两对都是在被指导者进校之前就预先安排好了指导者),其余的几个二人组仅仅坚持了两个月或者不到两个月,在这期间平均得分不高于 $\bar{x}=30$。三个失败的、由原来的密友结成的二人组的平均分是 $\bar{x}=29$、56 和 62。另一个联系不密切但是很诚恳的二人组声称他们由于太忙而无法定期会谈,他们的最终得分是 $\bar{x}=29$。我在进行该项研究的过程中指出了这种普遍的表现较差的原因。

如果这个小小的抽样调查值得被整理出来以便得出其他变量的结果,那么就可以得出这样的提示:跨系之间的指导二人组的得分($\bar{x}=73.9$)高于同系之间指导二人组的得分($\bar{x}=67.8$),这个差别仅仅适用于统计学上的可靠性。和资历更高的指导者(15年以上)结成的二人组的得分仅仅略高于和获得终身职位刚满或不满5年的指导者结成的二人组的得分。

在第二个研究年度中,四位与新的被指导者再次结对的指导者的得分下降了($\bar{x}=77.1$ 比 81.5),这明显是由两个原因造成的。他们报告说,他们因为过快地与新的、要求太多的被指导者结对而感到精疲力竭,而且他们因为没有在以前的被指导者身上花费同样多的时间而感到心情矛盾。事实上,后一种反应是可以理解的,因为考虑到在通常为期两年的正式的研究年度结束之后,只有一位得分超过70的指导者还在坚持每周和被指导者进行简短的会谈,并且持续了至少一年。(只有两位不大成功的指导者做到了类似的坚持。)所有在第二个年度里继续进行定期会谈的结对指导者都断定:这个年度在各方面都比第一个年度和第三个年度更有价值和更有成效。

指导指数:第二所大学。与第一所大学的指导者相比,第二所大学的指导者发挥的作用更加明显和更加积极,而且他们在同一种指导指数上的得分显示了可预见的更高总体得分 $\bar{x}=90.5$。在第二所大学里,没有一个二人组的评分低于79(而且这个得分出自一个同系之间的指导二人组,他们决定把对教学的持续关注推迟到第二年或者第三年的会谈中;他们所在院系明确指出:初期的不良教学评估不会在续聘/晋升/终身聘用的决定中受到考虑)。

二人组的自我评估:第一所大学。二人组的成员每周都在他们的日志中记载各方面的情况。在第一所大学的25个二人组中,只有3个在两方面(指导者对被指导者与被指导者对指导者)都持续获得高分。回顾一下,其他二人组中的被指导者都因为他们对业已形成的大部分信任和友爱反应太迟钝而自责。

图20.1所描述的是:在两所大学的研究计划结束之后,二人组在参与者最重视的那个方面的平均得分:会谈的连贯性。(不足为奇的是,这些数据与我本人对于实际会谈的统计非常接近。)前四个季度的数据反映了正式参与的第一年的连贯性;第五个季度的数据描述了第二年的第一季度的转变。自发性的二人组(第一、第二所大学)的连贯性跌落得最为明显,而且达到了一年内的最低值。试验性的二人组(第一所大学)的连贯性很高,直到记录的第五个季度;在这个季度,高

于标准得分的群体和低于标准得分的群体之间的差异降低了连贯性的平均水平。最后,拥有准模范的或者模范的指导者二人组达到了最高的连贯性。

这些群体在报告的同质性方面也产生了类似的分化。这表明大多数试验性的二人组并没有找到兼容性,他们在这个重要方面的进展只是略好于自发性的二人组。换句话说,我们没有在第一所大学里找到更多的模范指导者的失败——而且可能没有为他们提供更清晰的、关于需要首先做什么的意识——导致他们合作的可能性低于第二所大学中的二人组。

二人组的即时评估:第二所大学。拥有准模范的指导者的二人组在会谈上显示了最高的连贯性(见图20.1)。到目前为止,他们的报告的同质性也最高(图20.2)。我本人的观察表明了模范的指导者会把更多的信任和默契带入未来的二人组。用本书中的术语说,他们更易于展示出我们在第八节的模范教师身上看到的直接的和积极的促进作用。反过来,这似乎又增强了被指导者为了能够以适当的行动回应他们的提议而做的准备。这种准备似乎又扩大了他们之间的情投意合。至少到定期会谈的第三个星期,模范指导者的被指导者都会给他们的"教练"打出完全一致的高分。指导者也几乎会马上做出同样的事情。

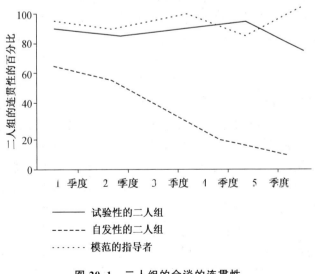

图20.1 二人组的会谈的连贯性

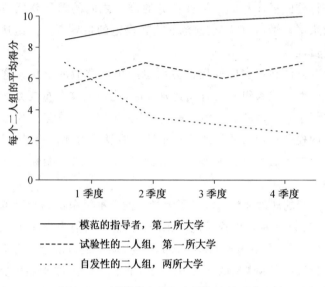

── 模范的指导者，第二所大学
---- 试验性的二人组，第一所大学
…… 自发性的二人组，两所大学

图 20.2　对课堂上的不文明行为的观察

　　简单地说,第二所大学中的二人组(都是在陌生人之间——非常脆弱的联系——而且有一半是在不同系的人之间建立的)对指导者和被指导者而言都运转得非常好,他们中的许多人最初都曾把另一个人在个性、表现或者明显的兴趣等方面的不同描述得令人失望。指导者们说,这些二人组的效果远远好于自己以前的自发性的指导,或许是因为他们现在对于新教师的普遍体验和需要有了一个如此清晰的认识。因此,指导者们声称,他们能够迅速地了解被指导者的具体问题和早期活动。一个指导者这样说:"就仿佛我能够看穿他的心思。"而且他们高度重视他们因为与被指导者一起走上了一条如此有益的道路而感到的自信(例如,"我马上就轻松了。")。我从指导者的话中预见到了他们的指导为什么有效的最终解释,回顾一下在第一所大学中的情况:他们对指导投入得越多,他们在看到自己的指导被化为被指导者的行动时所获得的益处就越多(有时候是在其他人的被指导者那里看到的,即在每月的集体会议上)。打个比方说,这意味着指导者通过指出课堂上的直接相关性的方式阐明了他们关于教学的建议。但是这种愉快的经历仅仅是他们所获得的益处的一半。有位模范指导者的解释显得如此令人难忘,以至于我要在这里重点陈述一下:

让我们想一想，也许这样可以解释它：我必须首先承认，我一直不是非常清楚自己作为一名教师的职责，直到我努力把它（关于教学的建议）化为慎重的指令或者别的什么。为了让我们双方都满意，需要通过思考和观察来发现她（我的被指导者）是怎样做的。当然，我随后把那些变得更清楚的技能运用到了我本人的教学工作之中。现在这成了指导工作所带来的一个出乎意料的好处。我从中获得的可能比她还要多。

我相信，弗朗西斯·培根会为这个结果而微笑。我肯定会。

关于指导的研究结论

大体上，我对大学青年教师的指导的研究花了六年半时间，比我预想的要长。（我原本可以利用一个指导者，一个关于指导的专家。）开始，我并不十分了解大学里可能有着多么丰富和有益的指导关系。而且我开始时也未曾想象缺乏有效指导的新教师会丧失什么。在刚刚描述过的两所大学以及另外几所我所观测过的大学里，对新教师的确实有效的指导比我和吉米·特纳在进行试验性研究时的最初估计少得多。具有讽刺意味的是，有效的指导在以有益的形式发生作用时既不太困难也不太耗时。根据我的观测结果，有效的指导所占用的指导者的时间平均每周还不到一小时（包括花在会谈上的时间，为会谈做准备的时间，以及与那些有可能帮助他们的被指导者的教师/领导联系的时间）。当被指导者找到了一个次要的指导者时（在得分较高的二人组中有40%的被指导者这样做，在得分较低的二人组中没有一个被指导者这样做），主要的指导者所花的时间会稍微减少。对于模范指导者的指导对象而言，花费在会谈和练习的平均时间为每周2.5小时。在第一所大学的被指导者中，得分较高的那一半二人组所报告的投入时间为每周平均1.8小时，得分较差的那一半二人组所报告的投入时间为每周平均0.7小时。

在我刚开始研究指导的时候，我本没有猜到我本人对指导者的指导/教导将成为我完成这本建议性的著作的主要动力。在实践中，《给大学新教员的建议》似乎对指导者和被指导者同样有用。

我将用一些对于大学教师的生存而言可能至关重要的资料来结束关于我的指导研究的概述。与很少接受指导或者没有接受指导的新教师相比,第一所大学的得分较高的二人组中的被指导者与第二所大学的所有二人组中的被指导者都被证明得到了更多长远的好处。下面就是那些拥有了有效指导的新教师们所得到的典型的具体好处:

- 总能接近系里对学术成果的期望值(方式＝有三篇或者四篇手稿在决定正式的终身职位之前被相关刊物接受)。
- 总是在进校第二年就已经超出了系里对教学能力的期望值(标准＝在系里的教学评估中名列前茅)。
- 总是提前被续聘委员会评定为善于处理同事关系并且乐于合作。

在没有得到出色的指导的新教师中,三分之一的人还处在追求这些标准的路上——在前两年里——而且其中有一半是在前三年里。大多数恰好低于续聘的标准但又有希望达到这些标准的新教师在继续工作了三到四年之后才得到续聘,当然是经历了痛苦的反馈。在没有得到出色指导的新教师中,大约有15％的人很早就离开了校园,或者在试用期内遭到解聘。没有一位得到有效指导的新教师会有这样的遭遇。当然,成功的指导者也从他们所指导的人那里得到了帮助。在优秀的二人组中,被指导者在帮助自己的指导者上也很出色,甚至主动询问他们需要什么具体的帮助。

你如何才能占有先机?你怎样才能得到足够的信息,以此来选择一位有可能为你提供实质性帮助的指导者?

规则3:让另一个人分担一些工作,作为你的指导者。

规则3的练习

练习1. 思考用来安排指导的最佳方法。

1. 充分了解指导,以便理解它可能是多么有用、重要和有趣。特别是理解在那种贯彻了持之以恒、适度、直截了当、有意义的评估和同情的指导关系中,被指导者几乎普遍感到的快乐和舒适。还要预料到你也可能从中获得其他的好处,例如,良好的开始和轻易通过续聘/晋升/终身聘用的例行程序。

2. 理解为什么大多数自发性的指导都是不普遍的和不适用的。通常的情况不过是徒劳无益地坐在家里等待新的浪漫前景的出现。你必须主动去寻找一个称职的指导者;你甚至可能必须培养你的指导者,就像他或她培养你一样。

3. 为了让别人分担一些工作,要理解执行这项艰难任务的一个充分理由:与你所能单独完成的工作相比,大多数学校设立了更高的期望值。

4. 认识到那些模范的指导者和类似他们的人可能并不是校园里最光彩照人的教师。他们通常没有当权者那么富有竞争性和忙碌。

5. 在选择/接受一位指导者的时候要有耐心和专注;在你们共同建立一种正式的关系之前,要一边等待一边尝试这位可能的指导者的建议和模范风格。力图找到至少一位来自其他院系的指导者,以便保证你的某些缺点被一位不属于你的续聘/晋升/终身聘用委员会的同事发现。

6. 提醒你自己注意到优秀的指导者的行动(例如,乐于进行积极的指导,包括合作教学)以及被指导者的值得效法的品质(例如,乐于信任、坦率、投入——只要允诺保守秘密)。

7. 在必要的时候抛弃完美主义;与没有指导者或者不投入的资深指导者相比,找到一个年轻的指导者会让你做得更好。如果必要的话,接受两个或三个(不要过多,要适度)具有各种不同的专业知识的指导者。如果你的学校没有关于指导的方案,为你和你的指导者准备一本像这样的指南,并且在校园里鼓吹一个指导方案。

8. 咨询新教师中的杰出指导者。把你的系主任归于独特的和受限制的一类人,你应该定期征询他的意见,但是不让他知道你所有的缺点。

9. 预料到这种指导在保持了很好的持之以恒和适度的情况下会延续至少三年。也要预料到它在关系过度密切的情况下会导致偶尔的冲突,包括"离开"你的指导者的艰难时刻。

10. 至少,要专注地训练自己去掌握本书中所描述的、克服常见的早期错误的可靠方法。

你甚至可能想去考虑两件有助于让你更乐于分担别人的工作的事情——参与合作学习和课堂教学。在这里,指导意味着让全国性的资深教师团体来帮助你进行自己的工作,并且与校园里的其他人合作。

其他各种社交型的工作

我们已经知道了一些发生在社交工作中的事情,比如建立一种指导关系。另外两件你可能仍然不知道的事情是合作学习与课堂研究。

合作教学/学习

很少有改进教学的策略曾经像合作教学/学习一样受到如此充分的肯定(史密斯与沃克,1997)。而且可以证明,很少有改进教学的策略曾经像它一样对改进大学教学做出了如此之大的贡献。从形式上看,合作学习的运动是对那些呼吁让学生更积极地投入学习过程的研究者和全国委员会作出的回应(顾叟,1996)。与之相反,传统的教学方法想当然地认为学生只需听听博学者的讲授就可以学到最好的知识(戚克宁,1974)。

虽然对积极与合作的学习的呼吁与对培训教师的尝试一样历时多年,但是合作教学/学习的运动仅仅在过去十年才广为流行(参见:伽福,1994;约翰逊,约翰逊与史密斯,1991)。这股潮流的领导者吉姆·库珀(Jim Cooper)是《合作学习与大学教学通讯》的编辑,并且和他的队友们共同撰写了一部同名的著作(1990)。库珀和他的同事已经在数以千计的大学生中调查了合作学习的效果。

这种方法之所以是"合作的"方法,在于它对以学习者为中心的教学的强调。在实践中,它要求首先抛开对讲授方式的严重依赖,以便让学生分担一些课堂上的工作。更激进的是,它意味着让所有的学生,而不仅仅是让少数的优等生成为主动的学习者。它让学生教育其他的学生(我们或许可以将其称之为让别人分担一些工作)。它的具体方法如下:

● 教师把学生分成小组,并且给每个人分配明确的角色(例如组长、记录员和发言人)、任务(例如学习计划中的一个不同部分)和奖励(达到个人和小组目标的分数)。
- 教师利用同龄小组中的相互影响来改进学生的表现和学习。学生可能比教师更善于以适合他们的同辈的方式解释概念。而且就像本节的前面所描述的指导者一样,这些分担教学任务的学生可能比听他们讲课的同辈学到的更多,因为他们必须阐明他们所讲授的内容,并且观察它怎样被一个学生或者一个被指导者付诸实践。
- 合作学习最好被安排在小组内部进行,在小组中,学生不仅会相互施教,而且会为集体的成绩而工作。对这种学习的有效性的检验来自学生关于小组实践过程的汇报和关于他们自己的表现的对话。学生更喜欢集体的努力,在那里,他们个人的努力在他们的课程成绩中得到了反映。尽管最终,他们对小组学习中的社交联系的重视可能会赶上或者超过他们对成绩的重视。
- 最佳的集体学习应该在用于分组解决问题的时段和用于全班活动的时段,包括用于讲课和讨论的时段之间保持平衡。即使在小组内部的工作安排上,也要强调在持续注意学习的目的、合理程度的学生参与以及教师的反馈之间保持平衡。合作学习并不意味着减轻教师的责任或者工作。

  这是一个让教师承担教练的角色的机会。当学生小组在分配给它们的任务上取得进展时,教师可以通过观察、鼓励和介入来作出必要的澄清、提供激励、提出启发性的问题或者调整努力的方向。在大多数合作学习的活动中,学生必须把他们的同辈视为主要的信息来源,而且教师必须避免给出直接答案的企图。

——吉姆·库珀

  有一件事情可能仍然让你觉得困惑:教师是怎样促进学生小组之间的合作的?有些组建小组的活动就像他们彼此结识时的寒暄和自我介绍一样简单(例如,让小组成员互相见面,并且总结全组的情况)。另一些加强联系的方法是让学生小组沉浸在一些简单的任务之中,例如弄清教师刚才所讲述的内容。

参加小组学习的学生的测试成绩一向优于那些采取传统的个别性和竞争性的学习方式的学生。导致这种结果的一个关键原因显然在于学生可以接触到不同的老师——不仅仅是大学教师。因此,正如在"恰到好处"的方法中一样,这里也存在着集体学习和独立学习之间的平衡。第二个关键原因是不再完全依靠讲授和阅读来学习的自由。似乎只有这种转变才有助于学生形成更多的自觉性、自我表达,以及与同伴和教师之间的交往。第三,合作学习可以在学生和教师中间激发出更具批判性的思考(例如,柯菲斯,1988)。当学生可以更少地依靠和依附于教师时,他们的独立性激发了一种对他们正在做和正在讲述的东西的"暂停",以便专注地和元认知地思考解决问题的可选方案和有效措施。我们在中编里看到过一种与此相关的方法,它教会了我们更少地依赖缺乏专注的/消极的写作方式,而更多地依赖开阔的想象和澄清之间的递归进入线性写作——从而使写作或者学习的全过程变得更加简单,但思想又更加开阔。

事实上,合作学习会通过鼓励小组之间的社交实践而促进写作。正如我们所看到的,高声谈论写作可以使它的开始变得轻松和清晰;关于学生的计划和写作的社交谈话有助于打破狭隘的观念和自我意识的障碍。通过合作学习的方法,即使最害羞和最缺乏自信的学生也可以被劝导成主动的和有效率的参与者。

这么做值得吗?是的!做起来和它初看起来一样容易吗?不是。在我所研究过的新教师中,很少有人在他们从事教学的头两年里就成功地从讲授完全转入了合作学习。他们更善于等待,并且缓慢而稳妥地进入合作学习的模式。即使模范的新教师(和那些成功地效法他们的人)也会首先集中精力做第一位的事情。他们首先从注意课堂上的不文明行为和课堂上的舒适开始。例如,虽然他们主要还是在讲授,但是会努力放慢节奏、提出更少的要点、鼓励提问甚至讨论。他们常常在课前选好学生,以便通过向他们提问来使讨论一开始就更有预见性。他们这种谨慎的做法有效吗?在我所评定过的所有教学方式上,他们的课程都是学生的参与性和理解力最高的课程。随后,通常是在从事教学的第三个年头,这些新教师对获得学生的合作感到了足够的自信(尤其是在大规模的入门课上),从而开始进行吉姆·库珀和他的队友们所说的合作的(或者库珀式的)教学/学习,而且时间占到了总课时的一半。

但是当新教师企图唐突地转向主要依靠讨论和小组学习时,往往会导致混乱和尴尬的结果。学生并不真正知道要做的是什么,这很大程度上是因为这些教师本人不熟悉合作学习,而且他们大声抱怨自己被剥夺了熟悉的讲课加听课的教学方式。当学生小组进展困难时,尤其是当一些学生拒绝参与时,新教师们会惊慌失措。在这样的课堂会谈之后,学生们觉得沮丧,而且教师们也感到不满意。有例外的情况吗?有,但是它们是异常的。

因而一个更大的问题浮现了:在我本人的研究中,如果模范的指导者和他们的被指导者都已经在讲授式的教学上取得了成功,为什么他们中的很多人还要转入一种合作学习的模式呢?因为这些人是积极的讲授者,他们要求更高层次的学生参与和学习;作为他们的积极参与者的学生的渐进而平等的加盟几乎自发地导致了合作学习。在我所研究的新教师中,这种最佳的教学模式会让学生去做以下事情:

1. 单独在课外写作阅读的摘要,以便在同学中散发。
2. 写作课堂上的简短讨论的摘要,并且由作者即席回答全班同学的提问。
3. 在课外分成小组写作摘要,然后集体在课堂上陈述/辩护它们(或者作为大规模的入门课的一部分——利用教学助手在实验室或者讨论小组中担任领导)。
4. 在课堂上分成小组工作,尽管有着来自教师的指导,每个小组都要准备一部分的课堂讲授,并且随后简要地向全班同学陈述它们。
5. 尽早让各个小组行动起来,非正式地评估全班同学在讲授和集体工作中所学到的和重视的东西。
6. 越来越多地去实行那些合作学习活动的领袖们所描述的事情。

这些合作任务中的第五项包含着由学生实行的课程评估/分析(一项我们早在上编中就见过的任务),而且它为考虑一种类似的师生之间的互动打好了基础。

课堂研究

　　这种改进教学的流行方法也是合作性和社交性的。但是课堂研究者所做的事情不仅仅是它们的集体标签所暗示的：研究。课堂研究运动的文献会鼓励：(1)对关于改进教学的文献的精通，并且将其作为大学生涯中的一种有意义的学识；(2)把这种学识运用于课堂上的实验性研究的扩展；(3)可以写给听众或者其他教师(有时甚至包括学生)的研究结果；(4)充当资料的收集者和课堂经验的分析者的学生的参与性。所有这一切都被证明与管理合作学习一样困难。课堂研究也可以成为新教师的学术成就和发表成果的一个正当来源，尤其是在大学的续聘/晋升/终身聘用方针承认那些未经仲裁的文稿的时候。

　　课堂研究者在20世纪80年代开始联合起来寻求支持和思想，主要是在托马斯·安吉洛(Thomas Angelo)的领导之下(例如，安吉洛，1990)。这场运动变得越来越有规模、越来越重要，全国性会议的整个会期都被用来共同分享它的成员在不同大学的课堂研究中了解到的东西。如果你想让你的教学工作社交化，并且写出有价值的文稿，可能没有比这更好的了。

第二十一章
服务自我，服务他人

想想为什么对于大学青年教师来说，公共服务常常看似多余的期望。管理者们劝告新教师去从事公共服务，但是他们很少像对待记录在案的出版发表、外部的资金支持和出色的教学那样对这种服务加以评估和奖励。根据我的经验，大多数新教师都知道或者猜到了这种表里不一。然而根据观察，各种精心选择的服务可以有效地通过对自我价值和归属感的意识来取代新教师常常感到的无助和思想混乱（贾维斯，1991；曼德尔，1977）。

因此，我把最后一组活动设计为同时服务自我和服务社会，我不再像传统的劝告那样强调你应该为了服务而服务。这种基于模范的方法的更加惊人之处可能在于它是从你所熟悉的地方做起的，那就是与其他大学青年教师的合作与写作。与大学教师中的大多数传统的服务方式相比，它在本质上是更加有趣和更有价值的。它的直接价值背后的运行机制是你所熟悉的，并且是培根主义的：新教师在按照"恰到好处"的策略来指导/教导他们的同辈快速地起跑时，他们所学到的和收获的至少和他们的伙伴一样多。

这是多大的一步呢？你已经知道如何招揽同辈来一起进行定期的写作，在这样的写作中，你们每个人都致力于自己的文稿，同时又都可以充当临时的支持者和听众。我希望你已经习惯于发现课堂上的不文明行为，并且利用与学生的直接接触来消除它们。你可以轻易地在你的伙伴的课堂上做到这一点，而且反过来，也可以找到他或她来为你做同样的事。而且我想，你可以指导一个像你一样害羞的人去进行更加齐心协力的活动，比如去找系领导以便初步了解他们以学者、研究者、写作者、基金申请人和教师的身份制定的计划的适用性。

这一章的大部分内容并不是关于这些简单的方法的。相反，我用它来介绍了各种有可能引起你的兴趣和得到你的理解的新教师的不同信息。我也鼓励你或早或晚地考虑一下把你的直接服务扩展到那些面临着最严峻挑战的同辈身上的可能性：非传统的新雇员。* 既然我对传统的服务持怀疑态度，为什么还要建议你在进入大学的头六年里迈出这额外的一步？一部分是因为它克服了传统的局限性；一部分是因为它是自然而然地产生的，并且是作为我们所形成的、不断增长的社交能力和同情心的组成部分；还有一部分是因为它完全是那些最容易取得成功和平静的模范青年教师的特征。

注意到那些有着最艰难的开始的新教师的困境——非传统的新教师——可以增强你对自己作为新教师的经验的理解。非传统的同辈们提供了值得效仿的方法，这些方法可能是你自己尚未想到的。他们可以教给你的与你可以教给他们的一样多。

即使你仅仅是理解了大学青年教师中的女性和少数族裔的经验，你也对他们作出了默默的但是重要的姿态。很少有什么事情能比意识到同事的误解和误判更让非传统的新教师感到沮丧。在排斥明显的自吹自擂的校园文化中，很少有什么事情能比要求女性和少数族裔自己去谋求同事对他们的特殊困难和需要的理解更加不切实际。在这个早就应该有所改变的校园文化中，你在拿出一点主动和兴趣方面的小小努力可以造成巨大的不同。

像往常一样，我之所以要提出这个对非传统的新雇员的简单考虑，是不是为了诱导你把服务于你自己的合作与写作扩展到一个更加利他的层面？当然是。但是在这样做之前，我要正式考虑一下服务。

服务的一般定义和缺陷

首先，服务常常（而且潜在地）不同于那些具有明显的必要性的活动，比如教学；服务常常意味着简单的帮助或参与。在传统的意义上，服务的工作性质少于教学，因为它的要求是偶然的，而且它的义务一般是被动的。它显然不需要培训或者评估。我们"进行"服务，但是我们"从事"写作和教学。从这个角度看，服务不可能非常重要。

---

* "非传统的新雇员"指的是女性和少数族裔的大学青年教师。——译者注

我所看到的大多数可以被写入新教师的续聘/晋升/终身聘用表格的服务不过是坐着开完委员会的会议。与其他学术活动相比，新教师认为这些花费在服务上的时间只有五分之一是值得的。在我长达20年的系统的跟踪调查中，我没有看到任何一项服务真正在续聘/晋升/终身聘用的决定中发挥了重要作用。我从来不知道有任何一位已经得到晋升和终身聘用的年轻教师把服务列为这项成就的决定性因素——除了某些已经把他们的服务重点用于对同辈的指导/学习的模范（以及效法他们的"恰到好处"培训方案的成员）。那些早就从大学辞职的人、未能得到续聘的人，或者通过诉讼获得续聘的人对于服务的看法显然是否定性的。一位被拒绝终身聘任的黑人女性是这样表述她的看法的：

> 伤害我最深的是我花在一个必须拥有一位黑人女性（作为其成员）的委员会上的时间。最要命的是有那么多贫困的黑人学生需要占用我的时间和精力。你知道，我曾经听到我的系主任在一次会议上开玩笑说，对于一个写得太多但是太浅薄的年轻教师而言，学校应该把发表成果的数量限制为每年一个。他原本不该那么自满。如果他真正接触过某个像我这样迫不得已的人，他就应该采取行动来减轻一些加在我们身上的额外要求。写得太多只是我最小的一个问题。嘿！他一无所知。

警惕"过度服务"！

我们已经知道过度在新教师的其他活动中产生的结果，包括在写作和教学中。在这里，苦苦挣扎的新教师也倾向于要么不服务，要么过分服务。当他们过分服务时，他们会感到烦躁，因为他们知道对于续聘而言，这种服务的帮助小于教学、写作和社交。他们为什么还要这么做呢？因为服务提供了更多直接的回报（例如，在一种没有危险的氛围中的友好交流）和难度更小的工作。为什么一些苦苦挣扎者完全不去服务（所以给人留下一种自私和冷漠的印象）呢？因为他们觉得太忙、太落后，以至于不能参加会议，也因为他们憎恨上级所要求的服务。

像往常一样,适度成了事业兴旺的新教师的特征。模范们在职业生涯的初期会进行一些传统的服务,然而不是很多。具体地说(作为对我在本章前面所暗示的内容的提醒),模范们请求在一段时间内只加入一个委员会,而且在加入后不要求自己承担耗时的任务,如秘书或者记录员。(他们可能会说:"我宁愿首先做个好听众,我有很多东西要学。")

相反,苦苦挣扎的教师常常自愿承担额外的委员会工作。他们习惯于把更多的时间花在委员会里,而不是花在学术和写作上,而且到目前为止,大多数时间都被用于对本科生的咨询/帮助。很多苦苦挣扎的新教师不仅欢迎额外的咨询者,而且让他们办公室的大门长期敞开,因此鼓励了不必要的长时间拜访(通常是两倍于每周花在授课上的时间)。把这种过度与经常的过度备课结合起来,你就会发现他们忙得几乎没有时间进行有益的社交活动。或许最具讽刺意味的是,这种服务方式很少伴随着出色的教学;相反,它预示着忙碌和仓促的教学。

模范大学青年教师的服务价值观

1. 适度:模范们把大学工作头四年的服务限制在每周一小时左右。他们日后才会做得更多。
2. 平衡:模范们通常让服务的时间与另一个有价值的但是偶然性的活动的时间保持一致,比如参加文化活动。
3. 抛开:模范们有意识地、故意地放弃他们在答应那些邀请他们提供服务的人时获得的直接满足,以及赢得这些人的持久的赞同/友爱的机会。
4. 及早了解:模范们意识到,为了认识新的熟人而加入一个委员会或者主办一个学生组织是不值得的。作为新教师,他们已经认识了足够多的值得进一步交往的同事。所以,他们通常会询问学校里的委员会的历史(例如,"它们何时真正取得了长远的影响?你能给我一个具体的例子吗?")。他们查阅他们可能加入的具体委员会的记录(例如,"如果你们真的提出了一个关于学校的新方案,那么他们的慎重决定究竟是会得到实施,还是常常被高层的管理者通过他们自己的议程所否决?"或者:"这个委员会对作为助教的研究生的评估是否确实导致了他们的教学水平的提高?")。当然,最好带着委婉和真正的好奇提出这些问题。

5. 利我和利他:像有些指导者一样,有些委员会是非常值得加入的,但是在承诺加入它们之前,你需要好好关心一下自己。我并没有建议你完全逃避服务——而只是让你控制自己的服务,直到你取得了稳固的、富有成效的开始。而且我再次敦促你以利己的方式而不是以服务社会的方式来进行大多数早期的服务。

6. 就近原则:在实践中,这条策略并不像听起来的那么自私。在绝大多数情况下,模范们所选择的服务角色都与自己最重要的活动紧密相关——某个他们最易于帮助自己和他人的领域。这常常意味着要以感兴趣的和带着同情的观察者的身份来帮助同辈——然而更好的是作为一个朋友、指导者和合作者。

想象一下,你为了强化自己在短暂的日常时间里进行写作的习惯,而找到了一个同辈与你一起按照相似的时间表进行彼此独立的写作的场景。你至少可以确保自己的写作变得更加持之以恒。但是如果你认为这种行为过于自私和过于容易,以至于不配称为服务怎么办?或者认为这种行为过于隐秘,以至于无法给那些在校园里评估服务的人留下印象怎么办?首先要意识到,其他的新教师可能不会从这些校领导那里得到有利于他们的生存的帮助。其次要意识到,当你把自己的辛劳汇报给他们时,他们可能玩忽职守地不把它们看作高水平的服务(甚至当他们无法确定你正在帮助哪一位新教师的时候)。我要向你提出一个诘难:你能否列出众多的、可以在你所面临的时间限度内进行的,并且可以带来更多价值的服务的名称?或者具体指出在大学里比新教师更有价值的服务对象?

事业兴旺的新教师所展示的校园服务遵循了我们在上一节里所看到的指导的模式:第一,要与同辈/搭档进行短暂的、定期的会晤,以便分享写作计划和进度,评估彼此的课程,一起做练习。第二,要在专注的聆听、注意和交流的基础上,对你们两人最需要做的事情形成一个清晰的认识。第三,要理解这些社交型的工作所花的时间为什么仅仅略多于独自完成它们的时间。事实上,在我的研究中,这种形式的合作学习都被评为它们的参与者所做的最有教益和最有回报的事情。

模范青年教师如何开始非传统的服务

一旦模范教师抛弃了用处不大的服务活动,他们就会缓慢地、持之以恒地通过广泛了解大学新教师的经历来开始服务。有些人甚至会阅读这本书。最让他们感到惊讶的是新教师对无法预料的灾难的普遍敏感。最让他们感兴趣的是非传统的新雇员所面临的更大危险。

为了让你很快弄清模范教师在获取信息时所重视的各种事情,我推荐三本经典著作,第一本是关于女权主义者为改进大学教学所作的努力,第二本是关于编外教师为了改变自己在大学里的边缘成员资格所作的努力,第三本是关于如何对付你自己课堂上的种族主义。

我推荐的第一本读物是马尔和泰特奥德(Maher, F., & Tetreault, M. K., 1994)的《男女平等的课堂》,因为它提出了男女平等的(并且因而不合传统的)方法。我尤其喜欢该书作者对直接的课堂观察结论的依赖。

马尔和泰特奥德发现:倾向男女平等的教师通过扭转男性化的武断、好竞争和不平等的习惯所主导的课堂氛围而发挥了重要影响。结论:政治、历史、文化对大学的影响和它们的示范作用需要引起我们更多的注意。

我们从中能学到什么呢?首先,一个关于大学女教师所受到的压迫的提示。另外,意识到女性会因为她们与男性主导的传统教学方式的分歧而带来有益的价值观和可行的替代方法。最后,意识到这种有效的教学方式会因为它的作用而缓慢地但是必然地得到普及。

许多人可能尚未充分意识到另一种存在于我们中间的、针对兼职教师的、不人道和无成效的排他主义,在刚刚投入大学工作的新人中,很少有人会比他们面对更多的公开歧视和挫折。伽帕和莱斯利(Gappa, J. M. & Leslie, D. W. 1993)的著作《看不见的大学教师:改善高等教育中的兼职教师的状况》可以提醒我们注意到什么事情可能是我们现在所面临的最糟糕的不人道,即一种我们想反抗的、作为我们的过度服务的一部分的不人道。同样重要的是,它提出了一种你们中的很多人可能正在考虑或者已在忍受的大学教师的生活环境。

兼职教师在美国的全体大学教师中所占的比例现在接近40%,他们往往年轻、大材小用和待遇过低。他们始终是受害者,因为他们普遍缺乏对其工作的欣赏以及改变其课程的权力。在实践中,是什么东西限制了针对这些兼职者的帮助和平等的可能性?是大多数大学对他们的困境的普遍漠视,以及那些让其他人去讲授大规模的导论课程的全职教师的暗中支持。

因此,如果你将要或者必须从一名兼职教师做起——除非你足够幸运地进入了一所没有偏见的大学——你应该怎么做?要获得一幅关于兼职者的寻常经历的现实图景。而且在前两章所讨论的访问与寻求帮助的意义上,要把自己视为合法的大学新教师的成员。根据我的研究,这样的勇敢者很少会在寻求这种或者那种帮助时遭到拒绝,只要他们使自己变得引人注目和态度诚恳。最好,要像其他新教师一样摸索帮助你自己的方法。兼职教师常常被纳入针对全职教师的指导活动,只要他们自己请求加入。

当我获得了基金支持从而把我的"恰到好处"方案扩展到兼职的新教师之中时,他们所取得的成果比大多数全职教师的成果更令人印象深刻。为什么?因为在受到了如何寻找满足感和创作量的培训之后,兼职教师会很快完成学位论文,并且发表介绍这段工作的作品。他们中的乐观主义者认为,因为他们被免除了为学生提建议和为委员会工作的责任,所以他们有更多的时间进行写作。几乎所有作为兼职者的新教师都受到了激励,从而得以更好地去追求他们的全职岗位。一位兼职者对我说:"我将尽一切努力来摆脱我现在的职位。"

尽管如此,我还是常常建议人们不要以兼职教师的身份开始大学工作。据我观察,兼职岗位对于那些更有抱负的大学教师来说常常是没有出路的。有些人从未摆脱这种不确定性,他们从一所大学跳到另一所大学,有时候是日复一日。在大都市里,这样的兼职者常常被称为"高速公路上的飞车手"。兼职者的待遇往往使得新教师的自尊心和学者气质受到毁灭性的打击,而且它们还加剧了兼职者所常常面临的一个问题,即蓄意拖延未完成的学位论文。几项调查研究表明,那些过早离开学校的学生,即所谓的"ABD"(除学位论文外全部完成者)大大增加了出现这些情况的可能性:延期完成论文,永远不能完成论文,并且在随后的职业生涯中处于低收入的、令人沮丧的地位。没错,兼职教学似乎有利于获得助教奖学金或者贷款,但是它们普遍有害于大学教师的职业生涯和全面的满足感。暂时的贫穷胜过余生的沮丧。

除了可以让退休教授返回课堂这个受到忽视的潜能之外,如果兼职教学还有一点价值的话,那就在于它部分地使我们想到了学校如何能够轻而易举和不假思索地让它的新雇员屈从于糟糕的环境,被剥夺必要的支持,并且受到忽视。

在我们对大学教职带给它的新成员的不人道和事与愿违的简单思考中,还明显地缺少什么东西呢?缺少少数族裔的大学新教师的经历。泰特姆(Tatum,B. D.,1992)的《讨论种族和了解种族主义:种族认同发展理论的课堂应用》一文讨论了我们如何才能专注地、彻底地处理那些常常没有被意识到的种族和种族主义问题,这是我们自己课堂教学的一部分。

泰特姆是直截了当的,并且处理了方法问题。她发现引导人们察觉和改变种族主义的最好途径在于按照可以预见的前进步骤将学习的经历转化为反种族主义:遭遇前、遭遇、沉浸/浮现、内在化,而且最后是内在化/承担义务。她展示了将上述意识结合起来的、作为教学和学习的一部分的方法,以便使我们自己和我们的学生越过不必要的、种族主义的约束。

其次,我提供了一些来自我本人对大学新教师的研究的信息,以便把贝弗莉·泰特姆的信息置于更广阔的、理解女性和黑人所面临的独特挑战的背景之下。在这里,最终的目标也是承担改变的义务。我们所提供的服务需要立足于有关这些问题的客观信息以及泰特姆用来了解它们的根源的启示性的方法。

我在提出下面的调查时还有另一个次要的目的,即通过理解非传统的同事来建立一种使你可以提供有意义的服务的方法,然而更好的是作为一种使你的服务成为你的研究的一部分的方法。下面的研究计划可能远比你想要实行的研究计划更加雄心勃勃,但是它们有助于描述那些可以为我所用的普遍经历。

女性和少数族裔大学青年教师的经历

正如上面的标题所暗示的，在这项研究中（博伊斯，1993），我追踪调查了非传统的大学青年教师。我在展开这项调查时所做的就像我在调查其他方面的大学青年教师的经历时所做的一样，我注意到了一个未能以有意义的方式提出的问题。至少在我本人的研究中，与白人男性相比，有色人种和女性在大学生涯中更有可能表现出糟糕的开始。具体地说，这些非传统的新教师更有可能在续聘/晋升/终身聘用的决定做出之前离开校园，他们更经常地在试用期内拿出几年的时间来进行修整和补习写作，而且他们更经常地在学校作出续聘/晋升/终身聘用决定时苦苦挣扎或者无法通过。女性和少数族裔的新教师更频繁地患上流行感冒之类的确凿无疑的疾病，遭受了诸如忧郁症和/或焦虑症之类的心理并发症，并且经受了长期的持续疲劳。在我看来，要想改变这种不人道的糟糕的形势，学校所需要的远远不止是常见的劝告和传闻。我很快发现，它还需要更加公开地承认这个问题。

当我开始调查时，我遇到了一个气愤地否认这个问题的真实性的高层管理者（例如，"我们已经花费了大量的时间和金钱来采取积极的行动。"），而且他猜想我的研究只能给学校带来麻烦（例如，"无论我们有什么问题，你都可以在任何别的地方找到类似的问题。你需要问问自己为什么想让我们显得很糟糕。"）。更令人惊讶的是，一些有影响的女权主义者也抱怨说：我为了指出女性和少数族裔是怎样失败而付出的努力仅仅增加了一些负面的陈词滥调。她们警告说，我的错误在于"责备受害者而不是责备大学的体制和文化"。他们坚持认为，问题并不在于那些正在遭受压迫的人。一个批评者告诉我："你是一个高大的、占优势的白人，你在一百万年之内不可能理解我们的经历。"我希望我为此化费的时间能够比他所说的稍微少一点。

我认真听取了这些反对意见，并且凭借作为一名佛教徒的最好的训练来超脱这些似乎带有个人性质的批评。在我看来，我的批评者们仍然处在"沉浸"的发展阶段（参见本节的前面所概述的泰特姆的文章）。更重要的是，他们没有采取直接的行动来帮助我所追踪的这些非传统的大学青年教师去生存和茁壮成长。我决定不再等待某个合意的或者有资格的人来进行这项研究。

文献一览

关于非传统的新雇员的读物的最大用途是帮助读者度过贝弗莉·泰特姆所说的"对抗"阶段。也就是说,它们可以引起我们对学校强加给那些曾经公开抵制聘任的教师的不公正待遇的警觉。女性和少数族裔大学教师都会用艰难和牺牲之类的词汇来描述他们的经历(参见埃克森,1983)。两个群体都被剥夺了社会支持,包括指导者、模范和赞助人(班克斯,1984)。而且在这些非传统的新雇员中有太多的人感到受排斥、多余、不受注意,而且时而感到疯狂(温克勒,1988)。考虑到这些不公正和其他的一些因素,通常的结果并不让人惊讶:至少,这些新教师感到过度操劳、不胜任,而且最糟糕的是感到不合格(参见科恩与顾特克,1991;福克斯,1985)。除了这些障碍之外,关于他们的同性恋倾向的污名和较高的失败率的统计数据也成了不可否认的障碍(罗斯布卢姆,1988)。

同上述报告有关的一个问题是它们没有提供多少事实依据来证明这个结论:与传统的新雇员相比,女性和少数族裔遇到了更多的、不同类型的困难。另一个问题是它们很少提出具体的、已被证明的干预方法来应对非传统的新教师的特殊需要。第三个问题是它们也似乎很少根据那些取得了快速的开始,并且在社交和研究等诸多领域里表现出色的女性和少数族裔来提出建议,而是坚持它们的个别性和特殊使命。

尽管如此,这个文献对女性和少数族裔的新教师的经历的逸事性描述仍然值得细读,例如:来到大学里的女性更加重视她们个人的热情和温柔,而不是很多男性仍然在坚持的竞争性的、好斗的氛围(伯恩,1974)。对于女性的指导更可能涉及个人问题,而不是职业问题(兰迪诺与欧文,1988)。女性和少数族裔几乎总是会比条件类似的男性获得更低的地位和报酬更少的岗位(克拉克,1987)。此外,这些惯例性的角色可能让他们感到更没有信心去做那些在大学里最受重视的事情(尤其是写作),而且更倾向于去努力从事那些最不受重视的事情(尤其是教学)(斯科恩与温诺库,1988)。同样,非传统的新雇员一开始就惊奇地意识到他们的资深同事完全不可能看到自己的种族主义和性别歧视,这些人几乎都把自己看成是"平权法案"的谨慎的和公正的支持者(埃克森,1983)。

这些改革者的报告产生了多少确实有效的方案来减轻那些存在于大学教师的生涯中的障碍呢?基本上没有。但是,我在这一章的前面所概括的关于男女平等的教学的研究(马尔与泰特奥德,《男女平等的课堂》)做得如何呢?它至少考察了那些潜在的模范用来进行与男女平等的理想相吻合的教学的方法,以便从中汲取普遍的建议。哎,它没有谈到这些教学理论和方法多么有效地改进了其他教师的教学/学习。它们对于改良教学和提高通过续聘/晋升/终身聘用的教师的比例有什么影响?很难说。

还有一些关于"标准"的事情让我担心,例如在马尔和泰特奥德的书中——他们只注意教学。根据我的直接观察,想想其他常常在改革者的著作中受到忽视的问题:

- 非传统的新教师更经常地错过或者逃避一般的社交经历,所以相对较多地给资深教师留下了对大学里的各种使命态度疏远和漠不关心的印象。
- 带有非传统的习惯的新来者失去了展示某些他们比更传统的同事做得更好的事情的机会,因为他们的交流不是直接的、适宜的和有说服力的。
- 非传统的新教师更经常地由于他们的"沉浸"(再次参见泰特姆的文章中的发展图示)而不重视发表作品,并且花费更多的时间充当学生的咨询者和密友,而不是让自己和类似自己的学生投入写作。
- 非传统的新教师在开始他们的大学教师生涯时,甚至比其他新教师更少意识到了那些等待着他们的常见的危险/陷阱。

研究的基本原理

这是在前面所列举的我决定首先研究的问题中的最后一个。我不仅想更多地了解那些很快发生在了新教师身上的普遍的错误路线,而且想判定这些危险对于女性和少数族裔来说是否更加明显。事实上的确如此。而且为了与本书中的以模范为基础的方法保持一致,我希望说明一些新教师如何避免了这些职业生涯中的错误路线,并且由此为其他人树立可以效仿的榜样。在这些新教师中,最有教育意义的是那些茁壮成长的非传统人士。

方法

我从六个新教师群体中抽取研究对象进行个别的追踪研究,两个群体来自一所综合性大学,四个群体来自一所研究性大学。我挑选了30位女性的新教师(5位是黑人)和与之对应的30位男性,其中5位是黑人。我把每位参与者纳入这项研究的时间是他或她在学校里的第二或者第三个学期,按照达到续聘/晋升/终身聘用的标准的速度,他们都将被视为苦苦挣扎者。

我运用五种方法来观察和评估这些苦苦挣扎的新教师的早期经历:

1. 当我在校园追踪他们时,我使用了可自由回答的问题(例如:"你今天过得怎样?")。
2. 我进行了建设性的访问,让他们在访问时评估经验和描述计划。
3. 我在这些参与者的办公时间和上课时间里一直追踪他们,并且根据我在本书的前面所提到的文明行为和其他的直接相关性的尺度(包括采访学生,问他们从这些教师的课堂上学到了哪些实质性的和有价值的东西,参见第八节)来评估他们的相互影响。
4. 我运用了更加正式和更具回顾性的源于大学新教师发展指数(NFFI*——参见博伊斯,1993)的评估。简要地说,大学新教师发展指数是一种对照模范的新教师来评估新教师的模式,它涉及以下几个方面:(1)投入(例如,作为合作者与学生合作;参加学校的活动);(2)工作方法和创作量(例如,按时写作

---

* NFFI是"大学新教师发展指数"(New Faculty Faring Index)的英文缩写。——译者注

并且写出得到认可的文稿;尽早对课程进行及时的非正式评估);(3)自我管理(例如,乐观、精力/达观、按时工作);(4)社交技能(例如,发现有效的指导,以一种和平的方式在系里进行交往)。

5. 我详细说明了在大学教师生涯的初期的几个关键转折点。为了进行这项最后的和最有趣的评估,我借助了已经确立的理论以及证实和描绘这些重大事件的方法。第一个(布莱克博恩与哈威格斯特,1979)是一种激发教师对事业上的关键事件作出反应的简单方法。第二个(鲍尔温与布莱克博恩,1981)指的是一种对大学教师的事业发展过程加以内容分析的更广泛的格式。我用两个不合常规的例子来重复这些重要程序:我修改了采访计划,以便引出关于大学新教师的经历的信息(例如,你将会在这方面做得如何好的最初迹象是什么?)。我至少还重复了两次这个回忆性的、长时间的采访,直到每一个人都觉得这种边想边说的技巧很舒适,并且尽可能重新体验出现转折的那一刻(帕金斯,1981)。在单独指导每一个参与者时,我遵循了帕金斯的调查规则:尽可能连续地讲述;不要解释、打断或者证明;从一个内在的观察者的有利角度出发,通过直接地重新体验当时的经历来报告所发生的事情。我的作用是不直接提问,除非是为了鼓励参与者回想起那些让他们在作为新教师的时候觉得受欢迎或者不受欢迎的最明显的经历。反复帮助参与者从解释性的报告转向更简单和更直接的描述——从无关紧要的事件中整理出有意义的事件。通常情况下,第一个时段会唤起不太肯定的但是富有情感的回忆,不过缺乏有用的核心事件。第二个时段会带来更平静和更清晰的回忆,并且有着更确切的意义。在第三个时段,研究对象常常把列出的8~12个转折点缩减成4个或者5个最重要的,然后在自己作为新教师的经历的更广阔的背景下重新考虑它们。

一年之后,我在没有预先通知的情况下复核了这些回忆,以作为对其可靠性的一种不正式检验。回忆几乎都是一致的,这可能因为

(如参与者们所说的)在和我一起进行的最初的试验中,我总是让他们大声谈论,以至于这些回忆都很清晰。那些在很大程度上无须语言表达但是又充满情感的映像通过在交谈中的外在化而得到了澄清;那些在刚开始高声谈论时显得模糊不清的东西也得到了澄清,方法是把谈话重新转向心中的映像(回忆一下,这个过程类似于我们在中编的末尾所讨论的专注写作的方法)。

结果

正如你可能记得的那样,我从四个层面上对这些复杂现象进行了观察。我从最简单的开始介绍。

非正式的访问。为了简化这些发现,我把这些苦苦挣扎的白人男性、白人女性和黑人的典型反应并列在了表 21.1 之中。

表 21.1　自发作出的典型评论,按照最常见的类别排列

苦苦挣扎的白人男性	苦苦挣扎的白人女性	苦苦挣扎的黑人
我会通过降低自己的水准而在课堂上获得认可。	我不会宠坏学生或者试图取悦他们。	我会努力在课堂上举止得体和令人印象深刻。
我对在应聘期间受到的欺骗感到愤怒。	我对来自同事的社会关心感到失望。	一旦我在这里安定下来并且显示出了我的能力,就会马上好起来。
我感到工作过度、疲劳。我忙得无法写作。	我觉得恐慌。我忙得无法写作或者过社交生活。	我需要把问题留给自己。难以知道要做些什么。
我属于这里,一旦他们看到我最好的业绩,就会马上接受我。	我时而举止粗鲁而且感到疯狂。我愿意适应这里,但是做不到。	我不属于这里,除非是为了帮助像我一样的学生。
我不需要一个指导者,我已经知道要做什么。	我担心指导会超出友好交谈的界限。	除非我可以找到一个像我一样的指导者,我对此没有兴趣。

这个定性结果表明:与另外两个群体的新教师相比,苦苦挣扎的黑人新教师在对挑战的反应上是更加封闭的/隐秘的。在校园里,他们与课堂上的学生、系里的同事以及我本人的交往都是热忱的,但是

又有所保留。当我请求他们解释时,他们的回答一般是:"我必须依靠自己去做这件事。我必须变得更优秀和更强大。"

白人所作出的反应也明显地不同于我们在本书中视作模范的新教师的典型反应。到了第三个学期仍在校园里苦苦挣扎着的白人男性在我问到他们的进展情况时最容易作出的反应是愤怒地保证:他们会在自己的任期内取得成功,但是速度要比学校(或者我)的期待更加缓慢。"如果他们希望我做出最好的工作,就是那种大多数同事无法做到的工作,"其中的一个人不耐烦地对我说道,"他们就应该责成自己去相信他们在聘任我的时候看到的潜能。我不愿处在中等水平。"

相反,苦苦挣扎的白人女性表现出了更少的自信和更多的矛盾,即一方面需要社会的支持,另一方面又对接受那些以校园文化的方式提供的支持(例如,指导的重点在于解决问题,而不是提供支持)感到焦虑。与另外两个群体相比,她们更容易因为缓慢的开始而自责。

建设性的座谈式访问。通过第二种调查方式获取的信息被证明是更难解释和阐明的。这些是基本的结果:

- 苦苦挣扎的女性——白人和黑人——在受到大学同事的欢迎的程度上和频率上得到的评级最低;与白人男性相比,她们在随后向外界寻求指导者(或者接受指导者的帮助)来提供解决问题的途径时的得分甚至更低。
- 苦苦挣扎的黑人男性在寻求大学里的支持,尤其是写作方面的支持时评级最低。
- 苦苦挣扎的女性常常宣称她们在大学里有五个以上的密友;苦苦挣扎的男性常常一个也没有。相比之下,模范们通常有一个或者两个。
- 在这些苦苦挣扎的人当中,只有白人男性多次会见过系领导。
- 苦苦挣扎的女性在小组内部或者在会议论文中分享学识和研究时评级最高,在为了出版发表而写作这些陈述时评级最低。同时,这些女性报告说,她们感到出版发表的压力最大,常常达到了伴随着长期焦虑的程度。

- 最后,所有苦苦挣扎的白人女性在压力、疾病和抑郁方面都评级最高,其次是黑人女性。苦苦挣扎的白人和黑人男性在这项调整指数上都进展得更好,或许是因为他们在解释新教师的困难时,常常将其比作通过努力工作和少发牢骚来"组成"一支运动队。

从这些数据中浮现了一些更普遍的模式。

苦苦挣扎的白人女性遭受了最多的痛苦,因为她们缺乏自信和自强——主要是因为她们甚至不愿面对适度的竞争/评估的挑战(例如,"我最担心学生把我和他们的其他老师加以比较,我讨厌去想象我的不足之处。")。然而无一例外的是,她们在进入大学时都对保持教学与社交生活的平衡抱着更高的期望。与我调查的其他苦苦挣扎的群体相比,她们更愿意接受我的意见,更可能参加研讨会,更善于表达自己对更成功的策略的想法。但是在进入大学的头三个学期里,她们对把这些想法付诸实施的努力犹豫不决。典型的例子:

> 我认为那些想法可能对别人有用,但是我完全确信它们对我没用。我猜想,我是截然不同的人。

> 当它到来时,我无法做到它,因为我不知道自己必须采取什么正确的步骤。

> 你的模范们做到了它,是因为他们的确比我更加好胜和更加自信。对他们有好处的东西不一定对我有好处。

就像你现在一样,我也曾对此感到困惑:这些女性对男性化的方法的完全排斥是否正确。但是通过回忆那些事业兴旺的白人女性所采取的相反的做法,我又回到了原来的中心问题。她们回避或者减轻了我刚才所列举的难题,因为当她们看似通情达理地讲述她们如何以及为何偏离了常规时,她们似乎为自己建立了一个自我封闭和定义宽泛的理论体系。这些乐观主义者中的一位说道:"我担心的并不是障碍本身,而是怎样很好地应用它们。"

苦苦挣扎的黑人新教师是自我麻痹的,最主要的是因为他们的社交孤立。在传统的校园文化疏远了这些新教师的时候,这些受害者又重新强化了它,尽管是无意识的。我通过对事业兴旺的黑人新教师的观察而证实了这个确凿的判断。他们更加轻松,而且更少怄气。他们更经常地报告说:他们看到了自己的早期经历与其他新教师的普遍经验的相似之处(例如:感到受孤立和被抛弃),而且最重要的是,他们更加乐观——没有放弃他们的个人主义。

苦苦挣扎的白人男性表现出了一些似乎最简单和最顽固的行为模式。这些新来者越是声称接受帮助有失他们的身份并且由此拒绝帮助,他们在各项成功上得到的总体评级就越低,例如在学生的教学评估、完成和提交的手稿、与同事之间有益的社交联系等方面的成功。这些新教师容易变成最爱争论、最不谦虚和最不可信的新教师。患上这种综合征的一个极其强烈的预兆是来自一所名牌大学的博士头衔和对现在的大学的蔑视。

参照大学新教师发展指数进行评估。在这里,一位独立的观测者和我一起从几个方面对参与者进行了评级,这些方面被证明对刚进大学的本科生的良好开始至关重要(参见帕斯卡里拉与特伦兹尼,1991)。推测起来,这些用来解释学生的进展/保留的方案也可以用来阐明新教师在他们的头一年里是如何拼命挣扎或者事业兴旺的。

投入。这项指数反映了新教师与同事、学生和同辈的融合性的总体测量水平。它同样测量了他们在校园的服务(例如,新教师的研讨会)和活动(例如,文化活动)的参与性。例如,在教学方面,这项指数描述了苦苦挣扎的新来者处于一个我们已经知道的悖论中:他们在教学准备上花的时间和努力最多,但是学生的参与和理解最少。他们的评级最低的方面是:(1) 在上课前使自己潜心于明确的学习目标;(2) 在上课时引导自己和学生去达到这些目标。

持之以恒和适度。在我们所抽取的 25 位苦苦挣扎的白人女性中,仅仅有两位符合这项简单的标准,即在她们到校后的头三个学期里每周写作一页;没有一位苦苦挣扎的黑人或者起步缓慢的白人男性达到该项标准。

自我管理。总体上看,苦苦挣扎的白人女性在关于乐观和自尊的外界评级中的得分低于她们的同辈——在反映她们的精力和达观的行为迹象上的得分也是如此,因为她们忽视了课堂会议、写作时间以及与校内顾问一起解决问题的时间。白人女性在关于拖延的客观测量中的得分也低于所有其他的参与者,包括推迟完成阅卷工作,直到超过系办公室的期限,并且错过了申请基金的截止日期。

社交技能。这项关于赢得支持者和寻求必要帮助的技能的广泛测量也有助于最清楚地表明性别之间的差异:苦苦挣扎的白人和黑人女性远远比男性更能找到亲密的、富有同情心的朋友。白人男性更善于通过逐步建立被指导者—指导者的关系的方式来寻求解决问题的有用建议,但是黑人男性不是这样。白人男性在了解什么问题最需要解决方面的得分最高(例如,调整教学的内容和进度;在他们感到准备好之前开始写作)。

以上所介绍的是关于教师发展模式的前三个不同层面的评估,甚至通过如此简要的一段描述,你就可以开始觉察到一些早期的转折点。这项研究中的最后一种评估是职业发展的示意图,它可能是最有用的,因为它最具体。

职业事件示意图。回忆我在前面提到过的高声谈论的步骤,它是描绘早期经历的重要环节。在我对这些数据的分析中有四点特别突出:第一,大多数重大转折点都发生在早期,一般是在开头的三个学期。这些早期的事件具有促进或者破坏职业发展的潜力。第二,进展不利的新教师的示意图上不仅标有更多这样的事件,而且还显示了一种不同于那些进展顺利的同辈的发展模式。第三,与苦苦挣扎的男性相比,白人女性所遭遇的这些重大事件的数量及其多样性都更大,然而黑人新教师所遭遇的甚至还要大。第四,这些示意图中的模式在新教师抵达学校之前就已经或多或少地被预先注定了。苦苦挣扎的人在抵达大学的时候带着最少的乐观态度、工作方法上的持之以恒/适度、对各种不同的人的社交接纳。几乎所有的错误路线都被那些带着上述缺陷的受害者们看成了有意义的东西。

为了让我的比较更具有实质性,我扩大了抽样调查的范围,以便把15位事业兴旺的白人女性包括进来,她们都处在职业生涯的最初的三个学期。与她们的比较对象——我们已经知道的苦苦挣扎者相比,这些出色的起跑者的重大事件出现了令人惊奇的不同。表21.2所记录的这种最令人惊奇的不同表现在了许多不同的方面:对各种不同的人的社交接纳,对有能力应付事业之初的常见挑战的乐观态度,关于大学教师的价值的自我尊重。

我未能对黑人新教师的早期职业发展示意图作出同样的扩展,即不能为那些没有达到续聘/晋升/终身聘用标准的黑人教师找到比较对象。因而表21.3提供了一些更具试验性的模式。

此外,当非传统的新教师得到了有益的支持,与不同的人交往并且接纳他们,在坚持改造社会的个人使命的同时调整自己的社交方式时,他们会进展得更好。相反,当非传统的新教师感受到了微妙的但是有害的种族歧视、性别歧视和权力剥夺,以至于达到了心烦意乱和脱离正轨的程度时,他们会进展得最差。

表21.2 白人女性所回忆和重视的一些最常见的转折点

进展最好的白人女性(人数=15)	进展最差的白人女性(人数=15)
找到一个现成的社交网络,这个网络可以帮助自己解决问题	在求职面试期间的值得怀疑的/令人失望的待遇
体会到学生是热情的,并且盼望个别的接触	一开始工作就发现缺少同事和学生的尊重
意识到大多数障碍是非个人的,并且有可能通过自我教育加以克服	学生需要受到奉承和取悦
发现课堂是舒适的,并且要求学生作出贡献	发现过高的压力使工作显得没有价值
决定放松自己,并且感受/表达信心	在上课时感到更多的组织混乱和语无伦次
开始帮助处境艰难的学生和同事	对妨碍社交生活的繁忙感到绝望

苦苦挣扎的个人(在表21.2和表21.3的右栏所列举的人)是否遇到了更多的挑战,从而必然会危害到他们的大学教师生涯的开始?在我对众多大学里的那些事业兴旺或者苦苦挣扎的新教师的大范围的追踪调查中,我并没有看到他们在遭遇性别歧视和种族歧视的迹象上有什么明显的不同——他们也没有。几乎与我们在第八节中看到的模范教师一样,事业兴旺的女性和黑人教师预料到和注意到了这些挑战,并且富有同情地认为这种挑战是可以理解的,而且认为它们大都不值得生气或者反驳。我承认这个问题需要由更多不同的研究者来进行更缜密的研究。

表 21.3　黑人大学青年教师所回忆和重视的一些最普遍的转折点

受到欢迎的开始（人数＝4）	不受欢迎的开始（人数＝10）
来到学校就有社交网络和适当的指导者	面临为有色人种的学生充当咨询者的艰难任务
在课堂内外富有同情心地接受学生并且被学生接受	没有惊奇和重大的事件可供报告
设法让具有社交意义的研究适应可靠的和可以发表的研究	声称研究计划/过程是不受欢迎的，并且报以悄悄的埋怨
多种多样的交往，主要是与乐观而有趣的同事交往	社交上的挫折，通常是因为贸然与同事和领导交往或者错过与他们的交往

无论有没有理由，在我所研究的大学新教师中，女性和黑人都相对经受了更多的艰辛。无论有没有托辞，当他们学着去应付白人男性文化中的秘密和非理性时，我都会说出我能够为他们提供更多的轻松和支持。下面就是我试图进行这种服务的一个适度的例子。

一项针对黑人大学青年教师的干预研究

在我和新教师一起进行的工作中，这项研究是最危险的，但又是最值得的挑战。我追踪调查了前面提到过的五位苦苦挣扎的黑人新教师，直到他们进入第四和第五个学期，其中有三位女性和两位男性。我们以最明显的与教学相关的方式一起工作；我们分享得到学生的认可、参与和理解的价值。正如你所预料的，我指导他们采取了直接相关的和忠实于社交原则的促进措施，这些措施可以阻止课堂上的不文明行为，并且减轻大多数对于教学/学习的厌恶。他们以培根主义的方式使我知道了现实的、不同的人是如何把那些策略付诸实践的。

在进行这项研究的第一个学期（他们在校园里的第四个学期），我让所有这五位参与者都进行了专注练习，尤其是要减慢速度、保持平静，并且思考他们怎样才能得到学生的理解。我本人也对他们的学生在课堂内外的反应作了观测/记录，并且利用从中得到的信息补充了这些思考。在五位参与者中，没有一位反对这种评估，没有一位认为这项研究违背了他们自己的价值体系。只要清楚地看到了课堂上的不文明行为，并且理解了它们的后果，我们就会把它们看成可以轻易纠正的问题。在这么做的时候，哪怕是最不完善的初步的尝试也是非常有益和值得参与的。在对这种方法的理解和运用上,我看不出黑人新教师与前面所说的白人新教师有什么不同。对于这两个群体的新教师来说,教学时的苦苦挣扎已经结束了,而且早期的错误路线也被镇定地抹掉了。

在他们参与这项研究的第一个学期结束之前,我帮助他们练习了把这些洞察/解答扩展到大学里的交往活动中(例如,确保他们没有使自己显得一本正经和疏远冷漠)。在这种扩展的前两次"试验"中,我陪同了每位参与者,并且带头把我们的主人翁引入了我们两人之间的友善和有益的对话,这些主人翁通常是腼腆和经验丰富的同事。在接下来的两次试验中,我不再那么主动,而是巧妙地提醒参与者应该在这些社交中做些什么。再进行五次这样的拜访,就足以让资深的同事相信参与者有着搞好本职工作的兴趣/热情,并且有着倾听和学习他们的开放态度。在五位参与者看来,这种扩展丝毫不会让他们感到自己在屈从或者接受白人的价值观。他们说,这种扩展丝毫没有损害他们的个人利益或者社会使命。但是他们承认,这种扩展完全有助于让他们感到更受欢迎和更被理解,更有可能在自己的事业上取得成功,然而是通过从各个方面为学校作出贡献的方式。

我喜欢听到那些关于摆脱了令人压抑的和令人失望的开始的声明,但是在猜想这种方法可能有价值之前,我会更多地依赖长期的结果。所有这五位参与者都被续聘/晋升/终身聘用委员会评定为:在他们担任教师的前三年内,在教学和同事关系方面都取得了重大的全面转折。所有这五个人都达成了社交约定,以此来确保自己在短暂的日常时间里进行写作,并且达到了学校关于写作/出版的一般标准。有三位坚持了下来。最后,我意识到这种过程和结果与我在"恰到好处"方案中的其他促使新教师的参与/投入的计划并没有什么区别。在我最初看来,唯一的变化似乎在于我花费了巨大的努力来招揽这些苦苦挣扎的、态度勉强的新教师。尽管如此,我还是在反思中猜想到了另外一些东西:在我早期的、基本上失败了的吸引有色人种的新教师加入我的培训方案的过程中,我曾经无意识地在与他们的交流中表现出了冷漠和不礼貌。我之所以感到有威胁,主要是因为我不敢肯定我想让这些有着受迫害的历史的同事对我说些什么。因而我总是显得一本正经和有所保留,除非我感到了这些有色人种的新教师的坦率和信任。这种洞察及其导致的改变让我觉得异常轻松。

规则4：让苦苦挣扎的同事接受你的帮助。

规则4的练习

　　对女性和少数族裔的大学新教师的这种冗长的考虑为我们留下了什么？我希望是：更易于理解他们在应付这种受白人和教士所主导的文化时的困难；更加同情地对待你自己的早期失误；并且更加主动地干预那些属于糟糕的开始的模式，包括你自己的和别人的。

　　这个练习的内容是把你服务的中心放在帮助新教师专注地、高效地和愉快地工作的行动之中。怎么做？通过遵循贝弗莉·泰特姆的建议来发展你用来接纳各种不同的同事的专注方法，以便使你致力于改变这种限制着你们所有人的文化。通过运用这一节中的其他建议来获得关于新教师的经历，甚至关于同事关系研究的学识，将其作为一种对进行服务的方法的自我改进。或者当你成为管理者这样的资深人士时，至少要把这个信息记在心里。

　　我相信，在这种依据就近原则的方法中存在着足够的令它值得记忆的好处：更多地了解事业之初的转折点——通过观察那些以极端的形式存在于非传统人士之中的危险而获得的一种清晰理解；有更多的机会运用简单有效的"恰到好处"法来纠正你自己和别人的失误；有更多的合作学习来向别人和自己传授生存之道；而且同样重要的是，通过在社交中检验服务的广泛性和简单有效性而使它变得更有激励性和更有用。

　　中编中的导师弗朗西斯·培根可能会怎样总结这种服务方法呢？通过注意首先去发现：新教师的生活的表面上的复杂性实际上只是几个基本主题的变种（而不是特殊性的无限集合）。然后解释：这种服务方式如何引导我们以一种简单的模式看到了具体事物中的实质，即通过极其典型的例子来解释。最后，要说明如何使这种服务经历变得有用——通过超越那些简单的洞察而在社交中检验哪些方法可以用来造福自己和造福社会。

　　　　一个不会采用新的补救方法的人必定会遭受新的不幸。
　　　　　　　　　　　　　　　　　　——弗朗西斯·培根

总结:恰到好处的规则

规则 1:等待。

等待要求耐心地克制冲动、仓促和忙碌。积极等待可以让我们清楚地看到最需要做的事情,并且鼓励那种能够带来最多的成果和长期的健康的持之以恒和适度。一些对克制的练习是简单的,就像在上课或者写作之前和之中进行的停顿一样。另外一些则是复杂的,就像在承诺担任指导者之前进行的等待一样。所有这些练习都必须面对大学青年教师的那个最令人烦恼的习惯倾向:急躁。

弗朗茨·卡夫卡把这个解决办法简明地写在了他的书桌上方的提示上:"**等待**"。

规则 2:尽早开始。

积极等待消除了那种去做更简单的事情,而不是去做新教师的基本工作的直接诱惑。它鼓励我们尽早地、非正式地开始工作,而不是逃避眼前的工作,并且等到最后期限来临时再去完成工作。这些尽早的开始被证明是困难的,因为它们要求你学会在感到准备好之前开始着手困难的工作,并且在繁忙的日程安排的间隙里完成工作。它们被证明是有回报的,因为它们增强了平静、创造力和信心。事实上,与大学里的传统工作方式相比,它节省了时间和精力。

因而作为一名教师,要尽早开始在其他活动中收集上课的想法和主题,并且通过联系现实生活的经验来激发富于想象力的教学。作为一名写作者,要利用思想提纲、主要情节的具体注释和改写来尽早产生你可能要表达的观点,这将最终导致缜密和轻松的正式写作。作为一名社交者,要在感到准备好之前开始了解普遍的校园文化、具体的新同事,以及关于续聘的不成文的一般规则。

是谁曾经说过"早起的鸟儿有虫捉"?

还有谁说过"留心你正在寻求的东西,你可能正在得到它"?

规则3:利用短暂而有规律的时间工作。

这个对"恰到好处"法中的持之以恒和适度的最清晰的表述也有着最好的效力依据。教师只要在短暂而有规律的时间里备课、授课和要求学生的参与,他们就会最轻松和最清晰地把自己的要点以容易记住的方式传授给学生。他们花在备课上的时间也会比传统的新教师少得多(并且赢得更高的教学评估)。写作者只要放弃了狂热的写作习惯,而热衷于短暂的日常写作时间,他们在写作时就会有着更少的痛苦、更多的创作量、更高的质量,并且更有可能被有声望的出版机构所接受。社交者只要进行持久而适度的交往,他们就会更易于进行友好的和实质性的交流,并且在许多方面达到更高的水准,例如来自资深同事的认可、对续聘/晋升/终身聘用的标准的正确了解,以及事业刚起步时的安慰。

短暂的日常时间还可以在教学、写作和社交中为新教师做到其他一些必要的事情:它们可以减轻常见的忙碌,并且允许他们始终注意社交生活和身心健康。

万事都要适度(Ne quid nimus)。

——特伦斯[*]

---

[*] 拉丁文"Ne quid nimus"是罗马喜剧作家特伦斯(Terence,公元前190—前159)的名言,可以直译为"千万别过分",也就是本书作者所说的"万事都要适度"的意思。——译者注

规则4：停止。

及时地停止可能要比及时地开始更加困难，因为前者依赖于对冲动的克制，而这些事情在美国的学校里几乎没有传授过。离开了它，我们的工作就会超出效益递减的转折点，并且取代其他必要的活动。离开了它，我们在需要照顾自己并且解决正确问题的关头就会被急躁和盲目主宰。

苦苦挣扎的新教师最容易在这些事情上遇到困难：按时下课；克制自己不去进行可以带来暂时安慰的活动，而去完成像写作这样令人心烦的任务；调节办公时间。我们中的那些学习及时停止的人之所以做到了这一切，是凭借对及时的停顿和专注的沉思的训练，凭借在外部线索的提示下尽早开始的停顿和减速。一条可以用来论证这种克制的最有效的策略是：停顿下来，以便注意和纠正不文明的交流方式，包括无声的疏远、冷漠和蔑视的表现。

学习及时停止的最大困难是什么？是耐心及其所需要的克制，尤其是在动力和灵感显得太宝贵，以至于无法打断的时候实行停顿和停止。

没有耐心的人多么可怜！

——莎士比亚

规则5：在准备工作与正式工作之间保持平衡。

模范的大学青年教师表现出了最明显的平衡。平衡可以保证新教师的效率，只要他们学会把同样多的时间用在备课和授课上，用在预备写作和正式写作上，用在进行社交准备和让他们自己融入同事关系上。

什么常常破坏平衡？缺乏进行停顿和等待的耐心，控制过度以及与之密切相关的急躁的经验。什么常常促进平衡？专注的工作方法所带来的高效率，例如清楚地看到需要做什么，需要交流什么，以及怎样使学生、读者和同事成为积极的听众和参与者。在规则2中，各种尽早开始的练习尤其是为了获得这些创造性的高效率。

规则6：缓解过度的迷恋和过度的抵触。

苦苦挣扎的大学青年教师最普遍地以下述方式表现出了过度的迷恋：

- 作为执教者，他们猜想自己的讲义必须反映出一个主题的全部现有知识，并且在课堂上得到彻底的详细介绍。
- 作为写作者，他们坚持流行的观念，即认为优良的作品是在一次突然的爆发中一挥而就的，而无须寻求早期的读者或者修改。
- 作为大学新教师的社交礼仪的参与者，他们严格恪守那些关于如何才能最好地幸存下去的固有信念，甚至当他们明显地遭受了痛苦和失败的时候。

这些过度被证明是由于过分受制于缺乏专注的习惯并且无法抛开它而带来的问题。有助于克服它们的练习是通过放慢速度来清楚地注意到一个人的行为对其他人和他自身所产生的影响。这样的练习需要耐心和自我尊重。

在大学里起步艰难的新教师还突出地表现出对于不可避免的批评意见，甚至对于善意的改进建议的过度抵触。在这方面，那些已被证实的补救措施同样是简单的，但又是难以做到的，就像在学习听取和接受各种批评意见，甚至学习承认它们有所帮助时一样。用来缓解过度迷恋的最有趣的练习就是以幽默的态度对待你自己的工作，并且专注地与你的工作保持一定的距离，以便像其他人那样观察它。存在于这个练习背后的首要技能是耐心和对冲动的克制；最普遍的疗法是放慢速度、保持平静和停顿下来，以便在产生和修改之间不断变换。前者有助于引导和激发你知道需要表达的内容，后者有助于确保你所说或者所写的内容的条理性、逻辑性和社会认可。

记住我们在这本书的前面所看到的格言："作家越是糟糕，就越是迷恋他或她的作品。"以及："执教者越是糟糕，就越是尊重课程内容。"第三个格言也自发地产生了:"社交中的参与性越差,对已经知道如何取得良好开始的自信就越大和越错误。"

规则7:缓解消极的思想。

在我所研究过的大学青年教师中,消极的内心独白常常没有引起注意和得到重视。它以恶魔般的方式令人气馁、分心、沮丧和消沉。它总是伴随着拖延,并且预示着障碍和其他各种怯懦。而且正因为如此,消极的思想最普遍地发生在那些起步艰难的大学青年教师中间。

相反,"敏捷的起跑者"们有着更多积极的思想,而不是消极的思想,而且他们学会了在创作作品的时候把大多数的想法搁置起来。

对消极思想和它的悲观主义的治疗是简单的:专注地注意那些在工作显得令人厌烦时出现的内心独白,反思这些内在的声音的价值和合理性,并且利用更加积极的、建设性的思想来取代这种无礼的自我冒犯。

规则8:调节情绪。

苦苦挣扎的人们最经常地依靠过度的情绪去工作,而这本来是可以避免的。他们一直在等待,除非他们获得了大块的、没有干扰的时间。他们以一种急促的、欣快的、鲁莽的速度进行几乎没有停顿的狂热工作,因而他们无法在效益递减的转折点出现之前停止下来。他们所引起的这种轻度躁狂使他们暂时感到才华横溢和不可征服,随后则是疲劳和抑郁。但是,那些持之以恒和适度地工作的大学青年教师:

- 在创作文稿、引导学生的理解和获得指导的益处等方面都显示出了明显的优越性。
- 在教学、写作和社交等方面报告了更多的轻松、满足和愉快。
- 表现出更少的抑郁、悲观、绝望、社交挫折和疾病。

在谈到情绪高亢的工作的代价时,还有谁比约瑟夫·康拉德的例子更值得我们记取呢?在考虑转向持之以恒和适度的益处时,又有谁比约瑟夫·康拉德更值得我们回忆呢？

规则9：让别人分担一些工作。

  模范的大学青年教师为掌握这条困难但又必要的规则树立了我所看到的最好的榜样：他们毫不迟疑地寻找和寻求帮助。他们最乐于让学生充当有益的评估者和合作者——并且允许学生出现错误和疏忽，同时又保持了阅卷时的最高标准，并且得到了学生的最高评价。他们分享计划和提前写作，并且让别人，甚至让那些批评者提出更好的方法来寻求清晰、全面、意义和公众的接受。他们还最善于发现哪些指导者最能够帮助自己，并且随后从他们的建议和指导中得到好处。我原本可以加上另一段引文来说明什么东西常常妨碍你让别人分担一些工作（骄傲），但是我要保持克制。

规则10：限制白费的努力。

  最后，"恰到好处"的方法还涉及在开始大学教师的生涯时的高效率。好的开始不可能出现，除非它们包括了对白费的努力的限制。好的开始将不会持久，只要它们缺乏持之以恒和适度所带来的成功和达观。就我所知，好的开始甚至不会达到最佳状态，只要它们缺少来自专注的耐心和清楚的发现的同情来推动对他人和自身的服务。
  在最后一则忠告中预示了一个常见的问题：读者常常在他们掌握这条关于达观的最专注和最利己的规则之前停止阅读本书。没有这种毅力，他们就可能无法充分地体验我在本书的开头所提到的那种快乐。因此，我要用一则明智的警句结束我们的旅程：

  民之从事，常于几成而败之。
  慎终如始，则无败事。

——老子

参 考 书 目

Ackroyd, P. (1990). *Dickens*. New York: HarperCollins.

Amabile, T. M. (1983). *The social psychology of creativity*. New York: Springer-Verlag.

Amada, G. (1992). Coping with the disruptive college student: A practical model. *Journal of American College Health*. 40, 203—215.

Amar, J. (1919). *The physiology of industrial organizations*, New York: Macmillan.

American Psychiatric Association. (1994). *Diagnostic and statistical manual of mental disorders* (4th ed.). Washington, DC: American Psychiatric Association.

Andreasen, N. C. (1987). Creativity and mental illness: Prevalence rates in writers and their first-degree relatives. *American Journal of Psychiatry*, 144, 1288—1292.

Angelo, T. (1990). Classroom assessment: Improving learning where it matters most. *New Directions for Teaching and Learning*, 42, 71—82.

Angelo, T (Ed.). (1999). Classroom assessment and research: An update on uses, approaches, and research findings. *New Directions for Teaching and Learning*, 75.

Appleby, D. C. (1990, Spring). Faculty and student perceptions of irritating behaviors in the college classroom. *Journal of Staff, Program, & Organization Development*, 41—46.

Associated Press. (1994). Becoming American, bad habits and all. *New York Times*, p. B7.

Astin, A. W. (1984). Student involvement: A development theory for higher education. *Journal of College Student Personnel*, 40, 288—305.

Austin, A. E., & Baldwin, R. G. (1991). *Faculty collaboration: Enhancing the quality of scholarship and teaching*. Washington, DC: ASHE ERIC.

Baldwin, R. G., & Blackburn, R. T. (1981). The academic career as a development process. *Journal of Higher Education*, 52, 598—614.

Bandura, A. (1990). Conclusion: Reflections on nonability determinants of competence. In R. J. Sternberg & J. Kolligan (Eds.), *Competence considered* (pp. 315—362). New Haven, CT: Yale University Press.

Banks, W. M. (1984). Afro-American scholars in the university: Roles and conflicts. *American Behavioral Scientist*, 27, 325—329.

Baringer, F. (1993, June 2). School hallways as gantlets of sexual taunts. *New York Times*, p. B7.

Barrios, M. V., & Singer, J. L. (1981). The treatment of creative blocks: A comparison of waking imagery, hypnotic dream, and rational discussion techniques. *Imagination, Cognition, and Personality*, 1, 89—101.

Barron, F. (1963). *Creativity and mental health*. Princeton, NJ: VanNostrand.

Bartlett, S. J. (1993, Summer). Barbarians at the door. *Modern Age*, 296—311.

Bate, W. J. (1977). *Samuel Johnson*. New York: Harcourt Brace Jovanovich.

Baumeister, R. F. (1991). *Meanings of Life*. New York: Guilford.

Baumeister, R. F., Heatherton, T. F., & Tice, D. M. (1994). *Losing control: How and why people fail at self-regulation*. New York: Academic Press.

Baumeisler, R. F., & Scher, S. J. (1988). Self-defeating behavior patterns among normal individuals: Review and analysis of common self-destructive tendencies. *Psychological Bulletin*, 104, 3—22.

Becker, H. (1986). *Writing for social scientists—How to start and finish your thesis, book, or article*. Chicago: University of Chicago Press.

Bern. S. (1974). The measurement of psychological androgyny. *Journal of Consulting and Clinical Psychology*, 42, 155—162.

Berg, A. S. (1978). *Max Perkins: Editor of genius*. New York: Dutton.

Bergler. E. (1950). *The writer and psychoanalysis*. Garden Cily, NY: Doubleday.

Blackburn, R. T., Beiber, J. P., Lawrence, J. H., & Trautvetter, L. (1991). Faculty at work: Focus on research, scholarship, and service. *Research in Higher Education*, 32, 385—413.

Blackburn, R. T., & Havighurst, R. J. (1979). Career patterns of male social scientists, *Higher Education*, 8, 553—572.

Block, L. (1984, August). Fear of writing. *Writer's Digest*, pp. 52—54.

Bluedorn, A. C., Kaufman, C. F., & Lane, P. M. (1992). How many things do you like to do at once? An introduction to monochronic and polychronic time. *Academy of Management Executive*, 6, 17—26.

Boice, R. (1982). Increasing the productivity of blocked academicians. *Behaviour Research and Therapy*, 20, 197—207.

Boice, R. (1983a). Contingency management in writing and the appearance of creative ideas. *Behaviour Research and Therapy*, 21, 534-537.

Boice, R. (1983b). Experimental and clinical treatments of writing blocks. *Journal of Consulting and Clinical Psychology*, 21, 183—191.

Boice, R. (1983c). Observational skills. *Psychological Bulletin*, 93, 3—29.

Boice, R. (1985a). Cognitive components of blocking. *Written Communication*, 2, 91—104.

Boice, R. (1985b). Psychotherapies for writing blocks. In M. Rose (Ed.), *When a writer can't write* (pp. 182—218). New York: Guilford.

Boice, R. (1986). Faculty development via field programs for middle-aged, disillusioned faculty. *Research in Higher Education*, 25, 115—135.

Boice, R. (1987). Is released time an effective device for faculty development? *Research in Higher Education*, 26, 311—326.

Boice, R. (1989). Procrastination, busyness, and bingeing. *Behaviour Research and Therapy*, 27, 605—611.

Boice, R. (1990). Mentoring new faculty: A program for implementation. *Journal of Staff, Program, & Organizational Development*, 8, 143—160.

Boice, R. (1990—1991). Countering common misbeliefs about student evaluations of teaching. *Teaching Excellence*, 2 (2), 1—2.

Boice, R. (1991). Quick starters. *New Directions for Teaching and Learning*, 48, 111—121.

Boice, R. (1992a). Combined treatments for writing blocks. *Behaviour Research and Therapy*, 30, 107—116.

Boice, R. (1992b). Lessons learned about mentoring. *New Directions for*

Teaching and Learning, 50, 51—61.

Boice, R. (1992c). *The new faculty member*. San Francisco: Jossey-Bass.

Boice, R. (1993a). New faculty involvement of women and minorities. *Research in Higher Education*, 34, 291—341.

Boice, R. (1993b). Primal origins and later correctives for midcareer disillusionment. *New Directions for Teaching and Learning*, 55, 33—41.

Boice, R. (1993c). Writing blocks and tacit knowledge. *Journal of Higher Education*, 64, 19—54.

Boice, R. (1994). *How writers journey to comfort and fluency: A psychological adventure*. Westport, CT: Praeger.

Boice, R. (1995a). Developing writing, then teaching amongst new faculty. *Research in Higher Education*, 36, 415—456.

Boice, R. (1995b). Writerly rules for teachers. *Journal of Higher Education*, 66, 32—60.

Boice, R. (1996a). Classroom incivilities. *Research in Higher Education*, 37, 453—486.

Boice, R. (1996b). *First-order principles for college teachers*. Bolton, CT: Anker.

Boice, R. (1996c). *Procrastination and blocking*. Westport, CT: Praeger.

Boice, R. (1997a). What discourages research-practitioners in faculty development. In J. C. Smart (Ed.), *Higher education: Handbook of theory and research*. New York: Agathon Press.

Boice, R. (1997b). Which is more productive, writing in binge patterns of creative illness or in moderation? *Written Communication*, 14, 435—459.

Boice, R., & Myers, P. E. (1986). Two parallel traditions: Automatic writing and free writing. *Written Communication*, 3, 471—490.

Boice, R., Scepanski, J. M., & Wilson, W. (1987). Librarians and faculty members: Coping with pressures to publish. *College & Research Libraries*, 48, 494—503.

Boice, R., & Turner, J. L. (1989). The FIPSE-CSULB mentoring project for new faculty. *To Improve the Academy*, 8, 117—139.

Bond, M. J., & Feather, N. T. (1988). Some coordinates of structure and purpose in the use of time. *Journal of Personality and Social Psychology*, 55, 321—329.

Boorstein, S. (1996), *Don't just do something, sit there*. New York: Harper-

Collins.

Borne, L. (1858). *Gesmmelte schriften*. Milwaukee, WI: Bickler.

Boswell, J. (1934). *Boswell's life of Johnson*. Oxford: Clarendon Press.

Bova, B. M. (1995). Mentoring revisited: The Hispanic woman's perspective. *Journal of Adult Education*, 23 (1), 8—19.

Bowen, D. D., Seltzer, J., & Wilson, J. A. (1987). Dealing with emotions in the classroom. *The Organizational Behavior Teaching Review*, 7 (20), 1—14.

Bowers, P. (1979). Hypnosis and creativity: The search for the missing link. *Journal of Abnormal Psychology*, 88, 564—572.

Boyer, E. L. (1987). *College teaching: The undergraduate experience in America*. New York: Harper and Row.

Boyer, E. L. (1990), *Scholarship reconsidered*. Princecon, NJ: Carnegie Foundadon.

Boyle, P. (1995). *Socialization experiences of new graduate students*. Dissertation, State University of New York at Stony Brook.

Boyle, P., & Boice, B. (1998). Systematic mentoring for new faculty teachers and graduate teaching assistants. *Innovative Higher Education*, 22, 157—179.

Brand, A. G. (1986). *The psychology of writing: The affective experience*. Westport, CT: Greenwood.

Brande, D. (1934). *Becoming a writer*. New York: Harcourt, Brace.

Brandon, B. (1986). *The passion of Ayn Rand*. Garden City, NY: Doubleday.

Braxton, J. M. (Ed.). (1996). *Faculty teaching and research: Is there a conflict?* New Directions for Educational Research, Number 90. San Francisco: Jossey-Bass.

Brookfield, S. D. (1995). *Becoming a critically reflective teacher*. San Francisco: Jossey-Bass.

Brown, R, M. (1988). *Starting from scratch: A different kind of writer's manual*. New York: Bantam.

Bruer, J. T. (1993). The mind's journey from novice to expert. *American Educator*, 17(2), 6—16, 38—45.

Bruffee, K. A. (1984). Collaborative learning and the "conversion of mankind." *College English*, 46 (7), 635—652.

Bullough, R. V., Knowles, J. G., & Crow, N. (1991). *Emerging as a teacher*.

New York: Routledge.

Burka, J. B., & Yuen, L. M. (1983). *Procrastination*. Reading. MA: Addison-Wesley.

Charlton, J. (1986). *The writer's quotation book*. New York: Viking Penguin.

Chickering, A. W. (1974). *Commuting versus resident students*. San Francisco: Jossey-Bass.

Chodrin, P. (1997). *When things fall apart: Heart advice for difficult times*. Boston: Sham-bhala.

Chopra, D. (1993). *Ageless body*, timeless mind. New York: Harmony Books.

Clark, B. R. (1987). *The academic life: Small worlds, different worlds*. Princeton, NJ: Carnegie Foundation for the Advancement of Teaching.

Clark, S. M., & Corcoran, M. (1986). Perspectives on the professional socialization of women faculty: A case of academic disadvantage? *Journal of Higher Education*, 57, 20—43.

Claxton, G. (1999). *Hare brain, tortoise mind: Why intelligence increases when you think less*. Hopewell, NJ: Ecco Press.

Cohen, A. G., & Gutek, B. A. (1991). Sex differences in the career experiences of members of two APA divisions. *American Psychologist*, 46, 1292—1298.

Cohen, P. (1981). Student ratings of instruction and student achievement: A meta-analysis of multisection validity studies. *Review of Educational Research*, 51, 281—309.

Coles, R. (1993). When volunteers are sorely tested. *Chronicle of Higher Education*, 39 (35), A52.

Cooper, J. L. (1996). Research on cooperative learning in the mid-1990s: What the experts say. *Cooperative Learning and College Teaching*, 6 (2), 2—3.

Cooper. J., Prescott, S., Cook, L., Smith, L., Mueek, R., & Cuseo, J. (1990). *Cooperative learning and college instruction: Effective use of student learning teams*. Long Beach: California State University.

Cornford, F. M. (1978). *Microcomsographia academia, being a guide for the young academic politician*. London: Bowes & Bowes. (Originally published in 1908.)

Crowther, J. G. (1960). *Francis Bacon: The first statesman of science*. London: Crisset Press.

Csikszentmihalyi, M. (1990). *Flow: The psychology of optimal experience*. New York: Harper and Row.

Cuseo, J. B. (1996). *Cooperative learning: A pedagogy for addressing contemporary challenges and critical issues in higher education.* Stillwater, OK: New Forums Press.

Daly, J. A. (1985). Writing apprehension. In M. Rose (Ed.), *When a writer can't write* (pp. 43—82). New York: Guilford.

Darley, J. M., & Zanna, M. P. (1987). *The compleat academic: A practical guide for beginning social scientists.* New York: Random House.

DeJonge, P. (1993, June 6). Talking trash. *New York Times Magazine*, pp. 30—38.

Didner, J. (1992, February 10). Survey reveals high level of academic fraud. *Stony Brook Statesman*, pp. 1—2.

Dorsey, L. (1982). *Space, time and medicine.* Boulder, CO: Shambhala.

Durant, W., & Durant, A. (1977). *A dual autobiography.* New York: Simon and Schuster.

Edgerton, R., Hutchings, P., & Quinlan, K. (1991). *The teaching portfolio.* Washington, DC: American Association for Higher Education.

Eisenberger, R. (1992). Learned industriousness. *Psychological Review*, 99, 248—267.

Elbow, P. (1973). *Writing without teachers.* New York: Oxford University Press.

Elbow, P. (1983). Embracing contraries in the teaching process. *College Teaching*, 45, 327—339.

Elledge, S. (1984). *E. B. White.* New York: Norton.

Ellenberger, H. (1970). *The discovery of the unconscious.* New York: Basic Books.

Ellis, A., & Knaus, W. J. (1977). *Overcoming procrastination.* New York: Institute for Rational Living.

Epstein, M. (1995). *Thoughts without a thinker: Psychotherapy from a Buddhist perspective.* New York: Basic Books.

Erickson, B. L., & Stommer, D. W. (1991). *Teaching college freshmen.* San Francisco: Jossey-Bass.

Ericsson, K. A., & Charness, N. (1994). Expert performance: Its structure and acquisition. *American Psychologist*, 49, 725—747.

Exline, J. J., & Lobel, M. (in press). The perils of outperformance: Sensitivity about being a target of a threatening upward comparison. *Psychological Bul-*

letin.

Exum, W. M. (1983). Climbing the crystal stair: Values, affirmative action, and minority faculty. *Social Problems*, 30, 301—324.

Farhi, D. (1996, March/April). Holding your breath. *Yoga Journal*, pp. 76—81, 140—145.

Feibleman, P. J. (1993). *A Ph. D. is not enough*! *A guide to survival in science*. Reading, MA: Addison-Wesley.

Feldman, K. A. (1976). The superior college teacher from the students' view. *Research in Higher Education*, 5, 43—48.

Feldman, K. A. (1987). Research productivity and scholarly productivity of college teachers as related to their instructional effectiveness. *Research in Higher Education*, 26, 227—298.

Field, J. (1981). *A life of one's own*. Los Angeles: J. P. Tarcher. (Originally published in 1936.)

Finkelstein, M. J. (1984). *The American academic profession*. Columbus: Ohio State University Press.

Finn, R. (1995). Career-building on the Internet: Hunting for jobs electronically. *The Scientist*, 9, 23.

Flower, L. (1990). The role of task representation in reading-to-write. In L. Flower, V. Stein, J. Ackerman, M. J. Kantz, K. McCormick, & W. C. Peck (Eds.), *Reading-to-write* (pp. 35—75). New York: Oxford University Press.

Fogarty, J. L., Wang, M. C., & Creek, R. (1983). A descriptive study of experienced and novice teachers' interactive thoughts and actions. *Journal of Educational Research*, 77, 22—32.

Fox, M. F. (1985). Publication, performance, and reward in science and scholarship. In J. C. Smart (Ed.), *Higher education: Handbook of theory and research* (vol. I, pp. 255—282). New York: Agathon Press.

Fremont, S. K., & Anderson, W. (1988). Investigation of factors involved in therapists' annoyance with clients. *Professional Psychology: Research and Practice*, 19, 330—335.

Gaff, J. G. (1994). Reform agendas of college campuses: Survey results. *Connections*, I (2), 6—7.

Gaff, J. G., & Simpson, R. D. (1994). Faculty development in the United States. *Innovative Higher Education*, 18 (3), 167—176.

Gappa, J. M., & Leslie, D. W. (1993). *The invisible faculty: Improving the status of part timers in higher education.* San Francisco: Jossey-Bass.

Gardner, H. (1993). *Creating minds.* New York: Basic Books.

Garfield. P. L. (1974). *Creative dreaming.* New York: Ballantine.

Gladwell, M. (1999, January 11). Six degrees of Lois Weisberg. *New Yorker*, pp. 52—63.

Glendinning, V. (1992). *Anthony Trollope.* New York: Knopf.

Gmelch, W. (1993). *Coping with faculty stress.* London: Sage.

Goldberg, N. (1994). *Long quiet highway: Waking in America.* New York: Bantam Books.

Goleman, D. (1993, August 19). Schools try to tame violent pupils one punch and taunt at a time. *New York Times*, p. B11.

Gunaratana, H. (1992). *Mindfulness in plain English.* Boston: Wisdom.

Hall, E. T. (1992). *An anthropology of everyday life: An autobiography.* New York: Doubleday.

Hayes, J. P. (1984). *James A. Michener.* New York: Bobbs-Merrill.

Hayes, J. R. (1990). Individuals and environments in writing instruction. In B. F. Jones & I. Idol (Eds.), *Dimensions of thinking and cognitive instruction* (pp. 241—263). Hillsdale, NJ: Erlbaum.

Hayes, J. R. (1996). A new framework for understanding cognition and affect in writing. In C. M. Levy & S. Ransdell (Eds.), *The science of writing* (pp. 1—27). Mahwah, NJ: Erlbaum.

Hayes, J. R., & Flower, L. S. (1986). Writing research and the writer. *American Psychologist*, 41, 1106—1113.

Heiberger, M. M., & Vick, J. M. (1992). *The academic job search handbook.* Philadelphia: University of Pennsylvania Press.

Highet, G. (1950). *The art of teaching.* New York: Knopf.

Hilgard, E. R. (1977). *Divided consciousness.* New York: Wiley.

hooks, bell. (1997, May-June). The wisdom of hopelessness. *UTNE Reader*, pp. 61—63, 96—98.

Horney, K. (1945). *Our inner conflicts.* New York: Norton.

Jamison, K. R. (1993). *Touched with fire.* New York: Free Press.

Jarvis, D. K. (1991). *Junior faculty development: A handbook.* New York: Modern Language Association of America.

Jasen, D. A. (1981). *P. G. Wodehouse: A portrait of a master.* New York:

Continuum.

Johnson, D. W., Johnson, R. T., & Smith, K. (1991). *Cooperative learning: Increasing faculty instructional productivity*. Washington, DC: Association for the Study of Higher Education.

Johnsrud, L. K., & Atwater, C. D. (1993). Scaffolding the ivory tower: Building supports for faculty new to the academy. *CUPA Journal*, 44 (1), 1—14.

Kabat-Zinn, J. (1994). *Wherever you go, there you are*. New York: Hyperion.

Kapleau, P. (1969). *The three pillars of Zen*. Boston: Beacon.

Kearney, P., & Plax, T. G. (1992). Student resistance to control. In V. P. Richmond & J. C. McCroskey (Eds.). *Power in the classroom* (pp. 85—99). Hiltsdale, NJ: Erlbaum.

Kellogg, R. T. (1994). *The psychology of writing*. New York: Oxford.

Kurfiss, J. G. (1988). *Critical thinking: Theory, research, practice, and possibilities*. Washington, DC: Association for the Study of Higher Education.

Lama, D., & Carriere, J. C. (1996). *Violence and compassion*. New York: Doubleday.

Lamb, R. (1977). *Booknotes: America's finest authors on reading, writers, and the power of ideas*. New York: Random House.

Lamott, A. (1994). *Bird by bird: Some instructions on writing and life*. New York: Pantheon.

L'Amour, L. (1989). *Education of a wandering man*. New York: Bantam Books.

Landino, R. A., & Owen, S. V. (1988). Self-efficacy in university faculty. *Journal of Vocational Behavior*, 33, 1—14.

Langer, E. J. (1989). *Mindfulness*. Reading, MA: Addison-Wesley.

Lao Tse. (1972). *Tao te ching*. Translated by G. F. Feng & J. English (Trans.). New York: Knopf. (From sixth century, B. C.).

Larson, R. (1985). Emotional scenarios in the writing process. In M. Rose (Ed.), *When a writer can't write* (pp. 19—42). New York: Guilford.

Lee, F. R. (1993). Disrespect rules. *New York Times* Education Supplement (Section 4A): 16.

Lenze, L. F., & Dinham, S. M. (1994), *Examining pedagogical knowledge of college faculty new to teaching*. Paper presented at the American Educational Research Association, New Orleans, April.

Levine, S. (1989). *A gradual awakening*. New York: Anchor.

Lieberman, E. J. (1993). *Acts of will: The life and work of Otto Rank*. Amherst: University of Massachusetts Press.

Light, R. J. (1990). *The Harvard assessment seminars*. Cambridge, MA: Harvard University.

Lodge, D. (1975). *Changing places: A tale of two campuses*. London: Specker & Warburg.

Lodge, D. (1995). *Small world: An academic romance*. New York: Penguin Books. (Originally published in 1984.)

Logue, A. W. (1994). *Self-control*. Englewood Cliffs, NJ: Prentice-Hall.

Lombroso, C. (1891). *The man of genius*. London: Scott.

London, M. (1993). Relationships between career motivation, empowerment, and support for career development. *Journal of Occupational Development*, 66, 55—69.

Lucas, R. A. (1992). *The grants world inside out*. Chicago: University of Illinois Press.

Ludwig, A. M. (1992). Creative achievement and psychopathology: Comparisons among professions. *American Journal of Psychotherapy*, 46, 330—356.

Maher, F. A., &. Tetreault, M. K. (1994). *The feminist classroom*. New York: HarperCollins.

Mandel, R. D. (1977). *The professor game*. Garden City, NY: Doubleday.

Manegold, C. S. (1993, April 8). To Crystal, 12, school serves no purpose. *New York Times*, pp. AI, B7.

Mathews, N. (1996). *Francis Bacon: A history of character assassination*. New Haven, CT: Yale University Press.

McGaughey, R. A. (1993). But can they teach? In praise of college teachers who publish. *Teachers College Record*, 95, 242—257.

McKeachie, W. (1994). *Teaching tips*. Lexington, MA: D. C. Heath.

Meichenbaum, D. (1985). Teaching thinking: A cognitive-behavioral perspective. In S. F. Chipman &. J. W. Segal (Eds.), *Thinking and learning skills* (vol. 2, pp. 407—426). Hillsdale, NJ: Erlbaum.

Meichenbaum, D. (1993). Changing conceptions of cognitive behavior modification: Retrospect and prospect. *Journal of Consulting and Clinical Psychology*, 61, 202—204.

Mencken, H. L. (1942). *A new dictionary of quotations*. New York: Knopf.

Meyers, J. (1991). *Joseph Conrad*. New York: Scribner.
Mills, C. W. (1959). *The sociological imagination*. New York: Grove Press.
Moffat, M. (1989). *Coming of age in New Jersey: College and American culture*. New Brunswick, NJ: Rutgers University Press.
Moore, D. M. (1992). *The accidental Buddhist* Chapel-Hill, NC: Algonquin Books.
Morris, E. (1979). *The rise of Theodore Roosevelt*. New York: Coward, McCann & Geoghegan.
Moxley, J. (1992). *Publish, don't perish*. Westport, CT: Praeger.
Murray, D. M. (1978). Write before writing. *College Composition and Communication*, 29, 375—381.
Murray, D. M. (1995). *The craft of revision*. Orlando: Harcourt Brace.
Nitzsche, J. C. (1978). The junior professor's dilemma—How to save your own career. *Change*, 10, 40—43.
Nixon, H. K. (1928). *Psychology for the writer*. New York: Harper.
Murray, D. (1995). *The craft of revision*. New York: Harcourt Brace.
Murray, D. M. (1978). Write before writing. *College Composition and Communication*, 29, 375—381.
Oatley, K. (1992). *Best laid schemes: The psychology of emotions*. New York: Cambridge University Press.
Ochse, R. (1990). *Before the gates of excellence*. New York: Cambridge University Press.
Olsen, T. (1965). *Silences*. New York: Delacorte.
Olson, G. A. (1992). Publishing scholarship in humanistic disciplines: Joining the conversation. In J. Moxley (Ed.), *Writing and publishing* (pp. 49—69). New York: University Press of America.
Oxford Dictionary of Quotations (2nd ed.). (1966). London: Oxford University Press.
Pascarella, E. T., & Terenzini, P. C 1991). *How college affects students*. San Francisco: Jossey-Bass.
Paulsen, M. B., & Feldman, K. A. (1995). *Taking teaching seriously: Meeting the challenge of instructional improvement*. Washington, DC: ASHE-ERIC Higher Education Report No 2.
Pear, J. J. (1977). Self-control techniques of famous novelists. *Journal of Applied Behavior Analysis*, 10, 515—525.

Perkins, D. N. (1981). *The mind's best work*. Cambridge, MA: Harvard University Press.

Perl, J. (1994). *Sleep right in five nights*. New York: Morrow.

Perry, R. P., Hechter, F. J., Menec, V. H., & Weinberg, L. E. (1993). Enhancing achievement motivation and performance in college students: An attributional retraining perspective. *Research in Higher Education*, 34, 687—723.

Plax, T. G., & Kearney, P. K. (1992). Teacher power in the classroom. In V. P. Richmond & J. C. McCroskey (Eds.), *Power in the classroom* (pp. 67—84). Hillsdale, NJ: Erlbaum.

Rabinbach, A. (1990). *The human motor*. New York: Basic Books.

Rachlin, H. (1995). Self-control: Beyond commitment. *Behavioral and Brain Sciences*, 18, 109—159.

Reis, R. M. (1997). *Tomorrow's professor*. New York: IEEE.

Rheingold, H. L. (1994). *The psychologist's guide to an academic career*. Washington, DC: American Psychological Association.

Ribot, T. (1906). *Essay on the creative imagination*. Chicago: Open Court.

Rothblum, E. D. (1988). Leaving the ivory tower: Factors contributing to a women's voluntary resignation from academia. *Frontiers*, 10, 236—241.

Rothblum, E. D. (1990). The fear of failure: The psychodynamic, need achievement, fear of success, and procrastination models. In H. Leitenberg (Ed.), *Handbook of social and evaluation anxiety* (pp. 387—394). New York: Plenum.

Rubin, J. (1996). *Psychotherapy and Buddhism*. New York: Plenum.

Rushton, J. P. (1990). Creativity, intelligence, and psychoticism. *Personality and Individual Differences*, 9, 1009—1024.

Schoen, L. G., & Winokur, S. (1998). An investigation of the self-efficacy of male and female academics. *Journal of Vocational Behavior*, 32, 307—328.

Schoenfeld, A. C., & Magnan, R. (1992). *Mentor in a manual: Climbing the academic ladder to tenure*. Madison, WI: Magna Publications.

Seligman, M. E. P. (1991). *Learned optimism*. New York: Knopf.

Shanker, A. (1995). Classrooms held hostage. *American Educator*, 19 (1), 8—13, 47—48.

Simonton, D. K. (1988). *Scientific genius*. New York: Cambridge University Press.

Simonton, D. K. (1994). *Greatness*. New York: Guilford.

Singer, J. L. (1988). Sampling ongoing unconsciousness and emotional implications for health. In M. J. Horowitz (Ed.), *Psychodynamics and cognition* (pp. 297—348). Chicago: University of Chicago Press.

Skinner, B. F. (1981). How to discover what you have to say—A talk to students. *The Behavior Analyst*, 4, 1—7.

Smiley, J. (1995). *Moo*. New York: Fawcett Columbine.

Smith, A. (1776). *The wealth of nations*. Oxford: Clarendon Press.

Smith, K. A., & Walker, A. A. (1997). Cooperative leaning for new teachers. In W. E. Campbell & K. A. Smith (Eds.), *New paradigms for college teaching* (pp. 185—209). Edina, MN: Interaction Book Company.

Snyder, C. R., & Higgins, R. L. (1988). Excuses: Their effective role in the negotiation of reality. *Psychological Bulletin*, 104, 23—35.

Sternberg, R. J. (1994). *The psychologist's companion: A guide to writing for students and researchers*. Cambridge: Cambridge University Press.

Sternberg, R. J., Okagaki, L., & Jackson, A. S. (1990). Practical intelligence for success in school. *Educational Leadership*, 42, 35—39.

Strunk, W., & White, E. B. (1979). *The elements of style*. New York: Macmillan.

Tatum, B. D. (1992). Talking about race, learning about racism: The application of racial identity development theory in the classroom. *Harvard Educational Review*, 62, 1—24.

Thompson, R. (1985). *Bibliography on service*. Unpublished manuscript, Western Washington University.

Tierney, W. G., & Bensimon, E. M. (1996). *Promotion and tenure: Community and socialization in academe*. Albany: State University of New York Press.

Tinto, V. (1975). Dropout from higher education: A theoretical synthesis of recent research. *Review of Educational Research*, 45, 89—125.

Tobias, S. (1990). *They're not dumb, they're different*. Tucson, AZ: Research Corporation.

Toby, J. (1993). Everyday school violence: How disorder fuels it. *American Educator*, 17 (4), 4—9, 44—47.

Tremmel, R. (1989). Investigating productivity and other factors in the writer's practice. *Freshman English News*, 17, 19—25.

Tremmel, R. (1993). Zen and the art of reflective practice in teacher education. *Harvard Educational Review*, 63,434—468.

Trollope, A. (1883). *Anthony Trollope: An autobiography*. New York: Penguin Books. (Reprinted in 1983.)

Wagner, R. K., & Sternberg, R. J. (1986). Tacit knowledge and intelligence in the everyday world. In R. J. Sternberg & R. K. Wagner (Eds.), *Practical intelligence: Nature and origin of competence in the everyday world*. New York: Cambridge University Press.

Wain, J. (1975). *Samuel Johnson*. New York: Viking Press.

Walker, C., & Angelo, T. (1998). A collective effort classroom technique: Promoting high performance in student teams. In T. Angelo (Ed.), *Classroom assessment and research: An update on uses and research findings* (pp. 101—112). San Francisco: Jossey-Bass.

Wallace, 1. (1968). *The writing of one novel*. New York: Simon and Schuster.

Weimer, M. (1990). *Improving college teaching*. San Francisco: Jossey-Bass.

Weimer, M., & Lenze, L. F. (1991). Instructional interventions: A review of the literature on efforts to improve instruction. In J. C. Smart (Ed.), *Higher education: Handbook of theory and research* (pp. 294—333). New York: Agathon.

Weissman, J. (1993). *Of two minds: Poets who hear voices*. Hanover, CT: Wesleyan University Press.

Whicker, M. L., Kronefeld, J. J., & Strickland, R. A. (1993). *Getting tenure*. Newbury Park, CA: Sage.

Winckler, K. J. (1988, November 9). Minority students, professors tell of isolation, anger in graduate school. *Chronicle of Higher Education*, 35, pp. A15, A19.

Wyatt, G. (1992). Skipping class: An analysis of absenteeism among first-year students. *Teaching Students*, 20,201—207.

中英译名对照表

A

Ackroyd, P. 艾克罗伊德
à Kempis, T. 艾坎皮斯
Allen, W. 艾伦
Angelo, T. 安吉洛

B

Bacon, F. 培根
Baldwin, R. G. 鲍尔温
Banks, W. M. 班克斯
Balimeister, A. 巴里曼斯特
Bern, S. 伯恩
Berra, Y. 贝拉
Blackburn, R. 布莱克博恩
Boice, R. 博伊斯
Boileau, N. 波伊奥
Boorstein, S. 布尔斯坦
Bova, B. M. 波瓦
Boyle, P. 波义耳
Bradbury, R. 布拉德布里
Brandon, B. 布兰登

Brown, R. M. 布朗
Bullough, R. V. 布洛

C

Chickering, A. W. 戚克宁
Chodrin, P. 乔均
Chopra, D. 乔普拉
Clark, B. R. 克拉克
Cohen, A. G. 科恩
Conrad, J. 康拉德
Cooper, J. L. 库珀
Creasy, J. 克里西
Cross, K. P. 克罗斯
Crowther, J. L. 克劳兹
Csikszentmihaly, M. 克斯克塞米哈里

D

Dale and Grace 戴尔与格雷斯
Darwin, C. 达尔文
de Montaigne, M. 蒙田

Dickinson, E. 狄金森

E
Elbow, P. 埃尔伯
Elledge, S. 埃里杰
Ellenberger, H. 艾伦贝尔格
Emerson, R. W. 爱默生
Epictetus 埃皮克提图
Epstein, M. V. 爱波斯坦
Erickson, B. L. 埃里克森
Exum, W. M. 埃克森

F
Field, J. 费尔德
Flower, L. 弗劳尔
Ford, F. M. 福特
Fox, M. F. 福克斯
Freud, S. 弗洛伊德

G
Gaff, J. G. 伽福
Gappa, J. M. 伽帕
Goldberg, N. 歌德堡
Gradgrind, T. 格瑞德格林德

H
Hall, E. T. 霍尔
Hayes, J. R. 海伊斯
Hemingway 海明威
Hilgard, E. R. 希尔加德
Horney, K. 霍妮

I
Izard, C. 伊萨德

J
Jacoby, R. 雅各比
James, W. 詹姆斯
Jamison, K. R. 贾米森
Janet, P. 詹耐特
Jarvis, D. 贾维斯
Johnson, D. W. 约翰逊
Johnson, S. 约翰逊
Johnsrud, L. K. 约翰斯鲁德

K
Kabat-Zinn, J. 卡巴特芝恩
Kafka, F. 卡夫卡
Kapleau, P. 卡普伊鲁
Karnow, S. 卡尔诺
Kearney, P. 科尔尼

L
Lamott, A. 拉莫特
L'amour, L. 拉默尔
Landino, R. A. V 兰迪诺
Langer. E. J. 兰格
La Rochefoucauld 拉罗什福科
Leslie, D. W. 莱斯利
Lieberman, E. J. 利伯曼
Light, R. J. 耐特
Lodge, D. 洛奇
London, J. 伦敦
Lucas, R. A. 卢卡斯

M
Mach, E. 马赫
Madox, F. 马德斯
Maher, P. 马尔
Mandel, R. D. 曼德尔
Mathews, N. 马修斯
Menges, R. J. 门杰斯
Meyers, J. 迈耶斯
Michener, J. 米切纳
Mills, C. W. 米尔斯

Moffat, M. 莫法特
Morns, E. 莫恩斯
Mosley, J. 莫斯里
Murray, D. M. 默里

N

Nicholson, J. 尼科尔森
North, S. 诺思

P

Pascarella, E. T. 帕斯卡里拉
Perkins, D. 帕金斯
Plax, T. G. 普莱克斯

R

Rabinbach, A. 拉宾巴赫
Rachlin, H. 瑞奇林
Rand, A. 兰德
Rank, O. 兰克
Reis, R. M. 雷斯
Richlin, L. 黎克林
Rolling Stones 滚石
Roosevelt, T. 罗斯福
Rothblum, E. D. 罗斯布卢姆

S

Schoen, L. G. 斯科恩
Seligman, M. E. P. 塞利格曼
Shakespeare, W. 莎士比亚
Shaw, G. B. 萧伯纳
Simonton, D. K. 西蒙顿
Singer, J. L. 辛格
Smiley, J. 史米莉
Smith, A. 斯密

Springer-Spaniel, S. 斯伯林格斯班尼
Steadman, M. 斯特德曼
Stegner, W. 斯泰格纳
Stein, G. 斯泰因
Sternberg, R. J. 斯特恩博格
Stommer, D. W. 斯托莫尔
Stravinsky, I. 斯特拉文斯基
Svinicki, M. 斯威尼克

T

Tatum, B. D. V 泰特姆
Taubman, P. 陶布曼
Terence 特伦斯
Terenzini, P. 特伦兹尼
Tetreault 泰特奥德
Tremmel, R. 特雷莫尔
Tsu, L. 老子
Turner, J. L. 特纳

U

Updike, J. 厄普代克

W

Walker, A. A. 沃克
Walker, C. 沃克
Wallace, I. 华莱士
Washington, G. 华盛顿
Wayne, J. 韦恩
Weisman, J. 威斯曼
White, E. B. 怀特
Wooden, J. 沃顿
Woolf, V. 沃尔夫

北京大学出版社教育出版中心

部分重点图书

一、北大高等教育文库·大学之道丛书

大学的理念	[英]亨利·纽曼 著
德国古典大学观及其对中国的影响(第三版)	陈洪捷 著
哈佛,谁说了算	[美]理查德·布瑞德利 著
美国大学之魂(第二版)	[美]乔治·M.马斯登 著
大学理念重审:与纽曼对话	[美]雅罗斯拉夫·帕利坎 著
什么是博雅教育	[美]布鲁斯·金博尔
美国文理学院的兴衰——凯尼恩学院纪实	[美]P.E.克鲁格
高等教育公司:营利性大学的崛起	[美]理查德·鲁克 著
学术部落及其领地	[英]托尼·比彻等 著
公司文化中的大学	[美]埃里克·古尔德 著
美国现代大学的崛起	[美]劳伦斯·维赛 著
大学的逻辑(第三版)	张维迎 著
我的科大十年(续集)	孔宪铎 著
教育的终结——大学何以放弃了对人生意义的追求	[美]安东尼·克龙曼 著
欧洲大学的历史	[美]威利斯·鲁迪 著
美国高等教育简史	[美]约翰·赛林 著
哈佛通识教育红皮书	[美]哈佛委员会 著
知识社会中的大学	[美]杰勒德·德兰迪
高等教育理念	[美]罗纳德·巴尼特 著
知识与金钱——研究型大学与市场的悖论	[美]理查德·布瑞德雷 著
美国大学时代的学术自由	[美]罗杰·盖格 著
高等教育何以为"高"——牛津导师制教学反思	[英]大卫·帕尔菲曼 主编
美国高等教育通史	[美]亚瑟·科恩 著
现代大学及其图新	[英]谢尔顿·罗斯布莱特 著
印度理工学院的精英们	[印度]桑迪潘·德布 著
麻省理工学院如何追求卓越	[美]查尔斯·韦斯特 著
后现代大学来临?	[英]安东尼·史密斯 弗兰克·韦伯斯特 主编
高等教育的未来	[美]弗兰克 纽曼 著
学术资本主义	[美]希拉·斯劳特等 著
美国公立大学的未来	[美]詹姆斯·杜德斯达等 著
21世纪的大学	[美]詹姆斯·杜德斯达 著
理性捍卫大学	眭依凡 著
美国高等教育质量认证与评估	[美]美国中部州高等教育委员会 编

大学之用（第五版）	[美]克拉克·克尔 著
废墟中的大学	[加拿大]比尔·雷丁斯 著
高等教育市场化的底线	[美]大卫·L.科伯 著
世界一流大学的管理之道——大学管理决策与高等教育研究	程星 著
美国的大学治理	[美]罗纳德·G.艾伦伯格 编

二、21世纪高校教师职业发展读本

教授是怎样炼成的	[美]唐纳德·吴尔夫 著
给大学新教员的建议	[美]罗伯特·博伊斯 著
学术界的生存智慧	[美]约翰·达利等 著
如何成为卓越的大学教师	[美]肯·贝恩 著
给研究生导师的建议	[英]萨拉·德兰蒙特等 著
如何提高学生学习质量	[英]迈克尔·普洛瑟等 著

三、北大高等教育文库·学术规范与研究方法丛书

如何成为优秀的研究生(英文影印版)	[美]戴尔·F.布鲁姆等 著
如何撰写与发表社会科学论文：国际刊物指南(第二版)	蔡今中 著
科技论文写作快速入门	[瑞典]比约·古斯塔维 著
给研究生的学术建议	[英]戈登·鲁格
	玛丽安·彼得 著
如何为学术刊物撰稿：写作技能与规范(英文影印版)	[英]罗薇娜·莫瑞 著
如何撰写和发表科技论文(英文影印版)	[美]罗伯特·戴
	巴巴拉·盖斯特尔 著
社会科学研究的基本规则	[英]朱迪思·贝尔 著
如何查找文献	[英]莎莉·拉姆奇 著
如何写好科研项目申请书	[美]安德鲁·弗里德兰德
	卡罗尔·弗尔特 著
高等教育研究：进展与方法	[美]马尔科姆·泰特 著
教育研究方法：实用指南	[美]乔伊斯·P.高尔等 著
社会研究：问题、方法与过程	[英]迪姆·梅 著
跨学科研究：理论与实践	[美]艾伦·瑞普克 著
社会科学研究方法100问	[美]尼尔·萨尔金德 著
如何利用互联网做研究	[爱尔兰]尼奥·欧·杜恰泰 著
如何成为学术论文写作高手	[美]史蒂夫·华莱士 著
——针对华人作者的18周技能强化训练	
参加国际学术会议必须要做的那些事	[美]史蒂夫·华莱士 著
——给华人作者的特别忠告	

四、北大开放教育文丛

西方的四种文化	[美]约翰·W.奥马利 著
人文主义教育经典文选	[美]C.W.凯林道夫 编
教育究竟是什么？——100位思想家论教育	[英]乔伊·帕尔默 主编
教育：让人成为人——西方大思想家论人文和科学教育	杨自伍 编译
我们教育制度的未来	[德]尼采 著

五、高等教育与全球化丛书

激流中的高等教育：国际化变革与发展	[加拿大]简·奈特 著
全球化与大学的回应	[美]简·柯里 著
高等教育变革的国际趋势	[美]菲利普·阿特巴赫 著
高等教育全球化：理论与政策	[英]皮特·斯科特 著
发展中国家的高等教育：环境变迁与大学的回应	[美]戴维·查普曼 安·奥斯汀 主编

六、北京大学研究生学术规范与创新能力建设丛书

法律实证研究方法(第二版)	白建军
学位论文撰写与参考文献著录规范	段明莲
传播学定性研究方法	李琨
生命科学论文写作指南	白青云
学位论文写作与学术规范	肖东发、李武
学术训练与学术规范——中国古代史研究入门	荣新江

七、科学元典丛书

天体运行论	[波兰]哥白尼 著
关于托勒密和哥白尼两大世界体系的对话	[意]伽利略 著
心血运动论	[英]哈维 著
笛卡儿几何(附《方法论》《探求真理的指导原则》)	[法]笛卡儿 著
自然哲学之数学原理	[英]牛顿 著
牛顿光学	[英]牛顿 著
惠更斯光论(附《惠更斯评传》)	[荷兰]惠更斯 著
怀疑的化学家	[英]波义耳 著
化学哲学新体系	[英]道尔顿 著
化学基础论	[法]拉瓦锡 著
海陆的起源	[德]魏格纳 著
物种起源(增订版)	[英]达尔文 著
人类在自然界的位置(全译本)	[英]赫胥黎 著
进化论与伦理学(全译本)(附《天演论》)	[英]赫胥黎 著
热的解析理论	[法]傅立叶 著
狭义与广义相对论浅说	[美]爱因斯坦 著
薛定谔讲演录	[奥地利]薛定谔 著
基因论	[美]摩尔根 著
从存在到演化	[比利时]普里戈金 著
地质学原理	[英]莱伊尔 著
人类的由来及性选择	[英]达尔文 著
人类和动物的表情	[英]达尔文 著
条件反射——动物高级神经活动	[俄]巴甫洛夫 著
大脑两半球机能讲义	[俄]巴甫洛夫 著
计算机与人脑	[美]冯·诺伊曼 著
希尔伯特几何基础	[德]希尔伯特 著
电磁通论	[英]麦克斯韦 著

居里夫人文选	[法]玛丽·居里 著
李比希文选	[德]李比希 著
关于两门新科学的交谈	[意大利]伽利略 著
世界的和谐	[德]开普勒 著
人有人的用处——控制论与社会	[美]维纳 著
人类与动物心理学讲义	[德]冯特 著
行为主义	[美]华生 著
心理学原理	[美]詹姆斯 著
玻尔文选	[丹麦]玻尔 著
遗传学经典文选	[奥地利]孟德尔等 著
德布罗意文选	[法]德布罗意 著
相对论的意义	[美]爱因斯坦 著

八、其他好书

向史上最伟大的导师学习	[美]罗纳德·格罗斯 著
大学章程(精装本五卷七册)	张国有 主编
教育技术：定义与评析	[美]艾伦·贾纳斯泽乌斯基等 著
未来的学校：变革的目标与路径	[英]路易斯·斯托尔等 著
美国大学的通识教育：美国心灵的攀登	黄坤锦 著
中国博士质量报告	中国博士质量分析课题组 著
博士质量：概念、评价与趋势	陈洪捷等 著
中国博士发展状况	蔡学军 范巍等 著
教学的魅力：北大名师谈教学(第一辑)	郭九苓 编著
科研道德：倡导负责行为	美国医学科学院、美国科学三院国家科研委员会 撰
国立西南联合大学校史(修订版)	西南联合大学北京校友会 编
我读天下无字书	丁学良 著
大学与学术	韩水法 著
大学何为	陈平原 著
科学的旅程	[美]雷·斯潘根贝格 [美]黛安娜·莫泽 著